Criando Filho Homem Sem a Presença do Pai

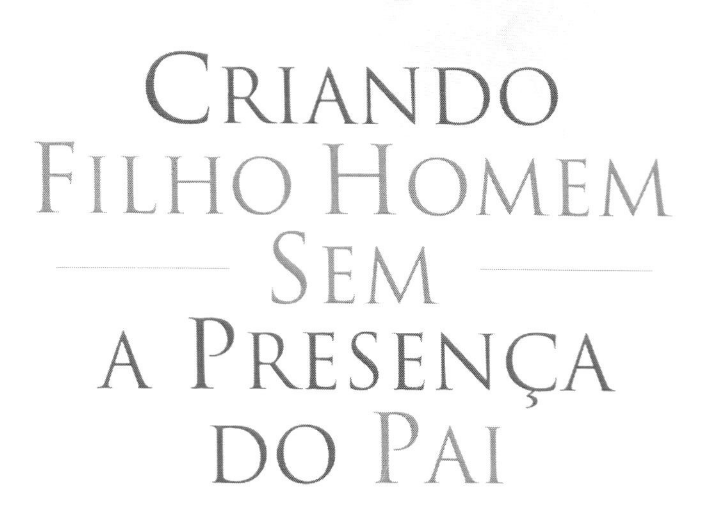

Criando Filho Homem Sem a Presença do Pai

Richard Bromfield, Ph.D., Harvard Medical School

Cheryl Erwin, M.A.

M.Books

M. Books do Brasil Editora Ltda.

Rua Jorge Americano, 61 - Alto da Lapa
05083-130 - São Paulo - SP - Telefones: (11) 3645-0409/(11) 3
Fax: (11) 3832-0335 - e-mail: vendas@mbooks.com.

Dados de Catalogação na Publicação

Bromfield, Richard, Ph.D. / Erwin, Cheryl, M.A.
Criando Filho Homem, sem a Presença do Pai
1. Parenting 2. Psicologia
1. Pais e Filhos 2. Parenting 3. Psicologia

ISBN: 85-89384-69-1

Do original: How To Turn Boys Into Men Without a Man Around The House

Original publicado por Prima Publishing, uma divisão da Random House Inc.

EDITOR
MILTON MIRA DE ASSUMPÇÃO FILHO

Produção Editorial
Salete Del Guerra

Tradução
Isa Ferraz Leal Ferreira

Revisão de Texto
Mônica Aguiar
Ivone Andrade
Márcia Rodrigues

Capa
Design: Douglas Lucas
Don Hammond – Design Pics Inc. /Alamy

Editoração
Compol Ltda.

2008
reimpressão

A nossas mães,
Marjorie e Thelma

O Deus a quem o menino dirige suas orações tem
um rosto muito parecido com o de sua mãe.
– James M. Barrie

Sumário

Introdução

É um fato da vida. Os números são alarmantes e irrefutáveis. De cada três crianças que nascem hoje em dia, duas são de mãe solteira*. Metade de todos os primeiros casamentos acaba em divórcio; a porcentagem de segundos casamentos que fracassam é ainda maior. A maioria das crianças, em algum momento de sua infância, viverá na casa que é apenas do pai ou da mãe e essa tendência tem-se acentuado. Metade de todas essas crianças, é claro, são meninos, criados basicamente – quando não inteiramente – pela mãe. Mãe como você.

Alguns especialistas dizem que a perspectiva desses meninos é sombria. Segundo eles, meninos criados por pais separados ou solteiros apresentam maior propensão a desenvolver problemas de aprendizado, a apresentar um mau desempenho nos estudos e a abandonar a escola. Parece também que esses meninos têm um risco maior de se tornarem dependentes de álcool e drogas, de transgredir a lei, de se tornarem violentos, de precisar de tratamento psíquico e, por pior que esta idéia possa parecer, de cometer suicídio.

Não é isso que se espera de meninos criados apenas pela mãe? Como pode uma mulher criar um menino e prepará-lo para ser um adulto saudável? Muitas pessoas instintivamente concordam com um pai divorciado que diz: "fazer um menino virar homem é trabalho de homem! É o pai que ensina responsabilidade, dignidade e coragem ao filho".

---

* Neste livro, a expressão mãe solteira, assim como os demais termos empregados para a mãe, refere-se à mulher que cria o filho sozinha, independentemente de seu estado civil.

Notáveis palavras, não é mesmo? E elas poderiam ser mais convincentes se não fossem pronunciadas por um alcoólatra, que nunca se manteve em emprego, nunca viu seu filho, nunca contribuiu com um centavo para o sustento dele e, se sabia o significado de "agir certo", jamais o demonstrou. Naturalmente, esse homem, em particular, e seus defeitos não depõem contra o valor de um pai. Sua história ensina uma lição diferente e inesperada. Apesar de todo o sofrimento que causou à esposa e à família e do abandono a que condenou a todos, seu filho se tornou de fato um menino do qual todo pai se orgulharia – e por uma única e simples razão: tinha uma mãe que, de alguma forma, conseguiu criar para ele um lar seguro e estável, deu-lhe amor e carinho e transmitiu-lhe, dia após dia, exatamente aquela tenacidade, aquela coragem e aquela dignidade das quais o ex-marido só sabia vangloriar-se – traços freqüentemente considerados como exclusivos do reino dos homens e dos pais.

Isso não quer dizer que um bom pai não valha ouro, porque ele vale. Não precisamos que pesquisadores nem especialistas nos digam que qualquer criança, menino ou menina, se beneficia de ter pais que vivem uma união feliz ou que o menino só tem a ganhar quando conta com uma influência masculina positiva em sua vida. O quadro, porém, é muito mais complexo e envolve mais do que apenas a presença ou a ausência de um modelo masculino em casa. Não mencionamos, por exemplo, que os riscos trágicos associados ao fato de o menino ser criado apenas pela mãe são iguais àqueles advindos da educação dada apenas pelo pai. Muitos de nossos maiores líderes e heróis e alguns dos homens mais dignos foram criados por mães, ao passo que inúmeros indivíduos desprezíveis, bem conhecidos de todos, foram fruto de casamentos íntegros e de famílias tradicionais, chefiadas por um pai. As estatísticas descrevem apenas médias e categorizam grupos de pessoas. Esses números têm seu significado, mas revelam pouco, ou quase nada, sobre uma casa específica, como aquela sob a qual você e seu filho vivem.

Nós, os autores – um psicólogo infantil e uma terapeuta familiar que criou o filho sozinha –, sabemos de sua realidade: os compromissos financeiros, os intermináveis afazeres domésticos e as obrigações que pesam sobre suas costas, a absoluta exaustão, a solidão da dúvida e do desespero, sem falar do preconceito da sociedade e, possivelmente, da crítica da família. Embora o caminho que tenha levado a mãe a ficar sozinha seja relevante – seja ele divórcio ou morte, opção pessoal ou abandono –, o mais importante mesmo é o caminho que você e seu filho percorrerão desse dia em diante. Porém, como passar do soninho da tarde sob seus olhos vigilantes para a ordem de voltar para a casa até meia-noite, dos sonhos inocentes a conversas sobre sexo seguro, da cartilha à literatura do ensino médio?

Aliando a sabedoria proporcionada pela experiência a descobertas recentes sobre o desenvolvimento do menino, este livro constitui um guia para que as mães que criam seus filhos sozinhas possam entendê-los melhor, além de tornar mais claro seu papel na formação deles. Nossa perspectiva é desenvolvimentista, o que significa que vemos a mãe e seu filho do ponto de vista do crescimento em conjunto. Para as mães cujos filhos ainda são pequenos, nossas observações servirão de orientação para a fase da infância. Para aquelas que já avançaram um pouco mais e estão com um filho um pouco mais velho ou já adolescente, este livro ajudará a entender o passado e servirá de base para o futuro. Nunca é tarde demais para construir uma relação mais frutífera, mais carinhosa e compreensiva com seu filho, embora seja inegável que, quanto mais cedo você começar, mais fácil será sua jornada. Tudo que você fizer hoje contribuirá para proteger seu filho e promover o crescimento dele, a fim de que possa se tornar o homem que você quer que ele seja, e, assim, diminuir cada vez mais o risco de ele sucumbir mais adiante em seu caminho.

Vamos explorar o importante território desenvolvimentista que você e seu filho vão percorrer: ligação e separação, dependência e autonomia, limites e privacidade. Descreveremos métodos que visam a edificar o caráter, a resiliência[**] e a identidade. Juntos, encontraremos para os problemas soluções que fomentem atitudes saudáveis em relação a mulheres e sexo, que conduzam ao sucesso acadêmico e profissional e que otimizem a influência de ex-maridos, namorados e mentores. Veremos como as mães às vezes se enganam no conceito que formam dos filhos e de que modo você pode cuidar melhor de si mesma, talvez a demanda mais negligenciada de ser uma boa mãe. Por fim, analisaremos o ponto para onde tudo isso converge – o dia em que você terá de soltar seu filho e deixá-lo ser um homem.

** Resiliência é a capacidade que a pessoa tem de superar situações críticas e voltar à serenidade.

Ao mesmo tempo em que propomos estratégias e oferecemos sugestões, queremos confirmar aquilo que você, como mãe que cria um filho sozinha, experimenta – os medos e as alegrias, as vezes que você triunfa e as que você tropeça. Mais do que lhe oferecer *as* respostas certas sobre como criar seu filho – já que uma fórmula 'tamanho único' muito provavelmente não exista –, esperamos que este livro a ajude a descobrir por si mesma o que fazer em situações futuras. Nosso trabalho com mães que criam os filhos sozinhas mostra que elas querem e precisam não de ensinamentos cor-de-rosa, mas de realismo e sinceridade. Elas sabem melhor do que ninguém com o que têm de lidar.

Embora todas as pessoas gostem de ser valorizadas, não escrevemos este livro para enaltecer cegamente o valor da mãe que cria seus filhos sozinha. Assim como não acreditamos que só o homem seja capaz de criar um filho sozinho, não cremos que a mulher seja uma divindade mitológica capaz de sempre fazê-lo melhor. O que transforma essas mães em heroínas não é o fato de serem mulheres, mas, sim, a bravura e a determinação que demonstram a cada dia ao educarem seus filhos sem ajuda.

As mães que criam seus filhos sozinhas possuem pouco tempo de lazer para ler um livro por puro divertimento. Não se pode esperar que elas estudem as últimas pesquisas sobre a criação de filhos – assunto que naturalmente toma grande parte de seu tempo e do qual, às vezes, precisam de uma trégua. Assim sendo, tentamos escrever um livro que seja estimulante, esclarecedor e útil. Esperamos que valha o tempo que você investirá nele e que ele esteja à altura da sua mais nobre missão – criar seu filho.

Apresentação

Englobar em um único livro as necessidades de filhos de todas as idades, de bebês a adolescentes, foi um grande desafio. Pensamos em dedicar os capítulos a faixas etárias específicas, mas, além de não corresponder à realidade, essa solução não nos pareceu contribuir para uma discussão consistente.

Optamos então por abordar em cada capítulo as principais questões que afetam as mães e seus filhos, integrando todos os aspectos da vida do menino, o que é particularmente interessante para as mães de meninos pequenos, que ainda têm a maior parte da infância pela frente. Estamos cientes de que essa abordagem pode, a princípio, não se mostrar atraente para as mães cujos filhos já deixaram bem para trás os anos da pré-escola. Contudo, mesmo para essas mães, entender a história de seus filhos na perspectiva do desenvolvimento lhes permitirá criá-los com maior segurança e determinação do ponto em que estiverem.

CAPÍTULO 1

Um Jovem Bem-educado

do Princípio ao Fim

Como é possível? Ele é um adulto agora! Parece que ainda ontem ela o carregava a todo lugar aonde ia. Difícil de acreditar ao olhar para o corpo desse jovem. Passaram-se anos desde a última vez que ela o levou no colo para a cama e que seus 24 quilos quase a descadeiraram. O rosto lambuzado de sopinha que ela limpava agora tem barba. Os olhos e o sorriso que antes se iluminavam só para ela agora parecem brilhar por muitas outras pessoas. O mundo que uma vez girava em torno dos dois parece ter viajado para uma galáxia distante, e ele agora está a anos-luz de distância.

Para onde o tempo foi? As centenas de banhos que deu nele, as tantas mil vezes que o colocou para dormir, os incontáveis abraços, beijos e afagos. Antes ele precisava dela para tudo. Mesmo quando dizia que não, *queria* que fizesse coisas para ele. Às vezes ela se aborrecia e esbravejava, mas lá no fundo se regozijava silenciosamente de ver como era essencial na vida dele. Como era bom ter de levá-lo de carro aos lugares, uma chance preciosa de ouvir como havia sido seu dia no colégio e de conhecer as meninas de quem ele gostava. A bagunça que fazia com os colegas na cozinha, muitas vezes motivo de broncas e sermões, se tornou, ao contrário, uma rara oportunidade de ver o filho junto com os amigos, de saber quem eles eram e, o que era melhor, de saber que estava em casa, em segurança. O trabalho de sair para comprar comida, roupa ou CDs acabou se transformando em momentos inestimáveis para estar perto e curtir o jovem que, apesar da altura e da penugem no rosto, ainda era o seu filhinho.

Se pararmos para pensar, deixar um filho partir pode parecer a atitude mais irracional que se possa exigir de alguém, sobretudo de uma mãe. É extremamente ingrato, injusto e doloroso para quem fez tanto, dedicou-se de corpo e alma, deu toda a sua energia e carinho a outra pessoa, mesmo sendo seu filho, saber que um dia ele simplesmente vai se levantar e ir embora.

Quando, porém, a mãe vê o filho subir ao palco para receber seu diploma, observa-o tratar a noiva com respeito e carinho e constata que ele é capaz de levar uma vida responsável e decente. Ela não se questiona mais a respeito do valor do que fez por ele. Tem certeza de que seu empenho e esforço valeram a pena. Apesar de toda luta e dos longos momentos de absoluto desespero, que muitas vezes se arrastaram por dias e semanas, ela vê que conseguiu criar o filho e fazer dele um homem capaz de levar uma vida digna. Por mais que tenha sido desafiador, desgastante emocionalmente e muitas vezes amargo, foi um trabalho bem-feito.

Todo esse quadro poderia ser apresentado com muito mais dramaticidade. Poderíamos recorrer à imagem do jovem que desfralda as velas de seu barco para lançar-se ao mundo enquanto a mãe envelhecida, cansada da vida, sem ânimo e abandonada acena triste para ele do cais. Carregado de drama ou não, a verdade é que o grande dilema da mãe é deixar partir o filho que ela criou e em quem tanto investiu. Eles começam a partir sorrateiramente, afastando-se devagar e cada vez mais da mão condutora da mãe. Cheios de sonhos e visões, aspiram a uma vida inteiramente independente, enquanto, por outro lado, as mães lutam para não se esquecer de que, afinal de contas, é para isso que os criam.

Cheios de sonhos e visões, aspiram a uma vida inteiramente independente, enquanto, por outro lado, as mães lutam para não se esquecer de que, afinal de contas, é para isso que os criam.

As agências de propaganda sabiamente exploram essa idéia. O motivo pelo qual um comercial do McDonald's ou de uma companhia aérea que mostra o reencontro de mãe e filho nos traz lágrimas aos olhos é que o tema nos desperta os mais genuínos sentimentos, que ficam logo abaixo da superfície, sempre prontos para aflorar. Toda mãe sabe disso e tudo que ela mais teme na vida é o momento da partida do filho, quando ele alça vôo do ninho por conta própria. Ela vive nessa expectativa desde o dia em que ouve o primeiro choro do filho e pensa nisso o tempo todo, quando troca a fralda dele, amarra seu tênis, ajuda-o a aprender inglês, até que chega o dia em que tem de ajudá-lo a arrumar as malas.

No caso das mães que criam os filhos sozinhas, essa verdade pode ser ainda mais pungente. Carly, uma enfermeira de 49 anos, adotou um filho colombiano há oito anos. É difícil passar um dia sem que não note alguma coisa nova nele. "Por que", ela se perguntava, "não consigo simplesmente ficar contente de vê-lo aprendendo, progredindo e fazendo tudo o que tem de fazer? Por que cada passo à frente que ele dá só me faz lembrar que está chegando cada vez mais perto da porta?". O tormento de Carly é fácil de entender. Carlos é seu único filho. Ela perdeu o pai quando era pequena e nunca se casou; Carlos é o único homem de sua vida. Como poderia não sofrer?

Tal como muitas mães sozinhas, Carly duvidava de sua capacidade de criar um filho, muito menos um menino. Ela acreditava que para a criança é muito melhor viver com uma família de mãe e pai. Assustava-a pensar que seria a única e exclusiva responsável pelo tipo de homem que Carlos viria a ser, uma vez que toda a criação do filho ficaria a seu encargo. Além da responsabilidade envolvida, havia também o compromisso de tempo que seria exigido dela. A visão que a mãe tem do homem que seu filho vai se tornar tem forte influência sobre como o conduz na vida e molda diretamente a pessoa em que ele se transforma. Seus sentimentos em relação ao crescimento do filho e a maneira como lida com eles determina a maneira como ela exerce seu papel de mãe no dia-a-dia.

No final, o que quer que Carly (e outras mães que criam filhos sozinhas) pense, o processo é inexorável, e não há nada, coisa alguma, que ela ou qualquer outra mãe, solteira ou casada, possa fazer para interrompê-lo. Ela pode continuar vestindo o filho com roupinha de bebê mesmo quando ele já tiver bem mais de 1 ano (com algum risco para a saúde psicológica dele), assim como pode continuar tratando-o de maneira infantil em outras situações da sua infância. Ela pode tentar fazer com que a vida dele com ela seja maravilhosa e ensinar-lhe que o mundo fora de casa e a vida adulta são perniciosos e devem ser evitados. Ela pode ignorar o desenvolvimento de seu corpo e de sua mente e olhar para o outro lado, mas vai descobrir um dia que ele não está mais lá e que deixou apenas um par de sapatos tamanho 42 perto da porta. Ela pode até mesmo parar o relógio e agarrar-se a cada momento com toda a sua força para evitar que o hoje se transforme em ontem. É claro, porém, que não vai conseguir. Porque com a mesma certeza dos impostos e da morte, qualquer que seja o número de pais em casa, o tempo passa e os filhos crescem.

Teoria sobre Mães sem Parceiro e Seus Filhos

O cientista em geral conceitua, como fez Einstein com a relatividade, duas teorias paralelas para explicar o mundo: uma que descreve fenômenos mais gerais e outra que aborda eventos mais específicos ou exceções.[1] Esse modelo parece conservar sua relevância para a tarefa de criar um filho sozinha.

Por mais que os próximos capítulos explorem as circunstâncias, as exigências e os métodos especiais de criar um filho sozinha, não se pode ignorar o óbvio, pois, de todas as verdades a respeito disso, uma é suprema: a mãe é, acima de tudo, a progenitora e a provedora da criança.

Assim como um pianista de extremo talento, que primeiro precisa aprender o básico do teclado, com suas escalas e técnica clássica, a mãe sem parceiro precisa entender tudo o que uma mãe casada entende. Ambas precisam saber alguma coisa, para não dizer bastante, sobre como uma criança se desenvolve, o que constitui a disciplina eficiente, como preparar refeições balanceadas e nutritivas e como colocar uma criança ativa e cheia de energia para dormir. Tanto uma quanto outra precisam ter noções básicas sobre crianças e sobre si mesmas para ajudar os filhos a cruzar as fronteiras do terreno minado do desenvolvimento. Os filhos de ambas as mães precisam igualmente aprender a arte da vinculação e da separação e dominar as mesmas tarefas psicológicas. Precisam abrir seu próprio espaço no mundo, com sua própria identidade.

Os filhos de todas as mães – sejam elas bem casadas, divorciadas, viúvas ou mães adotivas – precisam aprender a se proteger e a fazer boas escolhas. O estado civil não constitui vantagem no momento em que a mãe precisa ligar para o pediatra ou dar um antitérmico à criança; antes de tudo é preciso ser uma boa mãe.

Antes de tudo é preciso ser uma boa mãe.

O conhecimento da sociedade moderna a respeito da criação de filhos foi bastante impulsionado pelo valioso trabalho da pesquisa desenvolvimentista. Primeiro, aprendemos que a menina havia sido ignorada e que nossa cultura, sem saber, subjugou a voz e o eu das filhas que amávamos e para as quais queríamos apenas o melhor. À luz dessas contundentes descobertas, a pesquisa social e psicológica direcionou o foco do seu microscópio para a vida do menino, e nessa área encontrou déficit comparável, em termos daquilo que se acreditava e se fazia para ele. Revelou-se a devastação causada pelos estereótipos e pressupostos da sociedade sobre a formação do menino. Agora a mãe, qualquer que seja a estrutura e a configuração de sua família, conta com um novo arsenal de referências e informações, mas também tem nas mãos uma nova responsabilidade. Sozinha ou acompanhada, ela tem de ter idéia de como é o universo do menino, tem de saber o que ele precisa receber dela e conhecer os riscos que ele enfrenta.

A necessidade de uma teoria específica não pára por aqui, pois a mãe que cria os filhos sozinha tem uma missão muito mais difícil e muito diferente do que a do casal que os cria satisfeito e bem entrosado. Para fazer o trabalho de duas pessoas, a mãe tem de aprender aquilo que tradicionalmente é realizado por pais e homens. Mesmo que a mãe sem parceiro não tenha a opção do casamento ou que questione o poder de um pai, ela tem de entender qual é o papel dele e o que ele tem a oferecer ao filho. Esse conhecimento pode conferir autonomia à mãe independente e ajudá-la a discernir o que pode e o que não pode fazer, o que quer e o que não quer fazer, do que seu filho precisa e o que lhe falta. Ver e entender com maior clareza torna a mãe mais eficiente e contribui para deixar sua espinhosa missão mais amena e gratificante.

Não quero dizer com isso que exista uma teoria unificada e bem elaborada a respeito de como criar filhos sem o auxílio de um parceiro. Não há uma maneira 'certa' de ser mãe. São muitas as maneiras certas, como são muitas as erradas. O segredo de uma 'educação satisfatória' consiste em conseguir o máximo de acertos cometendo o mínimo possível de erros – sabendo perdoar-se pelas inevitáveis e freqüentes vezes em que você age de maneira absolutamente inócua ou mesmo contraproducente.

Criar filhos, mesmo sob as melhores condições possíveis, é um tremendo desafio. Embora seja comum a noção de que o pai e a mãe perfeitos são aqueles que sabem tudo, esse ideal em geral mais atrapalha do que ajuda. O pai e a mãe perfeitos existem apenas em nossa imaginação – ou talvez na televisão –, e essa fantasia pode nos martirizar por qualquer passo dado em falso, nosso ou de nossos filhos. É bom saber, no entanto, que a arte de criar filhos depende, em grande medida, de habilidade e técnica, ou seja, de conhecimentos que podem ser adquiridos e aperfeiçoados. Embora a missão de criar filhos pareça ser mais fácil para determinadas pessoas, poucas mães e pais são da opinião de que seu papel como um todo ou em grande parte seja natural e intuitivo. Um enorme número de pais, talvez a maioria de nós, precisa empenhar-se muito para desempenhar essa função e muitos conseguem bem menos do que gostariam. Muitas vezes parecemos o pneu de um carro atolado na lama, patinando a toda velocidade sem sair do lugar.

Revelou-se a devastação causada pelos estereótipos e pressupostos da sociedade sobre a formação do menino.

Criar filhos sozinha demanda muito de uma mulher. Ela tem de ser ao mesmo tempo mãe e pai, fazer o trabalho de duas pessoas. Chefiar a casa com meia renda. Fazer malabarismos, sacrifícios e apagar incêndios. Entender o que significa ser mãe, o que significa ser pai e como funciona o universo dos meninos. Lutar para captar o quadro como um todo e todos os seus detalhes ao mesmo tempo. Talvez a mãe chegue a se arrepender de ter tido... Espere, isso é uma outra discussão. Por acaso falamos em sacrifício?

A mãe que cria um filho sozinha, assim como qualquer outra mãe ou pai, vai se aperfeiçoando com o tempo, se se dispuser a continuar tentando e a assumir riscos. Essa é a única maneira efetiva de aprender. As mães sem parceiro crescem junto com seus filhos, e cada minuto a mais é um laboratório vivo para ambos desenvolverem seu projeto em parceria. Como disse uma mãe ao filho: "Você nunca teve 11 anos antes. Eu nunca fui mãe de um menino de 11 anos antes. Estamos vivendo juntos uma grande experiência e vamos cometer erros. Muitos". Adotar uma atitude assim pode ser uma bóia de salvação na hora de atravessar as muitas tempestades que mãe e filho, com certeza, terão de enfrentar juntos.

O Que os Outros Pensam

Quem se importa com o que os outros pensam? Raros são os que não se importam, que sabem o que querem e isso lhes basta.

A maioria das pessoas, porém, entre as quais as mães sem parceiro, importa-se muito com a opinião alheia. Essas mães fazem parte de famílias, ambientes de trabalho e comunidades e podem alimentar profunda preocupação com os preconceitos e as atitudes dos outros. Como se já não fosse dificuldade suficiente criar um filho sozinha, as mães sem parceiro são às vezes taxadas de egoístas e inconseqüentes, de prejudicarem o próprio filho e comprometerem a comunidade em que a criança crescerá. Criar um filho homem sozinha, então, é um sacrilégio ainda maior. Todos sabem que meninos precisam de pais – homem de verdade – para educá-los. Precisam mesmo?

Vamos olhar a questão de frente. A verdade é que, em questões que envolvem criança e família, os Estados Unidos jamais se destacaram. Apesar de se vangloriar de sua liberdade, a nação exibe algumas realidades sombrias e nada animadoras, muitas das quais de especial relevância para lares de mães sozinhas. Com toda a sua avançadíssima tecnologia médica e com toda a propalada riqueza de parte de sua população, o país amarga altos índices de mortalidade infantil, de evasão escolar e de pobreza, o que é vergonhoso.

O Que Você Acha?

Os casais devem ficar juntos pelo bem dos filhos?
Sim Não Não tenho certeza

Uma família com pai e mãe é melhor para a criança?
Sim Não Não tenho certeza

Filhos criados apenas pela mãe estão mais sujeitos a desenvolver problemas emocionais, educacionais e comportamentais?
Sim Não Não tenho certeza

As famílias monolaterais são um problema em nossa sociedade?
Sim Não Não tenho certeza

O aumento de famílias monolaterais indica que as pessoas que vivem casamentos infelizes ou perigosos têm mais opções atualmente?
Sim Não Não tenho certeza

Hoje há maior aceitação para padrões diferentes de unidade familiar?
Sim Não Não tenho certeza

É importante para o filho de mãe sozinha ter um modelo masculino?
Sim Não Não tenho certeza

O desafio da mãe sozinha é igual ao da casada?
Sim Não Não tenho certeza

(Compare na próxima página suas opiniões com as de outras mães sem parceiro.)

Se você é uma mãe sem parceiro por opção ou pretende sê-lo, com certeza encontrará muita gente pronta a criticá-la. Tome cuidado: pode ser que sua

O Que as Mães (Norte-americanas) sem Parceiro Pensam?[2]

Os casais devem ficar juntos pelo bem dos filhos?
Sim – 28%   Não – 66%

Uma família com pai e mãe é melhor para a criança?
Sim – 72%   Não – 18%

Filhos criados apenas pela mãe estão mais sujeitos a desenvolver problemas emocionais, educacionais e comportamentais?
Sim – 49%   Não – 42%

As famílias monolaterais são um problema em nossa sociedade?
Sim – 58%   Não – 34%

O aumento de famílias monolaterais indica que as pessoas que vivem casamentos infelizes ou perigosos têm mais opções atualmente?
Sim – 81%   Não – 14%

Hoje há maior aceitação para padrões diferentes de unidade familiar?
Sim – 92%   Não – 5%

É importante para o filho de mãe sozinha ter um modelo masculino?
Sim – 82%   Não – 13%

O desafio da mãe sozinha é igual ao da casada?
Sim – 68%   Não – 26%

autocrítica seja a que mais a fira e suas mais intensas batalhas sejam travadas com seus próprios pontos de vista impregnados pelo preconceito. Uma recente pesquisa norte-americana a respeito de mães sem parceiro sugere que elas, de modo geral, estão de acordo com as visões predominantes. A maioria das mães sem parceiro considera importante para a criança ter pai e mãe, pois, assim, ela se desenvolverá melhor. Essas mães relatam com precisão que filhos de pais sem parceiro estão mais expostos a uma ampla variedade de problemas. Não se sabe ao certo até que ponto essas opiniões são um produto da sociedade ou representam auto-avaliações autênticas, mas, de qualquer maneira, essa informação está fora do propósito deste livro. Analise, pois, seu próprio conceito sobre a mãe que não tem parceiro. Sua atitude e autoconfiança diante da tarefa de criar um filho sozinha terão importância decisiva sobre o sucesso de sua missão.

Nunca é demais conhecer os números. As estatísticas sugerem convincentemente que o trabalho de criar um filho sozinha é monstruoso e encerra enormes perigos, embora não mais do que os enfrentados por um pai igualmente sem parceira. (Um estudo recente da Universidade do Estado de Ohio descobriu que a situação pai sem parceira não é melhor no quesito disciplina do que mãe sem parceiro.) Quer você seja uma mãe sozinha por opção, quer por circunstância, a empreitada é tremenda, porém exeqüível.

O pai e a mãe perfeitos existem apenas em nossa imaginação – ou talvez na televisão –, e essa fantasia pode nos martirizar por qualquer passo dado em falso, nosso ou de nossos filhos. É bom saber, no entanto, que a arte de criar filhos depende, em grande medida, de habilidade e técnica, ou seja, de conhecimentos que podem ser adquiridos e aperfeiçoados.

Grande número de homens bem-sucedidos, respeitados por sua comunidade e, às vezes, pelo mundo todo, foi criado apenas pela mãe. Criar um filho homem sozinha não o condena à delinqüência juvenil, a andar em más companhias nem a levar uma vida à margem da sociedade. Lembre-se, sua própria atitude terá fortíssima influência sobre o menino que você ama. Dedique-se a aprender tudo o que puder sobre ele: seu desenvolvimento, suas potencialidades e responsabilidades. Eduque-o da melhor forma possível e acredite sempre em si própria, mesmo quando a jornada for longa. Admita a própria fragilidade, mas encare-a com confiança e isso contribuirá para fortalecer seu filho e fazer dele uma pessoa mais racional e sensata.

Para quem sentiu na pele a crítica e a condenação dos outros, saiba que a melhor vingança é provar ao mundo que suas próprias dúvidas são infundadas. Educar seu filho e fazer dele um homem de bem serão sua melhor desforra, a sobremesa que você vai saborear com maior prazer, e, ao mesmo tempo, seu maior orgulho, realização e satisfação. Sim, você é capaz. Este livro a ajudará a começar.

CAPÍTULO 2

É Menino!

Cultura Popular e Novos Conceitos

De que é feito o menino? (a) Tirinha de sapo, unha e rabo de filhotinho de cachorro. (b) Curiosidade suficiente para matar uma ninhada de gatinhos. (c) Mais energia e vivacidade do que um brinquedo de pilha – e muito mais coragem. (d) "[...] uma minúscula alavanca molecular que atinge um filamento de DNA e o faz vibrar, acionando todas as alterações necessárias para converter um embrião assexuado de 35 dias de idade em um menino".[1] (e) Cuspe e vinagre. (f) Bolo de cabeça de minhoca. (g) Testosterona e, praticamente, mais nada.

Se fosse um teste de múltipla escolha, os mais astutos provavelmente responderiam "(h) Todas as anteriores". Mas até mesmo eles estariam errados. O menino (e o adolescente e o homem em que se transforma) é feito de muito mais do que apenas esses ingredientes. E, como todos nós sabemos, nem todo menino é igual. Alguns não são curiosos nem corajosos. Há os que preferem a pintura às guerras de *paintball*, a leitura em uma poltrona aconchegante às brincadeiras e correrias ao ar livre. Este capítulo analisa os conceitos enraizados em nossa cultura a respeito do comportamento do menino e aborda as recentes descobertas da pesquisa, com o intuito de extrair daí uma nova percepção capaz de ser aplicada àquele menino que realmente nos interessa – o filho que temos em casa.

Huck, Dennis e Beaver

Pense em um garotinho qualquer que acompanha a mãe em uma loja de departamentos enquanto ela compra um vestido.

"Senta aqui um pouquinho", diz a mãe apontando para uma simpática cadeira perto do provador. Poucos segundos depois, tendo derrubado e rolado a cadeira pelo chão, o menino começa a perambular por toda a seção de vestuário feminino. Completamente entediado, ele vaga atraído eventualmente por alguma cor ou padrão chamativo, esfregando a mão nas peças macias e fofas de lã, empurrando roupas penduradas nas araras, os móveis e acessórios soltos, e nem mesmo os enfeites da parede escapam de suas mãos inquietas. Ao esgotar o interesse pela área, corre para o canto oposto, onde vê uma arara enorme de roupas movida a rodinhas e começa a empurrá-la pela loja, pendura-se nela e começa a balançar-se. Logo vê que, balançando-se bastante, consegue encostar na grande almofada cheia de roupas de inverno atrás dele. Ele gosta da pressão e da maciez das roupas sobre suas costas quando vai para trás e, melhor ainda, quando se balança para a frente, percebe que consegue esticar o pé até encostar em uma pilha de cabides acomodados no chão. Cada chute, o diverte com o barulho dos cabides se espalhando. Logo, logo o menino estabelece um ritmo constante: dá impulso e derruba, dá impulso e derruba. E enquanto se balança, canta alto acompanhando o ranger do metal, embora a música não tenha nada a ver com o ritmo de seu movimento; isso, porém, não o desencoraja nem o impede de usar a letra de outra música que ele conhece.

"Luis", a mãe o agarra pela mãe e com firmeza o reconduz à cadeira. "São só mais uns minutos." Luis fica sentado e pergunta à mãe se ela ainda vai levá-lo à lanchonete da loja. Ela confirma.

Da cadeira, o menino escapa para a área central da loja. O movimento e a simetria das escadas rolantes paralelas subindo e descendo atraem sua visão, até que ela é obstruída por um homem que passa empurrando uma caixa enorme sobre um carrinho. Ele fica imaginando o que haveria dentro da caixa: quem sabe *gameboys* ou seu chiclete preferido. Percebe que está com fome. Que está morto de fome. Agora, de cabeça para baixo, ele consegue ver o balcão de cosméticos onde umas mulheres de jaleco preto estão 'desenhando' no rosto de outras mulheres. Seria engraçado pintar bigode e costeleta no rosto da mãe. De repente ele pára, atraído pela fragrância dos perfumes. O barulhinho suave da campainha do elevador chama sua atenção.

Uma vendedora estala o dedo, chamando-o. Luis tem certeza de que a moça quer que ele se sente direito e tire o pé de cima da cadeira. Mas não é uma bronca, ela fala com ele sorrindo.

Viva! Ele vê a mãe se dirigindo ao caixa e sabe então que o fim está próximo. *Sorvete de baunilha com calda de chocolate e farofinha de amendoim, lá vou eu!*

Ao caminhar em direção à mãe, nota uma vitrine com garrafas coloridas – azul, amarelo e rosa – empilhadas em pirâmide. Uma parece estar fora do lugar. Ele faz o possível para ajeitá-la, mas a pilha desmorona.

"Eu não estava brincando!", diz a mãe, ao agarrá-lo pelo braço. "Quero que você fique aqui, perto de mim, sem sair do lugar." O menino se remexe. "Estou falando sério", repete ela agora com um ar de exasperação estampado no rosto.

Nervosa por causa da tensão, o constrangimento da mãe vai aumentando diante da desaprovação patente daquela vendedora com ar senhoril, a ponto de não conseguir achar o cartão de crédito. Precisa das duas mãos para procurá-lo dentro da bolsa e, quando o encontra e paga o vestido, não vê mais o filho. "Luis? Luís", chama discretamente para não chamar atenção.

Animado com toda aquela agitação, e até mesmo pelo próprio transtorno da mãe, o menino reaparece saído debaixo de uma arara de roupas. "Mãe!", grita com expressão exultante no rosto, certo de que ela ficará tão contente de reencontrá-lo quanto ele está de vê-la.

Embora a gente ache graça de June Clever, do seriado *Leave it to Beaver*, com seus impecáveis vestidinhos de ficar em casa, sempre de colar de pérola e com aquele bom humor permanente e 'automático', entendemos a condescendência dela em relação ao pequeno Teodoro. Apesar do comportamento reprovável e às vezes repugnante – costuma matar aula, anda sempre com minhoca e chiclete mastigado dentro do bolso, não tem escrúpulo em enfiar a cabeça dentro do prato de sopa –, ela admirava seu espírito de moleque, seu entusiasmo maroto pela vida. No fundo, suas armações e travessuras eram inocentes, apesar de movidas pela atração do desconhecido e pelo obscuro e proibido. A capacidade do menino de fazer a mãe rir não era meramente um recurso artificial de Hollywood. Trata-se de uma propriedade genuína de muitos meninos, não obstante os milhares de decibéis de barulho e toda a bagunça que fazem e todo o trabalho que em geral dão.

Se pedirmos à maioria das pessoas a descrição de um 'menino comum', ouviremos provavelmente um relato de comportamento meio Huck Finn e meio Peter Pan. Muitas gerações de sabedoria popular, literatura e cultura cristalizaram pressupostos sobre o que caracteriza o menino. O interessante é que algumas dessas observações foram confirmadas pela pesquisa atual que tem o menino por foco. Quais são essas características? (Mães cujos filhos não são aqueles 'moleques' típicos, por favor, fiquem ligadas, porque vamos falar deles mais tarde.) Exploraremos um pouco alguns atributos que essas criaturas fascinantes chamadas 'meninos' têm em comum.

Alto Nível de Energia

Os meninos, como costumamos acreditar, são fios desencapados, motorzinhos elétricos que funcionam sem parar e que continuam procurando o que fazer. Um jogo de futebol de manhã e uma aula de natação na hora do almoço não gastam nada que não possa ser restaurado com 20 minutos irrequietos diante de um desenho animado. Levantando-se com o sol, eles passam o dia atrás de ação, até desmoronarem na cama, bem depois do pôr-do-sol. De fato, a pesquisa diz que, como grupo, os meninos são mais ativos fisicamente e mais impulsivos que as meninas da mesma idade[2], e muitos dos desastres que causam são pura e simplesmente conseqüência da incessante busca de atividade a que seus dedos e pernas agitados estão condenados. Apesar do grande risco que corre, a criança de 4 anos que enfia um clipe de papel na tomada não o faz pelo simples prazer de 'aprontar alguma'. Ela não quer eletrocutar-se nem causar um curto-circuito na casa: só está tentando ocupar-se, empregando um impulso inato de investigar o mundo que a cerca (e, com certeza, ela precisa de supervisão constante enquanto não tiver plena noção dos perigos da eletricidade).

Muitas gerações de sabedoria popular, literatura e cultura cristalizaram pressupostos sobre o que caracteriza o menino. O interessante é que algumas dessas observações foram confirmadas pela pesquisa atual que tem o menino por foco.

Na verdade, para muitos meninos, o mundo é um atraente laboratório e eles são 'cientistas loucos'. Não seria ótimo poder domar, de alguma forma, essa energia de alta octanagem e canalizá-la para um uso aproveitável? Há meninos que, quando os pais se levantam sonolentos de manhã, já arrumaram o quarto, deram comida para o cachorro e deixaram a cozinha de pernas para o ar preparando o café. Infelizmente, a mente e o corpo do menino não estão prontos para o tipo de trabalho que o instinto o leva a praticar. E é praticando, ou seja, explorando e experimentando, que ele aprende o que tem condições ou não de fazer.

Aprender sobre si mesmo é o foco do desenvolvimento inicial do menino (assim como também da menina). Assim como os chimpanzés maluquinhos que adoramos ver no Discovery Channel, nossos filhotinhos também precisam 'agitar' e se movimentar – e muito. É por isso que transformam praticamente todo lugar aonde vão em playground, não importa que seja a sacristia da igreja, a sala de espera do dentista ou os provadores de uma loja de departamentos. Enquanto a irmã se satisfaz brincando calmamente com sua boneca sentadinha sob uma árvore, o menino sobe nos galhos e trama planos para perturbar o pacífico cenário que vê abaixo. Ele não tem muito controle sobre o possante motor que tem dentro de si girando em alta velocidade e em alta temperatura, como o de uma Ferrari ou um Jaguar. Ele foi feito assim.

Alto Nível de Curiosidade

Por acaso o menino é curioso? Feche a tampa de uma caixa de madeira com prego, guarde-a no alto do armário e sugira a seu filho que a ignore. Apesar de todo o desejo de obedecer-lhe, a atenção dele inevitavelmente se voltará para a caixa, como se ela fosse a arca do tesouro enterrada. Ele vai sair à cata de ferramentas e usar até mesmo as próprias unhas e dentes para abri-la. Mesmo que entre uma farpa em seu dedo ou que fure a mão com um prego, mesmo vendo que está se machucando por causa da própria curiosidade, ele vai quebrar a tampa da caixa com o martelo até descobrir o que tem dentro.

Os meninos precisam saber – saber por saber. Escalam para pesquisar, cavam para desenterrar, correm desajeitados pé ante pé para se esconder embaixo da cama para espionar. O que é um relógio, senão uma máquina que serve para ser desmontada e investigada? Você quer que um menino leia alguma coisa? Coloque-a dentro de um envelope fechado, escreva por fora *Ultra Secreto* e esconda-o.

Elaine estava indo de carro para casa depois de uma tarde comprida cheia de afazeres e muito trânsito. Daniel, seu filho de 3 anos, até que tinha se comportado muito bem nas lojas, demonstrando paciência e espírito de colaboração, mas, depois que entrou no carro, passou a fazer uma pergunta atrás da outra. "Mas por quê?", indagava sobre o caminhão, o edifício, o céu. E, quando Elaine respondia, outro "mas por quê?" vinha logo em seguida.

No fim, ele esgotou a paciência da mãe. "Daniel", disse ela, já em um tom cansado e exasperado, "chega!". Elaine deu uma olhada pelo espelho retrovisor e viu o olhar perplexo do filho fitando-a. "Mas mãe", retrucou sério, "eu quero saber essas coisas".

Quando e como a curiosidade adquiriu uma conotação negativa? Um dos sentidos, no dicionário, do termo 'curiosidade' é o desejo irreprimível de buscar conhecimento. Embora uma lista infindável de perguntas possa acabar desgastando mesmo a mãe mais paciente do mundo, será que a curiosidade em si merece ser reprimida? Antigamente, a curiosidade estava muito associada ao perigo: também encontramos nos dicionários a definição de que a curiosidade é o desejo humano de conhecer o significado da vida e os caminhos de Deus – o que era considerado uma atitude perigosa, contaminada de arrogância e pretensão, parente da "embriaguez e do adultério espiritual".[3] Seja por causa de resquícios de condicionamentos do passado, seja simplesmente por sua natureza implacável, a curiosidade dos meninos muitas vezes se transforma em um verdadeiro tormento para as mães.

E o que seria do mundo sem a curiosidade? Toda mãe deve ler o fascinante livro de Kruif, *Caçadores de Micróbios,* com as histórias de Louis Pasteur, entre outros, movidos pelo desejo irresistível de entender o mundo invisível dos micróbios. Nosso mundo seria um lugar muito mais difícil e perigoso sem os exploradores cuja curiosidade os arrastou para os meandros mais estranhos e recônditos que a imaginação os podia levar: continentes longínquos, as profundezas do mar, o espaço aberto e o recesso gelatinoso de nosso cérebro. Ao contrário de Sherlock Holmes, os meninos não precisam topar com um denso nevoeiro no pântano para aguçar seu espírito investigativo. Eles vêem mistério sob o dia mais límpido e ensolarado, no quintal da própria casa.[4]

Alto Nível de Barulho

Este é um grande enigma: por que tantos meninos não se importam com o ensurdecedor e enlouquecedor barulho de qualquer máquina de fliperama? Porque não conseguem ouvi-lo acima da própria gritaria (o que é tão verdadeiro quanto pouco engraçado). Temos grandes suspeitas de que os meninos são responsáveis pelo movimento nacional em prol da manutenção das festas de aniversário nos locais alugados para esse fim, como boliches, ginásios esportivos, clubes, bufês ou qualquer outro lugar que se proclame como paraíso da diversão. Quem condenaria uma mãe por contratá-los? Se 16 meninos tornam a festa 16 vezes mais animada, podem também torná-la 64 vezes mais barulhenta, 256 vezes mais frenética e... – bem, é melhor você mesma fazer as contas.

O menino é, quase sempre, especialista em efeitos sonoros. Ele é capaz de reproduzir o ronco da motocicleta, a sirene do carro de polícia, o giro alucinado das pás do helicóptero, todos os tipos possíveis de imitação de pum e arroto, devidamente acompanhados de sua linguagem característica. (Será que existe algum menino que nunca tenha arrotado alto para depois se divertir sozinho com seus risinhos abafados e despropositados?) Quanto mais alto o som da transgressão e mais impróprio o ambiente para aquela situação, melhor. Um arroto na escola ou na sinagoga causa muito mais sensação do que no playground.

Uma conversa entre meninos soa como um debate parlamentar potencializado pelo efeito de uma câmara de eco. Cada um fala mais alto que o outro, como se adiantasse gritar para ser ouvido. O som provocado pelo menino pode ser difícil de agüentar, sobretudo no caso de mães que trabalham fora e que chegam em casa no fim do dia ansiando por tranqüilidade e sem saudade nenhuma do amor nato do filho pelo barulho. Mesmo com o volume do aparelho de som e de televisão no máximo, muitas vezes conseguimos ouvir a agitação do moleque e precisamos implorar por um pouquinho de paz e silêncio.

Alto Nível de Agressão

Dê um tamborzinho ou uma bateria a um menino, e ele vai tocá-lo o dia inteirinho. Dê a um menino uma colher, e ele fará o mesmo. Nem é preciso chegar a esse ponto: arrume para um menino uma mesa de lanche, e ela não permanecerá arrumada por mais de um minuto, ou dê a ele seus óculos para ele segurar, e é praticamente certo de que em pouquíssimo tempo ele esteja quebrado. As meninas andam pela rua de mãos dadas, de braços dados. Meninos andam pela mesma rua cutucando-se entre si e chutando cada árvore e poste que encontram pela frente.

Júnior e Dilan, de 10 anos, são vizinhos. Estão se engalfinhando no chão, cada hora um por cima do outro, e os dois já levaram uns bons socos. São grandes amigos, mas nesse momento estão extremamente 'irados'. Júnior se levanta e chuta o jogo de Monopólio, espalhando as peças pelo chão. "Pega sua droga de jogo, seu ladrão", exclama. E vai embora, pulando a cerca que separa o jardim das duas casas, no ponto onde ela já está derrubada, de tanto ser pulada. "Seu imprestável", retruca Dilan, levantando-se e chutando também o próprio jogo, antes de correr como um furacão para dentro de casa. Amicíssimos, brigaram porque o dado bateu na pedra ao ser lançado. Amicíssimos, vão estar jogando basquete juntos daqui a uma hora, porque esse está longe de ser seu último quebra-pau.

É comum o menino se aborrecer e tornar-se agressivo. Nessa mesma linha, muitos meninos, quando se magoam e ficam tristes ou quando são contrariados, têm propensão a mostrar-se agressivos. Se alguém bate em você, você bate de volta. Uma pessoa diz algo de que você não goste? Você bate nela. Você está chateado porque seu avô está doente, mas não sabe expressar-se ou conversar com alguém sobre esse assunto? Então você diz alguma coisa para encher a paciência de outra criança e, quando ela fica com raiva e bate em você, você revida – bem mais forte.

É comum o menino se aborrecer e tornar-se agressivo. Nessa mesma linha, muitos meninos, quando se magoam e ficam tristes ou quando são contrariados, têm propensão a mostrar-se agressivos.

Para muitos meninos, a agressão é absolutamente normal, e, para poder ajudar seu filho a adotar uma atitude mais construtiva na vida, você precisa antes entender e aceitar esse fato. Isso não é a mesma coisa, contudo, que dizer que menino significa violência. O menino geralmente se sente perdido quando tem de lidar verbalmente com um conflito ou agressão (por motivos que vamos explorar mais tarde), e essa dificuldade pode acarretar problemas para ele mesmo, seus colegas, pais e professores. Como os capítulos mais à frente vão mostrar, não precisamos, no entanto, aceitar esse fato como sina. Enquanto isso, não deixe de usar suas caneleiras antes de falar com os meninos. E nem é preciso dizer que muitos de nossos filhos, mesmo aqueles com muita testosterona, não são nem um pouco agressivos e são os que promovem as conciliações, enquanto as meninas afiam seus canivetes (geralmente verbais).

Baixo Nível de Controle do Impulso

"Não agüentei." "Simplesmente, aconteceu." "A culpa foi da Beth." "Eu nem estava lá." "O diabo me fez fazer aquilo."

Cada desculpa mais esfarrapada que a outra, não? Dá até para imaginar as respostas de um adulto rebatendo-as: "Todos os seus amigos deram um jeito de ficar de fora". "Quer dizer que o dinheiro foi andando sozinho da minha bolsa para o seu bolso?" "Beth disse que não foi ela e ela não mente." "Mas viram só você jogando a bola." "Ah, agora a culpa é do diabo, essa é boa!"

De fato, a pesquisa desenvolvimentista sugere que a última desculpa pode ser realmente muito boa: incriminar o demônio biológico, é isso. Sem sombra de dúvida, o menino é propenso a pular antes de olhar, a agir antes para depois pensar. Não tem nem de longe a mesma capacidade das meninas de falar antes de fazer e de pensar antes de dizer. É exatamente o contrário que acontece com eles. Em geral, levam mais tempo e precisam de mais experiências para aprender, além de apresentarem menor tendência de se sentirem ameaçados pela punição. Mark Twain devia estar escrevendo sobre meninos quando disse: "O bom senso é fruto da experiência, e a experiência é fruto da falta de bom senso". Deve ser por isso que, por exemplo, o garotinho de que falamos antes, na loja com a mãe, continuou comportando-se mal apesar de reprimido pela mãe e até mesmo pela vendedora. De alguma forma, a desaprovação delas não foi suficiente para refrear sua vitalidade.

Para muitos meninos, a agressão é absolutamente normal, e, para poder ajudar seu filho a adotar uma atitude mais construtiva na vida, você precisa antes entender e aceitar esse fato.

As modernas tecnologias da área médica, como a tomografia computadorizada e a ressonância magnética, permitiram à ciência descobrir evidências biológicas dessas diferenças. Politicamente correto ou não, o cérebro dos meninos é de fato diferente do das meninas em termos de estrutura, funcionamento e reações químicas. Embora toda generalização tenha exceções, o cérebro do menino não é bem equipado para o controle do impulso, as aptidões sociais, a compreensão e o uso da linguagem. (Naturalmente a maioria dos meninos consegue desenvolver essas aptidões, mas, em geral, esse desenvolvimento é mais tardio que nas meninas.) Não deveria nos surpreender o fato de o cérebro humano, que se encontra imerso em um mar de substâncias químicas e hormônios, dos quais sofre permanente influência, ser um órgão altamente sexualizado e desempenhar papel de grande importância na determinação da natureza do menino e da menina.

A impulsividade não leva o menino a ser apenas mais agressivo contra os outros, pode também conduzi-lo à promiscuidade, ao uso do álcool e da droga e à prática de atividades ilegais, assim como a uma irresponsabilidade menos intensa, mas crônica, quanto ao desafio da autoridade, à falta de limite nos relacionamentos e ao comportamento temerário, os quais, por mais que sejam indiretos ou inconscientes, também expressam agressão contra si mesmos. O temperamento individual, a cultura e o tipo de educação que recebem também podem afetar profundamente o destino de qualquer tendência inata e própria do sexo que a impulsividade pareça impor.

Maior Atraso nas Aptidões Verbais

Pense nos benefícios que a fala precoce e vigorosa oferece. Crianças que desenvolvem rapidamente a fala possuem a capacidade de dizer o que querem com clareza e menos frustração. Conseguem exprimir o que as está machucando e por que estão chorando. A linguagem – uma das mais complexas aptidões que todo ser humano adquire – é a base da comunicação humana e do vínculo entre as pessoas, sendo, portanto, lógico que as crianças que desenvolvem aptidões verbais desde cedo saem na frente em termos de compreensão do mundo.

A linguagem é um meio de negociação entre mãe e filho para resolver conflitos e uma avenida eficiente de implementação da disciplina. A capacidade de usar palavras permite à criança exercitar o autocontrole, falar em vez de meramente agir diante de cada impulso. Em termos sociais, as aptidões da linguagem tornam tudo mais fácil, e vale a pena o adulto – pais e professores – investir, fazendo delas o alvo de admiração e dedicando-lhes estímulo constante. A admiração e o estímulo, por sua vez, promovem a auto-estima, o sucesso e a complacência da criança.

Infelizmente para os meninos, são as meninas que usufruem mais dessas vantagens. A menina aprende a usar o hemisfério esquerdo do cérebro, a parte fundamentalmente responsável pelo processamento da linguagem, muito mais cedo do que o menino. E os pais de menina são mais propensos a conversar com a filha mulher do que com o filho homem, reforçando, assim, mais cedo suas aptidões de linguagem.[5] O que sobra para o menino? Embora existam exceções – o filho mais velho, em geral, adquire as aptidões verbais mais rápido que o segundo ou terceiro filho, por exemplo. O menino costuma mostrar-se mais lento em conquistar a capacidade de expressar suas necessidades, pensamentos e sentimentos por meio de palavras, em substituição à expressão pelo comportamento.

Politicamente correto ou não, o cérebro dos meninos é realmente diferente do das meninas em termos de estrutura, funcionamento e reações químicas. Embora toda generalização tenha exceções, o cérebro do menino não é bem equipado para o controle do impulso, as aptidões sociais, a compreensão e o uso da linguagem.

Além disso, o estilo que o menino normalmente emprega para se comunicar difere do da menina. No livro *You Just Don't Understand: Women and Men in Conversation* (*Você Não Entende: Conversa entre Mulher e Homem*), Deborah Tannen afirma que, quando homens e mulheres se comunicam entre si, eles podem também estar falando por meio de diferentes culturas.[6] A menina, por exemplo, é mais propensa a perguntar, a convidar e a oferecer escolhas, ao passo que o menino (e o homem em que se transforma) apresenta maior tendência a dar ordens e comandos. Não é de admirar que homens e mulheres (e meninos e meninas) muitas vezes se desentendam pelo fato de empregarem a linguagem de maneira diferente.

Muitos meninos se colocam diante de qualquer experiência, por menor que seja, em uma posição de confronto mais vulnerável. Não contar com as palavras para expressar o que têm na mente e no coração pode ser extremamente frustrante. (Admite-se a existência de uma relação entre crianças que sofrem de retardo de fala, por exemplo, e a tendência a morder e a apresentar outros comportamentos agressivos.) É claro que o menino pode chutar e dar socos, mas será que isso é o verdadeiro poder? Imagine-se tendo de discutir com um intelectual em uma língua estrangeira que você está começando a aprender. Essa analogia talvez não seja das mais elucidativas, porque perder um debate não é normalmente uma catástrofe. Agora, em vez disso, imagine ter de lutar pelo seu emprego com um chefe novo e crítico, ou defender-se de uma falsa acusação, ou salvar rapidamente um namoro que está indo por água abaixo, novamente em uma língua que você fala mal. Percebe a fragilidade?

Alto Nível de Competição

Os meninos adoram ganhar e detestam perder – mas não na mesma intensidade com que gostam de competir. Mesmo depois de fazer o último lance da partida, apostam para ver quem chega primeiro ao bebedouro, depois brigam para sentar no banco da frente do carro e, no caminho, os que vão atrás não perdem a oportunidade de ir lutando boxe. Ao mesmo tempo em que essa competitividade está na raiz do amor de muitos meninos pelo esporte, ela também fica evidente nas atitudes de meninos não esportivos em relação aos próprios interesses. Alguns meninos adoram ser os melhores na escola, na banda e até mesmo nas olimpíadas de matemática do colégio e da faculdade. Os skatistas são capazes de passar a tarde inteira tentando superar uns aos outros em suas manobras radicais, enquanto a galera da música trava uma disputa acirrada para exibir seus *raps*. Todo menino se esforça para arranjar os melhores insultos para fazer provocações, uma atitude característica de praticamente qualquer grupo de meninos. Embora seja uma triste realidade, aqueles que usam álcool e drogas também querem ser os 'melhores no pior' e é comum se gabarem de como ficaram 'chapados' na noite anterior.

O espírito competitivo do menino prevalece em praticamente tudo que ele faz. Quando não briga diretamente por um lugar na fila ou pelo último biscoito do pacote, desafia alguém com uma aposta, querendo provar que o pai está errado ou lutar pela última palavra. Fico imaginando se essa necessidade de competir não alimenta, pelo menos em parte, o vício dos meninos em videogame e jogos de computador. Quando não têm um amigo de carne e osso com quem jogar, eles arranjam adversários on-line ou jogam contra o próprio computador. Sua ânsia de competição é tão grande que são capazes de passar horas intermináveis competindo consigo mesmos, construindo imensos caminhos de dominó para depois derrubá-los, praticando lances livres ou marcando no relógio por quanto tempo conseguem fazer embaixada com uma bola de futebol.

O espírito competitivo do menino prevalece em praticamente tudo que ele faz.

Sabemos da existência de escolas que tentam ensinar as crianças a não ser competitivas, mas acreditamos que o impulso de competir veio para ficar. Na verdade, campeonatos inteiros são planejados com o intuito de fomentar, em vez da competição, a cooperação e o trabalho em equipe entre os jovens. Neles, cada jogador recebe um troféu e não há marcação de placar. No entanto, o menino de qualquer time saberá dizer exatamente quem está ganhando. Eliminar por inteiro a competição parece o mesmo que ensinar os meninos a andar completamente eretos sobre as mãos. Com bastante treino, coerção e incentivo, eles conseguirão fazê-lo por alguns minutos e até mesmo por uma hora, mas nunca será o modo natural para a maioria deles.

Meninos Profundamente Afetuosos

Menino: criatura ruidosa, elétrica, tempestuosa, sempre em busca de um bom jogo ou de uma boa luta, e também de autocontrole e... das palavras que não consegue encontrar. Apesar de essa descrição nos fazer lembrar de muitos meninos que conhecemos, ela possui uma falha grave: peca por omissão, sugerindo que apenas a menina dá importância à boa comunicação, à criação de vínculos e ao desejo de fazer certo. Por focalizar o lado externo deles, ou seja, por dar crédito apenas ao seu comportamento, ela desconsidera a sua alma. Essa limitação da sociedade no modo como enxerga o menino e o revelador sucesso dos movimentos femininos têm dado impulso ao recente movimento masculino, que não deixa de ter relação com algumas pesquisas e investigações sobre o menino. Embora muitos 'novos' entendimentos sejam conhecidos há décadas, sua recente apresentação sob uma luz nova e estruturada é um avanço necessário e saudável. De que mais, então, os meninos são feitos?

Para começar, grande parte do material de que o menino é feito não pode ser imediatamente visível. Por motivos de constituição (como seu cérebro e corpo são feitos), ambiente e cultura (que vão ser elaborados em detalhes ao

De Que É Feito o Menino?

Embora toda regra tenha suas exceções, eis alguns comportamentos diferentes que o menino em geral exibe em relação à menina:

É mais ativo e cheio de energia, do ponto de vista físico.
É mais curioso.
É mais ruidoso.
Tende a ser mais agressivo e a agir por impulso.
Apresenta desenvolvimento mais lento de aptidões verbais e sociais.
É profundo admirador da competição.
É melhor em termos de habilidades motoras grossas.
É menos desenvolvido em termos de habilidades motoras finas.

longo deste livro), os meninos tendem a manter seu interior bem protegido, não apenas do mundo, mas também de si mesmos. E por que os meninos se colocam sempre na defensiva? Porque, assim como muitos países subdesenvolvidos, eles gastam a maior parte de seus recursos na defesa da própria psique, restando-lhes pouca energia para investir nos aspectos da vida que promovem as relações humanas.

A estrada desvia-se de seu curso cedo, dizem Daniel Kindlon e Michael Thompson, autores do revelador *Raising Cain.*[7] Desde pequenos os meninos são direta e sutilmente 'dirigidos', o que os distancia das próprias emoções. O fato de falarem menos de sentimentos não significa que sintam menos que as meninas ou que sejam desprovidos de emoção. Alguns estudos mostram que o menino pequeno chora com mais freqüência e mais intensidade do que a menina, e seus sentimentos parecem ser muito profundos, principalmente em situações que envolvam separação do pai ou da mãe ou quando não recebe deles a atenção de que gostaria.[8] Parece também ser mais difícil para o menino acalmar-se depois de ter-se aborrecido. Muitas vezes dá mais trabalho para a mãe acalmar o menino do que a menina quando são bebês.

O que falta a muitos meninos são as qualidades psicológicas e verbais para que reconheçam o que sentem e para que controlem essas emoções. Ao contrário da menina, o menino é menos capaz de procurar as pessoas que ama quando está sofrendo e, assim, se priva das palavras de apoio, conforto, consolo e orientação de que toda criança precisa e que a mãe, muitas vezes, anseia tanto por oferecer. Como tem maior dificuldade de pedir ajuda aos outros, o menino às vezes vive em uma luta interna consigo mesmo para desenvolver a capacidade de monitorar e lidar sozinho com as próprias emoções, habilidade essencial para a manutenção de relacionamentos saudáveis.

Nas voltas dessa espiral infeliz, os meninos tropeçam em sua infância emocionalmente analfabeta. Em vista dos parcos recursos de negociação de que dispõem quando atravessam o mar revolto da adolescência, parece natural que muitos se afoguem, fiquem à deriva ou acabem em praias perigosas.

Pode parecer exagero, porém como podemos negar o que está acontecendo em nossa sociedade? É apenas uma coincidência que, com raras exceções, o jovem que leva uma arma para a escola e atira nos colegas e professores seja do sexo masculino? E não se trata apenas de crime e tumulto de jornal. William Pollack, autor de *Real Boys (Meninos de Verdade)*, descreve o problema como uma "crise silenciosa" pela qual a grande comunidade de meninos e homens está pagando um preço alto.[9] Michael Gurian, que mereceria o título de 'pai do movimento dos meninos', a vê como uma epidemia que está desgastando a saúde moral do menino. Poucas pessoas discordarão da necessidade de fazer algo em prol de nossos garotos. E as mães que os criam sozinhas, sem um parceiro ao seu lado, são as que mais precisam de aptidões e de força para entendê-los, guiá-los e dar-lhes afeto.

E, assim, ficamos vendo nossos filhos arrotarem e chutarem latas rua abaixo, enquanto resmungam entre os dentes um desinteressado e automático 'legal' quando indagados como foi o dia na escola. Eles riem quando, na verdade, estão muito sentidos. É praticamente impossível para o menino dizer à mãe que um provocador o chamou de 'frutinha' ou que cuspiu na cara dele ou que ele se sentiu humilhado quando não conseguiu fazer a conta de dividir na lousa. Muitos meninos ruminam sua própria vergonha sozinhos, lambendo as próprias feridas quando não há ninguém por perto.

Entender o Filho: Como a Mãe Pode Ajudar

Este livro tem por objetivo ajudar a mãe a filtrar os pressupostos do mundo a respeito do menino. Por ora, porém, vamos dar algumas idéias para que você possa assimilá-las e colocá-las em prática quando quiser dar apoio e amparo a seu filho:

Aprenda a conhecer o menino de verdade, não apenas o menino que todos conhecem. Ser mãe significa tornar-se uma observadora muito atenta da pessoa que seu filho está se tornando. O que ele tem de positivo? Quais as suas dificuldades? O que o deixa mais feliz e o que mais o perturba? Quando ele passa por um dia péssimo, o que, precisamente, foi a origem de tudo? Descobrir o que extrai o melhor de seu filho os ajudará a crescerem juntos.

Ouça os sentimentos de seu filho e ajude-o a encontrar palavras para exprimir-se. Por mais que a surpreenda, ninguém nasce sabendo exatamente o que é um 'sentimento'. Você pode ajudar seu filho a lidar com as emoções indicando com calma e delicadeza aquelas que você está percebendo nele. Você pode dizer, por exemplo: "Parece que você está se sentindo frustrado", ou "Isso deve ter feito você se sentir muito orgulhoso". Ouvindo e identificando os sentimentos, você passa a seu filho a mensagem de que quer entendê-lo – independentemente de ele estar pronto para falar naquele momento ou não – e que os sentimentos dele são sempre aceitáveis, mesmo quando o comportamento talvez não o seja.

Leia para seu filho. Como os meninos demoram mais para desenvolver aptidões verbais, ler junto com ele (sem se esquecer de desligar a televisão e o computador) pode criar a oportunidade de explorar o mundo da linguagem e ajudá-lo a preparar-se para a escola. Faça da leitura em voz alta um momento de diversão: empregue vozes diferentes para os diferentes personagens e faça pausas eventuais para trocar idéias com ele. Peça à professora, a outros pais ou à biblioteca recomendação de livros próprios para meninos.

Brinque com seu filho. Sim, ele vai rir do seu revólver e do barulho dos seus bichos. Brincar com ele daquilo que gosta dará a você oportunidades concretas de vê-lo em ação e a ele, o exemplo de certas atitudes e comportamentos, como saber compartilhar, resolver problemas e sentir empatia. Você se surpreenderá ao ver como seu vínculo com ele se fortalecerá nesses momentos.

Esforce-se para manter a calma e a serenidade quando lida com seu filho. Pelo fato de o menino ter tendências a manifestar raiva e agressão, normalmente é mais apropriado evitar gritos e expressões de raiva na presença dele. Você pode ser firme e reforçar os limites que forem necessários sem precisar recorrer ao controle excessivo, à força física e à manifestação da raiva.

Lembre-se de que muitas características masculinas que a desafiam hoje podem amadurecer e se transformar em uma capacidade e atributo que contribuirão para seu filho crescer como homem.

Mesmo quando saem com a turma, com seus supostos melhores amigos, eles em geral não demonstram nada que os esteja aborrecendo. O que manifestam, ao contrário, é raiva e agressão, seus escudos mais confiáveis contra a tristeza, a solidão e a irritação que sentem.

Ter de bancar o durão, que não tem necessidade de apoio, é um peso que ninguém merece carregar. Não se trata de transformar o menino em menina, como muitos insinuam. O menino precisa que todo o seu "eu" complexo seja compreendido, protegido e cuidado. A verdade é a mesma tanto para poetas e artistas quanto para o trabalhador braçal. É nessa verdade básica, talvez mais do que em qualquer outra, que nosso livro está centrado e em que nosso plano de prevenção e acerto se baseia.

CAPÍTULO 3

Precisa de Mim, Não Precisa de Mim

Sobre Vínculo, Separação e Independência

"Mãe, quando eu crescer, não vou mais precisar de você, não é?"

"O quê?", perguntou Hunter, achando que não tinha ouvido direito a pergunta de Larry, de 3 anos, enquanto dirigia pela estrada a caminho de casa. Ela e o filho haviam passado o fim de semana em Montreal e tinham-se divertido muito – aliás, como nunca. Haviam brincado de caçar cisne no barquinho do lago, nadado juntos na piscina do hotel e passado horas a fio conversando, de mãos dadas, rindo dos malabaristas de rua enquanto comiam algodão-doce e chupavam picolé colorido. Foi tão bom que nenhum dos dois queria que a viagem terminasse.

Hunter havia ouvido o falatório de Larry durante o caminho todo. "Está escuro." "As estrelas estão brilhando." Ele falou quase quatro horas sem parar. "Tô com fome." Sua guarda já estava meio baixa, talvez ele já estivesse em uma espécie de transe, pensou a mãe, em conseqüência da escuridão relaxante e do balanço do carro. A proximidade a impedia de enxergar o efeito da intimidade subsistindo depois do maravilhoso passeio que fizeram juntos. Com pouca coisa para distraí-lo na estrada deserta além de luzes distantes, as reflexões, pensamentos e sentimentos do menino iam fluindo livremente. Com sua habitual autocensura adormecida, de minuto em minuto Larry ia relatando o estado de sua mente e corpo, falando alto tudo o que lhe vinha à cabeça. Seria justo recriminar Hunter por haver-se desligado por um minutinho?

"Quando eu crescer, não vou precisar de você, não é mesmo?", disse de novo Larry, meio desanimado por ter de repetir a pergunta.

Para Hunter, foi como um soco forte e repentino no estômago. Ele pronunciou as palavras tão inocentemente que deu à mãe uma impressão ainda maior de sinceridade e realismo. Ela ligou o limpador de pára-brisa, mas, vendo que sua visão continuava embaçada, desligou-o, percebendo que precisava mesmo enxugar os olhos.

As palavras de Larry não tinham conotação provocativa nem a intenção de chamar sua atenção; ele havia falado com a mesma naturalidade com que comentaria que o dedão do pé estava coçando ou que o número 7 era mais simpático do que o 4.

Hunter parou o carro no acostamento e o desligou. "O que você disse?", perguntou ela virando-se para o filho, sentado na cadeirinha do banco de trás, como se ele fosse capaz de explicar melhor sua dúvida.

Larry, porém, havia caído no sono.

Situações como essa são praticamente inevitáveis para todas as mães que sabem que, se fizerem seu trabalho direitinho, um belo dia seu querido filho vai deixá-las. Mas era insuportável a dor de constatar que um menino de 3 anos também fosse capaz de perceber esse fato. E não é assim mesmo que as crianças são? Elas dizem coisas que no primeiro instante podem soar bobas e engraçadas, mas no momento seguinte nos chocam pela extrema verdade que encerram.

Se é que interessa saber, Larry está, no momento em que este livro está sendo escrito, com 13 anos e mais ligado à mãe do que nunca, mesmo em via de se tornar adulto. Suas palavras, contudo, não se resumiram a declarações vazias. Pelo contrário, estavam impregnadas de forte significado para ele e também para o mundo dos meninos em nome de quem, sem saber, ele falava. Para captar sua essência, porém, precisamos voltar ao ponto onde tudo começa entre mãe e filho.

Segure Firme

O que faz a mãe quando se vê com um lindo menininho recém-nascido nos braços? Depois de respirar fundo e desejar sorte a si mesma, leva-o para casa, onde, perdida naquela nova condição de ser duas pessoas ao mesmo tempo, ela inicia um tórrido caso de amor. Segurando-o contra a quentura de seu seio, o amamenta quando ele está com fome e o acalenta quando chora. Cuidando de suas necessidades físicas e oferecendo-lhe calor, proteção e estímulos, ela começa a persuadir profundamente aquele bebezinho de que o mundo é um lugar seguro, no qual pode confiar e investir. Ao responder a todas as tentativas dele de revelar ao mundo suas necessidades – sorrindo para ele, fitando-o nos olhos, acomodando-o no colo para oferecer-lhe maior conforto ao mamar –, ela pouco a pouco o faz ver que tem poder de agir sobre o mundo que o cerca, que o que ele sente importa para ela.

O que a mãe está instintivamente fazendo é criando um *vínculo* estreito com o filho. Um dos pioneiros do estudo do desenvolvimento humano, Erik Erikson, acreditava que a tarefa básica dos pais durante o primeiro ano de vida do filho era criar na criança a sensação de confiança. As crianças aprendem a confiar nos pais e no mundo ao redor delas quando choram e são atendidas, quando suas necessidades físicas são satisfeitas, quando são acariciadas e tratadas com amor e carinho. As crianças que não passam por esse tipo de experiência de conexão com um adulto que as ama – as que, por exemplo, são vítimas de abuso ou negligenciadas fisicamente – podem perder grande parte de sua capacidade de confiar nos outros e de se ligar a eles, o que as predispõe ao desenvolvimento de problemas emocionais e comportamentais mais tarde.

Cada vez que a mãe segura, reconforta e satisfaz o filho, ela aumenta a confiança dele em sua presença e bondade permanentes. Esse sentimento tão bom fará parte dele e influenciará o modo como se coloca no mundo. Semelhante ao ratinho de Leo Lionni, *Frederick*[1], ao convocar o sol do verão quando o inverno escureceu e o tempo esfriou, a criança vai voltar-se para aquela fonte inesgotável de amor materno para dela extrair amor e conforto a vida inteira.

Sinta a Mágica

Quando tudo corre como deve, a mãe satisfaz não apenas as necessidades físicas do filho, como também suas necessidades emocionais, aparentemente sem esforço. Ele sorri, ela sorri para ele. Ele sofre, ela sofre. Ele protesta com raiva, ela registra sua queixa. Lenta e firmemente, ao reagir diante das emoções do filho, a mãe vai validando a percepção dele em relação ao que ele sente, base sólida do processo de descoberta e aceitação de seu eu autêntico.

A criação de um vínculo firme e seguro, contudo, não exige apenas muita dedicação. O filho pequeno precisa que a mãe goste dele. Ver o olhar da mãe iluminar-se quando ele entra no quarto, vê-la divertir-se com suas esquisitices e ver sua expressão de contentamento quando ele se senta ao lado dela – tudo isso o convence de que é amado e amável. Ela também comemorará cada conquista da vida dele, suas primeiras palavras, seus primeiros passos, assim como sua tentativa diária e menos ostensiva de crescer. Porque ela sabe que ele precisa de sua aceitação e de seu amor incondicional quando ele tropeça, cai, se machuca.

Enquanto mãe e filho vão crescendo e vivenciando juntos essas formas sutis, porém substanciais, ela faz o possível para provar-se estável e confiável, e sua firmeza serve de alicerce para o homem que ela está ajudando a formar. Ela se torna o porto seguro onde ele poderá sempre encontrar abrigo contra as tempestades da vida.

Criando uma Ligação Estreita com o Filho Pequeno

Talvez você acredite que, quando uma criança nasce, seu cérebro está inteiramente formado e que só falta ensinar-lhe o que precisa saber. A verdade, no entanto, pode surpreendê-la: os avanços tecnológicos ensinaram aos pesquisadores que o cérebro da criança pequena continua a crescer durante seus três primeiros anos de vida. O modo como os pais orientam e se relacionam com a criança nessa fase inicial pode ter profundo impacto sobre ela. Suas primeiras interações com seu filho, que criam entre você e ele uma relação de amor e confiança, também estimulam o desenvolvimento saudável do cérebro dele. Eis algumas sugestões que você pode seguir para melhorar o processo:

Reaja às manifestações do bebê. Aparecer quando ele chora ou resmunga e atender às suas necessidades são maneiras de ajudá-lo a entender que ele pode afetar o mundo e pedir o que precisa. Quando cresce, a criança pode aprender a manipular o adulto com esse comportamento, mas, nos primeiros meses de vida de seu filho, você não precisa ficar com medo de mimá-lo demais.

Passe a mão nele, fale e cante para ele. As canções de ninar, além de lhe proporcionarem tempo em companhia de seu filho, o ajudam a aprender ritmos e padrões de linguagem.

Crie oportunidades de brincar e de vocês brincarem juntos. Se sabemos alguma coisa sobre bichos, uma delas é que os filhotes – de macaco, de urso ou cachorro – precisam brincar para criar vínculos, crescer e aprender. O mesmo ocorre com os seres humanos. Então, brinque. Como observou a educadora Maria Montessori, brincar é o trabalho da infância.[2]

Estimule a curiosidade e a exploração segura. (Sim, é preciso garantir a segurança na casa toda.) Seu filho precisa de espaço para perambular, aprender a usar seus músculos e seu corpo e investigar o mundo que o cerca. Confinar a criança em um cercado ou em uma cadeirinha infantil pode facilitar bastante sua vida, mas inibe a capacidade da criança de explorar, exercitar-se e crescer.

Reserve tempo para seu filho ficar sozinho. Ele precisa de tempo para explorar o próprio corpo e para aprender a lidar com as próprias emoções. Você pode demorar um pouco para encontrar as doses certas de atenção, estímulo e privacidade para o bebê, mas essa distribuição do tempo ajudará vocês dois a desenvolver uma relação saudável.

Seja rigorosa ao ensinar certas coisas, mas nunca sacuda ou bata na criança. O bebê é muito vulnerável em termos físicos e emocionais. Nunca se esqueça de que a motivação primordial dele é experimentar e aprender mais sobre o mundo. Ele nunca 'se comporta mal', a rejeita ou a frustra de propósito ou porque não gosta de você; as atitudes dele são absolutamente próprias de todo bebê.

Cuide de você mesma e de suas necessidades emocionais. Ser mãe pode ser uma missão extremamente frustrante e desgastante, até mesmo para as melhores mães. Quanto mais satisfeita consigo mesma e menos estressada você estiver, melhor e mais gratificante sua vida de mãe será.

Ame e curta seu filho. Vocês merecem tudo isso.

O Ímpeto do Crescimento

O marinheiro tem aquele ímpeto instintivo de remar, não tem? Por mais aconchegante que a segurança possa ser, todos nós precisamos de novidade e aventura. Confiante na mãe e em si mesmo, o menino que começa a andar vai querer explorar. Com toda a coragem, vai largar a saia da mãe e aventurar-se em direção à caixa que está em cima da mesa do café da manhã. No meio do caminho, ele dá uma recuada, como um esquilo assustado, *só para conferir* se a mãe não saiu de lá. Mas ela está lá, lendo uma revista, do mesmo jeito que antes. Então, mais confiante ainda, ele parte determinado rumo ao alvo que o atrai, dessa vez chegando até ele. Abre a caixa, mas deixa cair a tampa, e corre de volta para a mãe, que lhe oferece acolhida digna de um Ulisses voltando de sua Odisséia.

"Eu quero fazer sozinho" é o lema que ele proclama todo dia. O impulso em direção à auto-suficiência é saudável e forte e faz parte do desenvolvimento normal.

E, assim, esse vai e volta continua, cada investida levando o menino mais longe da mãe. Hoje ele explora o território delimitado pelo horizonte dela – o que significa que, de cada pedacinho do mundo dele, ele consegue vê-la. Amanhã ele vai virar a esquina para desbravar o próprio caminho fora do campo de visão da mãe. Nosso pequeno Cristóvão Colombo está brincando com a separação, experimentando-a e gostando de como se sente nessa situação.

Essas forças inatas, que, como o canto da sereia, atraem o garotinho para terras longínquas, chamam-no para ir sozinho. "Eu quero fazer sozinho" é o lema que ele proclama todo dia. O impulso em direção à auto-suficiência é saudável e forte e faz parte do desenvolvimento normal. Observe um bebezinho se esforçando para colocar banana amassada na boca ou um garotinho já maiorzinho tentando abotoar a própria camisa. Apesar da extraordinária frustração, eles persistem. "Faça chuva ou faça sol", a atitude deles diz tudo, "nós vamos conseguir sozinhos, mesmo que o chão vire um mar de banana amassada ou que eu leve a vida inteira para me vestir: vamos tentar até o fim". (Naturalmente, nem todos os meninos são assim tão obstinados. Alguns precisam de uns empurrõezinhos da mãe para aventurar-se e ver o que a vida tem a lhes oferecer.)

Esse espírito de exploração constante fomenta a sensação de competência e autonomia – as pedras angulares da estima e da resiliência. Não menos do que no mundo animal de quatro patas, a exploração prepara a criança para o futuro, quando ela já não será mais um pequeno ser indefeso e a mãe poderá não estar mais por perto para alimentá-la e protegê-la. Gostemos ou não, uma parte essencial do papel da mãe é o desmame, a transferência gradual de responsabilidades e aptidões para o filho. Muitas vezes o processo é doloroso, porque a mãe não pode mimar o filho durante 18 anos e depois lançá-lo na selva para que sobreviva sozinho. Ele não conseguirá sobreviver.

Um Garotão Agora

É sua autoconfiança cada vez maior que faz o menino largar a mãe. Ele agora pode ir para o colégio, onde será capaz de ouvir e de se sentir cuidado pelas professoras. Será capaz de canalizar sua energia para a escola e de brincar sem o medo ansioso de perder a mãe ou seu amor enquanto estiver longe dela. Durante esse período, ele se tornará mais independente de muitas maneiras, mesmo ainda precisando da mãe para muita coisa em sua vida. Muitas mães acreditam que os filhos precisam menos da presença dos pais à medida que vão crescendo e amadurecendo, mas nada está mais longe da verdade que isso: eles simplesmente precisam da presença dos pais de uma outra forma; precisam de muito estímulo e orientação ao longo da jornada que têm de percorrer para conquistar uma vida adulta saudável.

Não há dúvida de que, embora os anos da adolescência possam ser mais fáceis para algumas mães, para muitas outras essa fase pode constituir um enorme desafio. Para alguns pais, a sensação é a de estar lidando com piche. Para falar de maneira sintética e simbólica, o menino adolescente retrocede, retoma e renegocia as tarefas de desenvolvimento dos anos anteriores. Ele tem necessidade de estabelecer sua sensação de autonomia e iniciativa em um nível novo e mais maduro e, para isso, vai fazer com que a mãe se sinta como se estivesse andando em uma corda bamba estendida sobre o trânsito da hora do *rush* de uma grande avenida. Muitas vezes faz à mãe exigências que parecem absolutamente impossíveis de cumprir: me abrace, mas não me sufoque; me guie, mas não me diga o que fazer; me ame, mas guarde seu afeto para si mesma (e, pelo amor de Deus, não o demonstre na frente dos meus amigos!); me proteja (do mundo e de mim mesmo), mas não restrinja o que eu faço; me ajude, mas me deixe cometer meus próprios erros; espere o melhor de mim, mas não me pressione. E a lista de pedidos absurdos prossegue interminavelmente. A mãe, muitas vezes, precisa ficar ao lado do filho apenas observando sua luta e o seu desejo de aprender e crescer, sem, contudo, interferir, mesmo desejando socorrê-lo. Nessa caminhada a mãe tem de escapar das muitas armadilhas e minas terrestres que a adolescência do filho inevitavelmente arma para ela.

Conversão Proibida, Rua sem Saída, Sentido Obrigatório

A imagem que temos em mente pode fazer a relação da mãe com o filho parecer natural e à prova de acidentes. Com o passar do tempo, porém, por mais amorosos que sejam um com o outro, mãe e filho vão enfrentar desafios. Toda relação de mãe e pai com filhos terá momentos de confusão e dor (bem como de júbilo), mas o relacionamento mãe-filho é intricado e desgastante. Encontrar a medida certa de orientação e independência, incentivo e prudência ou prender e soltar pode ser uma tarefa difícil, mas não impossível.

A Dificuldade do Vínculo

O estabelecimento de um vínculo sólido, infelizmente, nem sempre ocorre com a naturalidade com que deveria. Embora o filho de mãe sozinha se pareça com os coleguinhas que estejam na mesma situação, ele vai ter mais cólica, vai chorar mais e vai resistir mais a ser consolado do que as meninas que estejam por perto. (No caso de bebês adotados, a probabilidade de que isso aconteça é ainda maior.) Há bebês mais fáceis de lidar, que ensinam à mãe o que fazer; outros, mais difíceis, usam métodos que não são nada educativos, ou seja, o comportamento deles, às vezes, mais frustra do que encoraja os instintos naturais da mãe. Quando não consegue manter uma boa relação com o filho, em geral, a mãe vive sob forte e constante sensação de fracasso. Recrimina-se, sente-se rejeitada e incompetente. Se ele for o filho mais velho, ela muitas vezes se considerará injustamente inadequada como mãe (pelo menos como mãe de menino), o que pode gerar estresse desnecessário e alimentar um círculo doloroso que comprometerá toda a fase da infância.

Quando não consegue manter uma boa relação com o filho, em geral, a mãe vive sob forte e constante sensação de fracasso. Recrimina-se, sente-se rejeitada e incompetente.

Saber que o menino amadurece mais devagar que a menina pode ajudar nesses momentos. Em termos de desenvolvimento, ele demora mais para reconhecer o rosto da mãe, sorri mais tarde e com menor freqüência. Essas mães precisam lembrar a si mesmas, não para julgar, mas para entender, que 'é ele' que enfrenta um desafio de comportamento.

O mesmo é verdadeiro para pais adotivos cujos filhos não se rendem logo ao calor de seus braços por causa de temperamento ou de trauma sofrido em suas primeiras semanas ou meses de vida. A mãe precisa estar disposta a adquirir os conceitos e aptidões necessários para oferecer ao filho o que ele precisa, apesar das tentativas dele de afastá-la. Qualquer mãe ou pai podem atestar que tentar acalmar uma criança que está aos berros pode ser difícil, mas fazê-lo recriminando-se por não ser boa mãe é bem mais difícil ainda.

Pense em seu filho como uma experiência. Talvez você já tenha visto algumas fórmulas antigas falharem repetidas vezes. Quem sabe, então, dê certo tentar o que lhe disseram para fazer, o que você leu em algum lugar ou o que sua amiga fez com o filho dela. Com o tempo, a mãe eficiente aprende a descobrir e a confiar na própria capacidade. Procure ser criativa. Ao tentar sossegar uma criança irritada, segure-a a seu lado, sentada ou em pé. Tente niná-la e tente também ficar imóvel com ela no colo. Observe se ela prefere que você ande rápido ou devagar ou se gosta que você dance valsa com ela na cozinha. Não importa o que sua professora de música da oitava série tenha dito sobre seu talento como cantora, tente cantar para a criança: experimente canções de ninar e também sua música de *rap* favorita. Quem sabe aquela melodia cantada com sua voz desafinada seja justamente o que vai distraí-la de seu desconforto físico e sossegá-la.

Fique atenta e observe. Se aquele seu pequeno movimento para trás a fez parar de chorar, experimente fazê-lo de novo. Coisas como a velocidade e o ritmo de seus movimentos fazem diferença.

Às vezes, fazer menos é melhor do que fazer a mais. Sua filha pode adorar ser embalada com música ritmada, enquanto seu filho pode gostar mais de ficar olhando seu dedo se mexer para a frente e para trás, muitas vezes seguidas. Tudo que você descobre como recurso para apaziguar um bebê menino vale ouro. Cada pequeno truque lhe proporcionará maior descanso e paz de espírito e promoverá, na criança, a sensação de bem-estar e auto-regulação.

Às vezes ajuda tentar enxergar a criação dos filhos com certa distância e lembrar que as mudanças surtem maior efeito quando feitas gradualmente. Mesmo agindo no momento, pense dentro de uma perspectiva de meses ou anos à frente e deixe essa perspectiva mais ampla e suas metas de longo prazo para seu filho a motivarem. Se ele não quer dormir à tarde, mas tanto ele quanto você precisam dormir, faça desse problema um projeto para o mês. Leia, consulte e busque orientação. Dedique às suas experiências todo o seu esforço e tenha paciência. As verdadeiras mudanças normalmente exigem persistência, mais do que um simples arremesso que bate na trave. Pergunte a si mesma: ele é mesmo incapaz de dormir depois do almoço ou se recusa a dormir porque o quarto não está bem escuro? A música está muito alta ou falta regularidade na rotina dele? Ou terá descoberto, daquele jeito instintivo e característico das crianças, que, se chorar um pouco mais, você vai voltar, suspirar e ler outra história para ele?

Saber que o menino amadurece mais devagar que a menina pode ajudar nesses momentos. Em termos de desenvolvimento, ele demora mais para reconhecer o rosto da mãe, sorri mais tarde e com menor freqüência.

Tente estar mais presente e, talvez, agir menos. O vínculo sólido se estabelece como conseqüência da presença reconfortante da mãe, além de exigir dedicação de tempo livre e sem compromissos da vida cotidiana (nem vou mencionar o problema das ocupadíssimas mães que criam os filhos sozinhas). Reserve momentos para ficar inteiramente à disposição de seu filho, sem outras obrigações a fazer e sem preocupações prementes. Desligue a campainha do telefone e não o atenda. Acomode-se em uma poltrona bem confortável e não faça nada além de ouvir seu filho contar as histórias dele, ou deixe-o ler ou brincar encostado na sua perna. Se você é uma pessoa ativa, que não gosta de ficar parada, tente dominar essa compulsão. Seu filho, tão acelerado quanto você, pode precisar de alguém para ensiná-lo a relaxar ou para sentar-se confortavelmente com ele.

Indiretamente, é claro, estamos falando da capacidade da mãe de reconhecer e validar os sentimentos do filho. Muitas mães, atormentadas pelos próprios conflitos e dificuldades não resolvidos, não têm paciência ou equilíbrio para lidar com os temores e ansiedades do filho e, ao ouvirem-no dizer "Mãe, estou com medo de morrer" ou "O que vai acontecer se entrar um ladrão lá em casa?", entram em pânico por terem medo das mesmas coisas.

Nossos filhos, porém, precisam desesperadamente de nós para ouvir o que lhes passa pela cabeça. Precisam sentir que damos conta deles sem nos desintegrarmos. Quando uma mãe consegue ouvir com calma e aceitar os medos e preocupações do filho, essa aceitação em si é capaz de desintoxicar um pensamento opressivo. E todos sabemos como é reconfortante poder compartilhar problemas com alguém. O ato de ouvir – de ouvir de verdade – o coração de seu filho pode ser tudo de que ele precisa.

Infelizmente, muitas mães lutam para acomodar as necessidades emocionais dos filhos. Segundo certas estatísticas até bastante modestas, um terço ou mais das mães são deprimidas ou ansiosas. Esse número é ainda mais elevado no caso de mães que criam os filhos sozinhas, que precisam lidar com um estresse maior, apesar de terem menos recursos com que contar. A depressão é uma doença grave, que pode levar a mãe a travar uma luta interna e constante com seus próprios infortúnios e preocupações, à custa de tudo o mais, tornando-a emocionalmente indisponível para o filho que ela ama. A mãe ansiosa pode transmitir aos filhos receios que os fazem sentir-se diminuídos, tornando-os, por conseguinte, desnecessariamente tímidos e inseguros. Às deprimidas falta, às vezes, energia até mesmo para cuidar fisicamente de uma criança pequena, sem mencionar o fato de, em geral, serem incapazes de sentir alegria e entusiasmo pelos filhos. Isso, por sua vez, acaba tornando-os vulneráveis a depressão e ansiedade, com prejuízo de sua capacidade de aprender e desenvolver-se.

É importante notar que a depressão e a ansiedade não são opções da pessoa, nem sinal de fraqueza. Uma em cada dez mães chega a sofrer de depressão pós-parto de proporção significativa, e muitas delas, sentindo-se culpadas, constrangidas e envergonhadas, não buscam jamais o auxílio de que precisam. A mãe que cria o filho sozinha que sente que sua depressão ou ansiedade está comprometendo seu papel de mãe precisa buscar ajuda. Se você reluta em pro-

Uma Palavra sobre Depressão e Ansiedade

Embora muita gente evite falar deste assunto, a mãe que cria o filho sozinha em geral sofre mais de depressão e ansiedade do que a que tem um companheiro a seu lado. Além de fazer a vida parecer assustadora e difícil, a depressão e a ansiedade possuem um efeito muito contundente sobre os filhos. As pesquisas mostram que filhos de mães deprimidas demoram mais para desenvolver aptidões verbais e sociais e apresentam maior tendência à depressão.

A depressão é mais do que apenas sentir desânimo e tristeza. Ela exaure o sentimento da vida, deixando pouca capacidade de sentir alegria, prazer ou satisfação. A depressão encerra fadiga e pode perturbar o apetite e o sono. Os deprimidos muitas vezes se isolam dos outros e passam a não responder a quem os cerca, mesmo às crianças que tanto adoram.

A ansiedade pode resultar em sentimentos intensos de medo e desconforto. É comum suas vítimas acreditarem que estão tendo um ataque do coração e experimentarem transpiração intensa, disparo dos batimentos cardíacos e sensação de sufocação. Muitas vezes temem a crítica dos outros e acreditam que estão sendo observadas e julgadas com rigor por todas as pessoas. A ansiedade pode igualmente afetar o sono e o apetite e, no que concerne à ansiedade social, pode isolar a mãe que cria o filho sozinha do conforto e do apoio das pessoas. Seus temores e preocupações podem inibir a capacidade de cuidar dos filhos e fazer dela uma mãe menos competente, muitas vezes propiciando o desenvolvimento da ansiedade nas próprias crianças.

Se você suspeita ser vítima de depressão ou ansiedade, não sofra desnecessariamente. Procure ajuda. Há vários tratamentos, que envolvem conversa e medicação, capazes de proporcionar grande alívio. Procure um profissional da área da saúde ou um psicólogo para explorar essas opções junto com você.

curar auxílio para si mesma, faça-o pelo bem de seu filho. Os estudos mostram que, quando a depressão ou a ansiedade são reduzidas pelo efeito do tratamento, a mãe se torna mais alegre, compreensiva e satisfeita, e as crianças quase que imediatamente retomam seu curso de desenvolvimento normal.

Separação Precoce

Pense no vínculo como algo que se forma no início da vida e se aprofunda e se amplia ao longo de toda a infância, mesmo quando a criança se afasta da mãe. Quando se desenvolve como deve, o menino vai se separando centímetro por centímetro, em seus próprios termos e em seu próprio ritmo, conquistando responsabilidade e independência em incrementos pequenos que ele pode manipular e incorporar. Isso, no entanto, é uma raridade cada vez maior no mundo de hoje.

Rian era um menino de 9 anos que vivia com a mãe Patrícia, de 37. Era coreano e ela o adotara para criá-lo sozinha. Os primeiros anos foram como o sonho de qualquer mãe adotiva. Rian era carinhoso, meigo e esperto. Era um prazer para ela ser mãe dele, e, para todos que o conheciam, tê-lo por perto. O forte vínculo que estabelecera com a mãe lhe conferia segurança, e ele se orgulhava de sua capacidade cada vez maior de fazer as coisas sozinho. Apesar de dominada por uma considerável falta de confiança em si mesma, alimentada pela crítica implacável do pai, Patrícia cuidava dele de maneira admirável. Todo o mundo via. Todos, menos o pai de Patrícia, que encarnava o papel de autoridade familiar e o exercia sem escrúpulos sobre os meninos e os homens da família (embora jamais tivesse tido um filho homem).

"Você vai fazer dele um mariquinhas", avisava o pai à filha quando Patrícia contava a respeito do carinhoso café da manhã que Rian lhe havia preparado pelo Dia das Mães. "Não é normal um menino preparar café da manhã e ficar esperando a mãe."

Rian era um menino determinado, que gostava de esportes, mas isso não era suficiente para o avô. Com o tempo, o avô de Rian venceu a mãe. "Ele chora muito", dizia ele nas poucas vezes em que o menino chorava. "Ele tem medo de tudo", referindo-se ao fato de o menino saber reconhecer e falar dos próprios medos. E "ele se comporta como menina" era uma censura pelo fato de o menino gostar de tocar flauta. Acima de tudo, o pai de Patrícia dizia que o menino era ligado demais a ela. "O que vai ser dele se acontecer alguma coisa com você?", perguntava o pai, aludindo à tragédia de ter perdido a mãe quando era pequeno e às sérias devastações desse fato sobre sua vida.

Por mais descabidas que fossem as acusações e preocupações do pai, elas reforçavam a insegurança de Patrícia. Pouco ambiciosa e acostumada a ser dominada por ele, tinha a sensação de haver sido conduzida pela sorte ao longo dos primeiros anos de vida do filho, mas agora receava não ser capaz de dar conta do serviço pesado.

Assim sendo, com medo de estragar o filho maravilhoso que tinha, Patrícia resolveu mudar de tom. Sob o olhar aprovador do pai, instituiu um novo regime. Deixou de tolerar lágrimas, dizendo a Rian que menino não chora. Deixou de lado a paciência para ouvir as volteadas histórias que ele contava de suas experiências e sentimentos. "Vamos indo. Temos muita coisa para fazer", dizia ela incentivando-o a agir e a ser determinado (é assim que se ensina o menino a ser homem, explicava o pai dela). E, quando Rian se magoava com alguma palavra ou alguma atitude, ela insistia para ele esquecer. O plano funcionou como mágica. A princípio, foi difícil tomar atitudes que ela mesma achava cruéis para o filho, e o coração se apertava cada vez que lhe dizia que guardasse sua angústia para si mesmo. Logo, porém, as coisas se tornaram mais fáceis. Rian foi parando de chorar, de reclamar e de contar a ela sobre seus dias no colégio. Foi parando de falar de seus sonhos, o que era o preço de criar um homem, e isso foi acarretando novos comportamentos. Ele foi deixando as suscetibilidades de lado e já conseguia assistir a um filme como *ET* sem nem fungar.

Foi como um milagre. A mãe transformara um garotinho sensível em um menino forte, no caminho certo para se tornar um homem durão e másculo. Mas certamente ela não gostava das imprecações e acessos de raiva dele e, às vezes, o menino a assustava, ameaçando-a de que ela não podia dizer a ele o que devia fazer.

De vez em quando Patrícia se questionava se havia feito a opção certa, particularmente quando Rian pedia que ela desse comida na boca dele e que lhe comprasse presentes. Apesar de sua atitude em geral autoritária, sob alguns aspectos ele se mostrava mais dependente que outros meninos de 9 anos. E não parecia mais uma criança feliz. Porém, como o pai a havia instruído, criar um menino para fazer dele um homem não é tarefa divertida nem agradável. É obrigação da mãe que quer o bem do filho. Nos momentos em que fraquejava, que se sentia tentada a voltar ao estilo antigo, ela se lembrava do pai e pensava em como ele se orgulharia no futuro, se estivesse vivo, de ver como Rian tinha ficado. Ela conseguira.

Algumas mães, como Patrícia, distanciam-se dos filhos em virtude da pressão da família e de sua insegurança. Outras o fazem por questões culturais.

Qualquer que seja a razão, a separação prematura do menino em relação à mãe tornou-se um problema, segundo alguns, de proporções epidêmicas.

Mas, afinal de contas, qual é a grande questão? Como o avô de Rian havia aprendido na escola da vida, todos temos de sair de casa e largar a saia da mãe algum dia. Por que então adiar o inevitável? E por que mimar o menino, minando sua capacidade de enfrentar a vida sem a mãe? O que aquele homem amargo sabia no fundo do coração, mas não conseguia enxergar objetivamente, era que sua separação prematura, a perda prematura da mãe, havia fechado as portas de seu lado sensível e de sua própria humanidade. Uma grande parte dele havia morrido com a mãe. Tragicamente, a lição que poderia ter salvado tanto a vida dele quanto a do neto havia se perdido para ambos.

O jeito com que Patrícia instigava Rian era anormalmente abrupto. Ela começava falando com calma, amor e carinho e, de repente, de maneira deliberada, resolvia mudar de tom. Em geral, a opção de agir assim é pouco consciente e acontece gradualmente a partir do nascimento por meio de um processo que Dan Kindlon e Michael Thompson chamam de "deseducação emocional". Os pais, segundo eles, ensinam basicamente o filho a não sentir, a não ser vulnerável e a não confiar em relacionamentos reconfortantes e acolhedores. Desprovidos das aptidões sociais, verbais e afetivas das meninas, os meninos são acometidos de uma dupla maldição. Inibimos e fechamos quaisquer sentimentos e relacionamentos que eles possam tolerar. Quando atingidos por insultos, fracasso ou rejeição, sentem-se incapazes de expressar a própria dor em palavras ou de procurar consolo com as pessoas que amam. Como ocorre com os animais com chifres, só lhes resta a opção de defender-se com atitudes ou brincadeiras cruéis e agressivas ou isolar-se em um mutismo desesperador.

Quando o mau comportamento de Rian obrigou a família a fazer terapia, as coisas mudaram. Por causa do precoce e forte vínculo que criara com o filho, Patrícia conseguiu recuperar o Rian de antigamente. Ele ficou feliz em voltar para a terra do vínculo e do sentimento (apesar de ter levado certo tempo para esse retorno se consolidar). É triste saber que a maioria das mães e filhos que se encontram nessa situação não teve aquele começo de ligação estreita e saudável. Quando o filho começa a ser visto nas esquinas tarde da noite, a ser citado em boletins de vadiagem e a comparecer aos tribunais, pode ser tarde demais.

Mantendo a Conexão Viva

Enquanto o menino cresce, suas necessidades, sentimentos e relacionamento com a mãe podem mudar. Eis algumas sugestões para estabelecer um vínculo saudável com seu filho e fortalecê-lo durante a fase de crescimento:

Coloque-se à disposição dele. Ser mãe sozinha é um trabalho de tempo integral. Lembre-se de que ouvir, conversar e entender são tarefas que exigem tempo. O fato de seu filho ser mais velho não quer dizer que não precise de sua atenção. Reserve horas especiais durante a semana, um tempo para ficar com ele ou fazer atividades simples a dois, o que lhe proporcionará momentos de ligação com ele. Vocês podem ler juntos, você pode pedir que ele a ajude a limpar o jardim, podem dar uma volta de bicicleta ou jogar algum jogo. O importante é que você dedique um tempo para ficar com seu filho.

Faça um esforço para entender os interesses dele. Se ele adora videogame, você não precisa aprender a jogar, mas também não há motivo para não fazê-lo. Seus próprios instintos lhe mostrarão o grau de envolvimento que seu filho quer de você. Se ele adora esportes, aprender as regras de seus esportes favoritos e acompanhá-lo a jogos vai ajudar a criar uma ligação mais estreita com seu filho. Demonstrar curiosidade sem julgamento abrirá a porta para uma troca sadia de valores e idéias entre vocês. Pense em atividades, quaisquer que sejam, que você genuinamente gosta de fazer junto com ele e cultive-as. (Para uma família, pode ser a prática de um esporte, ao passo que para outra pode ser cozinhar ou visitar livrarias.)

Ouça-o com empatia. Ouvir de verdade ajudará a manter uma ligação sólida com seu filho, apesar de todas as mudanças que o tempo possa trazer.

Seja flexível e tente não levar as coisas para o lado pessoal. Sua relação com seu filho pode se parecer bastante com um elástico de borracha: ele puxa, estica seu amor até o limite, depois volta para perto de você de novo. Insistir na intimidade e no afeto pode fazê-lo afastar-se de você. Lembre-se de que, quando ele se afasta, isso não significa necessariamente rejeição pessoal, e sim uma conseqüência natural de seu crescimento e desenvolvimento. É um dos paradoxos da vida. Permitir que seu filho se afaste, desde que com segurança e pertinência, pode contribuir para aproximá-lo de você.

Algumas crianças acabam indo parar onde nenhum amor ou carinho, nem mesmo um super-herói, é capaz de trazê-las de volta.

Dependência

Lembra-se do pequeno Larry, dizendo à mãe que algum dia ele não precisaria mais dela? Mesmo nessa pouca idade ele já se debatia com sua dependência. Já sabia quanto precisava da mãe, talvez até mais do que ela. Isso o assustava. Que enorme sensação de vulnerabilidade dá perceber que nossa vida depende inteiramente de outra pessoa. Para Larry, sua mãe era o alimento que ele comia e o oxigênio que respirava. Ele estava dividido entre querer ser eternamente o bebezinho da mamãe e querer ser completamente auto-suficiente.

Por mais que o menino adore a mãe, toda a confiança que ele deposita nela o faz, ao mesmo tempo, sentir-se vulnerável. A infância do menino é parcialmente organizada em torno desse conflito. Em um relacionamento saudável, ele vai chegar perto, depois recuar e depois repetir esse vai-e-vem várias e várias vezes. Vai alternando entre ser uma criancinha e ser um homem, tentando encontrar um lugar confortável onde possa crescer.

Neal era um rapaz complexo, exatamente como deveria ser naquela idade. Era capitão do time de futebol da sétima série e também um excelente aluno. Trabalhava como voluntário na distribuição de alimentos e na limpeza dos campos de futebol da cidade. Para os adultos de sua escola e comunidade, ele dava a impressão de estar amadurecendo e de estar no caminho certo – sua mãe divorciada estava de pleno acordo com isso, exceto quando ele estava em casa e se comportava mais como o irmão de 7 anos. "Fico atônita", explicava ela, "porque ele parece ter dupla personalidade. Uma hora é um menino sensato e ajuizado e na outra, briga por causa de gelatina, acusa-me de gostar mais do irmão, pede que eu amarre o sapato dele ou tenta escapar para a minha cama no meio da noite. E tudo isso, acredite, depois de eu haver encontrado uma de suas professoras e de tê-la ouvido dizer que era um grande prazer tê-lo em classe."

Felizmente, pelo bem da saúde mental do filho e dela mesma, a mãe de Neal pediu o conselho de amigos, casados ou não, que também tinham filhos adolescentes e se acalmou ao ouvir relatos de casos bem piores. Todas as mulheres tinham histórias terríveis para contar. Uma contou, por exemplo, que o filho Nigel, a quem todos chamavam de "Sr. Natureza" – o menino que todos esperavam se tornar veterinário ou protetor dos animais – começou a não dar mais comida para o cachorro da família. "Deixe-o morrer de fome, qual o problema?" Uma segunda mulher descreveu como o filho, convidado preferido de todas as outras mães, comia como lanche a papinha do próprio sobrinho em casa. "Todo mundo é meio pirado", a mãe de Neal rapidamente percebeu isso, o que significava também que "Somos todos normais" – conclusão que lhe proporcionou enorme conforto.

Por mais que o menino adore a mãe, toda a confiança que ele deposita nela o faz, ao mesmo tempo, sentir-se vulnerável. A infância do menino é parcialmente organizada em torno desse conflito.

A mãe de Neal sabiamente evitou chamar muita atenção para a forte variação de humor e de comportamento do filho e conseguiu colocá-lo no rumo certo, vindo logo a acreditar que não se tratava de um sinal de perturbação ou da falta dos pais, mas, sim, uma manifestação própria do crescimento. Aliviada do peso e da preocupação, ela passou a se divertir com as esquisitices do filho, principalmente quando ouvia as dos outros meninos. O objetivo da mãe, conte ela ou não com um parceiro a seu lado, não é criar um garoto durão, auto-suficiente, que não precise de ninguém, e sim criar um homem, que será o que Kindlon e Thompson chamaram de "interdependente", capaz de sentir-se bem e de ter prazer em manter relacionamentos próximos com os outros, de encontrar espaço para a independência e para a dependência, com todas as suas gradações intermediárias. A mãe que entende isso, que deixa espaço para o filho ir e voltar, o ajudará ao mesmo tempo a precisar e a não precisar dela de várias maneiras: flexíveis, adaptáveis e conectadas – para a vida toda.

CAPÍTULO 4

Não Mexa nas Minhas Coisas

Respeitando Limites, Privacidade e Independência

A maioria de nós não hesita em admitir a importância dos limites em nosso cotidiano. Queremos persianas na janela e porta no quarto. Construímos muro ou cerca em volta de casa para delimitar nossa propriedade. Instalamos 'olho-vivo' no telefone para bloquear ligações indesejadas. Definimos senha para nossa caixa postal eletrônica e nos queixamos do chefe que liga para a nossa casa. Não queremos que nossos pais que vêm nos visitar tomem conhecimento de nossas finanças nem mexam em nossos papéis. Embora as necessidades de cada pessoa sejam diferentes, todos precisamos de privacidade em certas áreas da vida.

As fronteiras que criamos no relacionamento com nossos próprios parceiros ou filhos não são menos importantes do que as que criamos em nossos relacionamentos menos privados. Os limites contribuem para o conforto pessoal, a saúde emocional e a capacidade de dominar nossos sentimentos, pensamentos e ações. No entanto, em um plano pessoal, as questões que a delimitação de fronteiras implica muitas vezes são um pouco mais sutis, imprecisas e até mesmo ameaçadoras. *Quais são os meus pensamentos e quais são os seus? Onde eu termino e você começa? Quem sou eu sem você? Como posso viver sem você? O que é ser íntimo demais?* A questão dos limites e a maneira com que cada pessoa os coloca em prática em seus relacionamentos pode ser um desafio para muitos pais casados. Para mães que criam filhos sem a presença de um parceiro, essas questões se tornam ainda mais cruciais, por razões óbvias: ela é a única a decidir e é mulher, enquanto seu filho é homem. São aspectos que acrescentam à sua missão uma dimensão de perigo e possibilidades.

Neste capítulo, analisaremos a relevância das fronteiras do ponto de vista do desenvolvimento e procuraremos maneiras de ajudar nossos filhos a se tornarem pessoas equilibradas, capazes de conviver bem com situações de dependência e independência, união e separação, intimidade e solidão. Dominar essa arte é condição básica para levar uma vida adulta saudável.

Só Nós Dois

Na matemática moderna da mãe e do bebê, um mais um é igual a um. Pelo menos no que se refere a um bebê (e quando as coisas vão bem), o universo se resume a ele e à mãe.

As necessidades dele são dela. A fome dele é dela. A cólica dele é dela. Ela é ele e ele é ela. De fato, a pesquisa indica que o bebê não tem a mesma noção de 'si mesmo' que as crianças mais velhas e os adultos; ao que parece, ele se vê como parte integrante dos pais. Diferentemente dos Estados Unidos, cujos Estados independentes aspiram a unificação, mãe e filho se fundem, inicialmente, e então assumem o rumo da separação.

Durante os primórdios da infância, pela experiência e pelo crescimento cerebral, o bebê vai aprendendo que a mãe é uma pessoa separada dele. Aprende que ela não 'lê' mais a mente dele para saber quando ele precisa comer e que precisa informar a mãe do que necessita e pedir-lhe o que quer. Embora ele tenha chegado a acreditar que ela realmente desaparecia quando escondia o rosto atrás de alguma coisa, depois se dá conta de que ela vem e vai independentemente de onde ele esteja e consegue ver a si mesmo e a ela como entes que continuam existindo mesmo quando estão separados e fora do campo de visão um do outro. Experimentar as discrepâncias entre o que ambos sentem e descobrir que reagem de maneiras diferentes um em relação ao outro e às coisas que acontecem em suas vidas o ajuda ainda mais a desenvolver uma noção de si mesmo como pessoa distinta de sua mãe.

O 'grosso' desse crescimento ocorre dentro da psique da criança. No comecinho, por exemplo, a criança bem cuidada desenvolve uma imagem muito positiva da mãe. Porém, ao ser contrariada – quando a mãe fica sem leite, coloca-a no bercinho quando quer ficar no colo ou, enfim, frustra-a de alguma maneira –, a criança não consegue suportar a situação e, nesse instante, precisando proteger a boa imagem inicial, passa a ver a 'ruindade da mãe' como de outra mulher, não de sua mãe. Sentir raiva da mãe que ela adora e de quem depende pode parecer pesado e assustador demais para um bebê tão pequeno e carente. Com o tempo, contudo, vivendo mais situações boas do que ruins, ele vai integrando suas percepções em uma só e aceitando que a mãe é boa *e* má ao mesmo tempo. Esse passo importante em direção ao desenvolvimento de uma capacidade de ambivalência permite ao menino conviver com pensamentos e sentimentos opostos, assim como lhe permite ver que as outras pessoas, inclusive a mãe, são tão complexas e cheias de contradições quanto ele.

Relacionada a esse desenvolvimento está a capacidade da criança para aquilo que a psiquiatria chama de testar a realidade, ou seja, a capacidade de discernir a realidade externa do mundo interno e, conseqüentemente, de discernir entre realidade e fantasia.

Fred tinha 3 anos quando a mãe o levou para ver *Branca de Neve e os sete anões*. Era a primeira vez que ia ao cinema. Kate, cuidadosa como sempre, o havia prevenido de que ele poderia ficar com um pouco de medo de algumas coisas que iam acontecer no filme.

Excitado com a nova experiência, Fred não prestou atenção ao aviso da mãe – até que apareceu a cena em que a rainha má bebe a poção mágica e se transforma em bruxa. Nesse momento, Fred emitiu um sibilo profundo e pulou para o colo da mãe, de onde não quis mais sair até o fim do filme.

No caminho de volta para o carro, Kate tentou entender a reação do filho. "Meu amor, eu avisei que dava medo mesmo", disse ela. "Mas é só um filme, nada daquilo é verdade."

Fred fitou-a chocado: "Claro que era verdade, mãe. Eu vi!".

Crianças muito pequenas acreditam na mágica de que tudo o que pensam e sentem é real e poderoso. Cada pensamento, cada percepção, encerra o potencial de se tornar fato. É por isso que abrigar um pensamento que machuca em relação a alguém que elas amam pode ser muito assustador e deixá-las extremamente ansiosas. Para uma criança pequena, querer a morte da irmã é praticamente a mesma coisa que matá-la. É também a razão pela qual tantas crianças pequenas, apesar de os pais lhes garantirem o contrário, acreditam que o mau comportamento ou alguma deficiência delas foi responsável por um divórcio ou outra situação traumática.

Crianças muito pequenas acreditam na mágica de que tudo o que pensam e sentem é real e poderoso. Cada pensamento, cada percepção, encerra o potencial de se tornar fato. É por isso que abrigar um pensamento que machuca em relação a alguém que elas amam pode ser muito assustador e deixá-las extremamente ansiosas.

Com o tempo, à medida que seu autocontrole e habilidade de se expressar em palavras vão amadurecendo, o menino vai entendendo que o que ele pensa e sente está dentro dele e pode ser bastante diferente do que existe no mundo externo. Ele acaba vendo que o que pensa e sente não se torna real por meio da telepatia, que seus pensamentos não podem ser lidos pelos outros como raios X. Ele vai aprendendo a distinguir o que está em sua mente e em seu coração daquilo que vem de fora. Ele aprende o que é fome com a mãe, o que é raiva com a professora e o que é amor com a namorada.

Os limites que demarcam nosso *self* – do ponto de vista físico, a nossa própria pele – encontram-se principalmente em nossa mente. Podem ser espessos e rígidos ou permeáveis e flexíveis. Certas pessoas lutam para erguer alguma fronteira, por mínima que seja. Qualquer que seja sua natureza, as fronteiras têm tudo a ver com o grau de sucesso com que a pessoa desempenha suas funções na vida e se relaciona com os outros, com o nível de prazer que consegue extrair da vida e com o esforço e o sofrimento que a vida exige dela.

São questões importantes. O que, especificamente, pode uma mãe que cria o filho sem companheiro fazer para garantir que seu menino tenha limites saudáveis e uma noção saudável de si mesmo?

Cortar o Cordão Umbilical

Janette sempre amou demais o filho Jason, e o ama ainda mais agora, que ele tem 3 anos, do que no dia em que ele nasceu. Seu amor pelo menino era tão grande que nunca o tirava do colo. Afinal de contas, ela esperara quatro anos para adotá-lo. Os amigos e a família achavam graça e mexiam com ela, intrigados com o motivo pelo qual comprava tanto sapato para ele se nem o deixava encostar o pé chão.

E Janette conhecia seu querido Jason – seu "baby", como ela o chamava – tão bem quanto a si mesma. Até mesmo melhor, dizia ela. O pequeno raramente precisava pedir alguma coisa. Num passe de mágica, a mãe matava sua fome, brincava com ele e lhe dava atenção. Ela cortava sua comida em pedacinhos e o vestia como se fosse uma criança incapaz, que não pudesse fazê-lo sozinho.

"Eu sei, eu sei. Um dia ele vai fazer tudo sozinho. Mas ele vai ser bebê por tão pouco tempo. Por que não posso aproveitar ao máximo esta fase?"

Não demorou muito para Janette entender o motivo: o filho estava se tornando insuportável. Na época em que completou 4 anos, era impossível colocá-lo no chão sem que fizesse um enorme escândalo de protesto. Naquelas situações inevitáveis em que ela não conseguia dar o que ele precisava da forma mais perfeita do mundo – algo que acontecia com freqüência alarmante –, ele exigia a atenção dela de maneira brutal, tendo mesmo chegado a mordê-la, uma vez. Ela subitamente entendeu o que as professoras lhe vinham repetindo havia muitos meses: Jason estava ficando para trás. Ele não cumpria suas obrigações escolares como as crianças de sua idade. Ela se convenceu do problema quando percebeu como os amiguinhos de Jason davam a impressão de ser bem mais auto-suficientes e satisfeitos do que ele.

Janette recuou. Começou a incentivá-lo a fazer mais coisas sozinho e a ensinar-lhe o que ele precisava para conseguir fazê-las. A princípio, ele não gostou dessa mudança, mas, ao convencer-se de que não corria o risco de perder a mãe, começou a sentir-se bem em experimentar calçar ele mesmo os sapatos e a escovar os dentes sozinho. Sua autoconfiança foi aumentando e ele sentiu vontade de tentar fazer cada vez mais coisas novas. Apesar de entristecê-la vê-lo crescer, Janette descobriu uma sensação nova e gratificante: começou a orgulhar-se e a se alegrar com o crescimento do filho, a dar-se conta de que havia vida para os dois além da existência dele como bebê.

Já se disse que a maneira mais simples de destruir a auto-estima de uma pessoa é fazendo tudo para ela. Por trás do esforço de Janette em fazer tudo para o filho estava escondida uma mensagem subliminar: o menino começou a acreditar que não era capaz de fazer nada por conta própria e que precisava da presteza da mãe para servi-lo o tempo todo. Ambos, porém, descobriram juntos que ele era absolutamente capaz de aprender, crescer e, com o tempo, cuidar de si mesmo. A mãe precisa amar o filho a ponto de estimular seu crescimento saudável para que ele seja capaz de separar-se dela e adquirir competências para a vida, e não fomentar a dependência dele em relação a ela, 'amando-o demais'.

A Cama da Família

De todos os tópicos tratados pela psicologia da educação, nenhum é mais controverso do que o tema relacionado ao lugar onde a criança deve dormir. Há pais que sempre colocaram os filhos para dormir junto com eles, no aconchego da cama do casal, e seus filhos se transformaram em adultos fortes e saudáveis, exatamente como muitas crianças que, desde o nascimento, dormiram em sua própria caminha, em seu próprio quarto. Naturalmente,

outras famílias tentaram muitas das situações intermediárias possi
bém tiveram muito êxito.

Queremos abordar essa delicada questão do ponto de vista de seu resultado provável. Sabemos de antemão que algumas famílias conduzem seus filhos tão bem, assim como há crianças que têm um temperamento tão resiliente, que o fato de onde e com quem a criança dorme não acarreta conseqüências para o admirável resultado final alcançado. Em outras crianças, contudo, os resultados são menos positivos. As questões envolvidas na situação criada entre uma mulher adulta e uma criança do sexo masculino em crescimento são, sem dúvida, mais complexas do que aquelas que as famílias nucleares tradicionais enfrentam. A questão que se coloca diz respeito ao significado, para o menino, de dormir na cama da mãe, principalmente no caso da mãe que não tem um companheiro a seu lado.

Muita gente – e, de fato, culturas inteiras – acredita que dormir com um dos pais promove a sensação de segurança e de ligação da criança. Os filhos de mães sem companheiro certamente têm as mesmas necessidades dos outros e, muitas vezes, se beneficiarão do conforto da proximidade física – quando, por exemplo, estiverem doentes, ou forem acometidos por um pesadelo horrível. As crianças não precisam, no entanto, dormir com os pais para se sentirem seguras e amadas. Além disso, dormir com os pais acarreta riscos para a criança.

A sensação da criança de que ela tem de dormir na cama dos pais pode reforçar seu medo de ficar sozinha. Na verdade, alguns psicólogos comportamentais acreditam que aprender a dormir sozinha na própria cama é um dos primeiros passos rumo a uma noção saudável de si mesma. Quando a criança não aprende a dormir sozinha e não tem domínio sobre seu medo de ficar sozinha, ela pode crescer mais medrosa e dependente ainda. Em vez de produzir satisfação, dormir na cama dos pais pode deixar a criança mais apreensiva, a longo prazo, e pode comprometer sua capacidade de dormir sozinha. Com o passar do tempo, também, a maioria dos pais quer sua privacidade (e sua cama) de volta. Quanto mais tempo esperarem para levar a criança para seu próprio quarto, mais difícil será essa transição para todos.

A sensação da criança de que ela tem de dormir na cama dos pais pode reforçar seu medo de ficar sozinha. Na verdade, alguns psicólogos comportamentais acreditam que aprender a dormir sozinha na própria cama é um dos primeiros passos rumo a uma noção saudável de si mesma.

Quando a criança se aproxima da fase escolar, a questão da sexualidade começa a se expandir. Com a proximidade e as defesas reduzidas, dormir com um dos pais pode superestimular a criança. Trata-se, sem dúvida, de um assunto delicado, mas algumas mães querem tanto a companhia física que fecham os olhos para a questão do desenvolvimento da sexualidade do filho, ao continuar a dividir a cama com ele mesmo depois de passada a fase em que essa proximidade era apropriada. Pelo fato de não haver pai para manter física e simbolicamente o menino em seu lugar, ele pode tornar-se mais vulnerável à ansiedade e passar a alimentar fantasias – muito indutoras de culpa, por sinal – de possuir a mãe, não apenas do ponto de vista sexual, mas de ser dono dela (como ele imagina que aconteceria com um marido).

Por essas razões, sugerimos o caminho fácil, que é o de treinar a criança a dormir em sua própria cama. Se ela já dorme com você, o mais aconselhável seria acostumá-la aos poucos a dormir na própria cama.

Valorize Momentos de Solidão

O ato de ficar sozinho assumiu ultimamente uma conotação ruim. No entanto, aprender não apenas a dormir por conta própria mas também a se sentir bem sozinho é uma habilidade psicológica extremamente valiosa. É muito comum pensar que ficar sozinho é uma condenação à solidão, em vez de ver esse momento como uma oportunidade preciosa de aproveitar a própria companhia, de estar desobrigado de cumprir exigências sociais e de dar vazão aos próprios pensamentos e fantasias. Nossa sociedade moderna e as novas linhas de educação de filhos têm-nos levado a afastar a criança daquilo que é uma etapa natural: crescer sendo capaz de ficar consigo mesma.

Dormir Sozinho: Formando Hábitos Saudáveis

Embora não haja nada de errado em trazer seu filhinho para sua cama em um domingo de manhã para você poder dormir um pouco mais ou em reconfortá-lo na sua cama depois de ele ter acordado no meio da noite com um pesadelo, o melhor para a mãe e para o filho é criar o hábito saudável de cada um ter a sua própria cama e de ir dormir no seu horário. Eis algumas sugestões:

Quanto mais cedo você começar, melhor. Normalmente é mais fácil para seu filho aprender a dormir sozinho quando você organiza sua casa dessa maneira desde o começo. Se deixá-lo no seu quarto facilita a amamentação, pelo menos coloque-o para dormir no bercinho, e não na sua cama. Depois, quando você não amamentar mais durante a noite, mude o bercinho para o quarto dele. Jamais pense que você está sendo cruel. Você está ensinando-o a ter autoconfiança e a se sentir bem consigo mesmo.

Crie uma rotina da hora de dormir. Nos primeiros anos da vida, a criança aprende melhor pela rotina e pela repetição. Tente começar colocando-a para dormir sempre na mesma hora e organize as tarefas dela de modo que as faça sempre na mesma ordem. Você pode até pedir a ajuda de seu filho para elaborar uma lista das coisas a serem feitas na hora de dormir, como, por exemplo, escovar os dentes, lavar o rosto, colocar o pijama, ler duas histórias, rezar e apagar a luz. Depois de colocar a rotina em prática, seja fiel a ela. Se seu filho sair da cama e vier atrás de você ou engatinhar até a sua cama, diga-lhe simplesmente que é hora de ir para a cama, com delicadeza, mas de modo firme, leve-o de volta para a cama, saindo em seguida. Ele vai saber quando você estiver falando sério (como também vai saber, e choramingar, quando você não estiver falando tão sério assim).

Prepare o cenário, mas deixe-o dormir sozinho. Quem tem de dormir é seu filho e isso compete a ele. É algo que você simplesmente não pode fazer por ele. O que você pode fazer é facilitar a tarefa para ele. Por tentativa e erro você vai acabar descobrindo se ele prefere o quarto mais escuro ou com uma luzinha acesa, em silêncio total ou com música suave, mais frio ou mais aquecido. Depois de deixar tudo bem confortável, saia e deixe-o dormir sozinho. Deitar ao lado dele ou ficar com ele até que adormeça pode estimulá-lo a precisar dessa atenção de sua parte e pode abrir a porta para a manipulação, que trará muitos problemas mais tarde.

Ao nascer, a maioria das crianças demonstra habilidade inata para se sossegar sozinhas, ou seja, para aquietar-se e acalmar o próprio corpo e as próprias emoções. A criança pequena emite aos pais sinais daquilo que precisa para se acomodar rompendo o contato visual. Quando um pai insiste em brincar, tocar e estimular um bebê, este pode acabar perdendo a capacidade de acalmar-se sozinho e, no futuro, pode ter dificuldade de tolerar a solidão e espaços de tempo não preenchidos. Como a mãe solteira pode ajudar o filho a desenvolver a capacidade de sentir-se confiante e tranqüilo quando está sozinho?

Antes de tudo, quando ela o vê distraindo-se alegremente sozinho, ela deve deixá-lo como está. É uma tendência humana e maternal chamar a criança para ver ou ouvir alguma coisa, tentar isso ou fazer aquilo. Muitas vezes, é a mãe que tira o filho de seu sossego, quando ele está brincando feliz sozinho. Talvez ela se sinta compelida a ficar perto dele ou se sinta culpada de trabalhar, e, então, pense que precisa proporcionar a ele 'momentos de qualidade' durante todo o tempo em que ele esteja acordado. Ou pode ser que ela própria se sinta sozinha ou nunca tenha aprendido a ficar na própria companhia. *Vem brincar comigo, vem ficar comigo*, podem ser as palavras do convite dela. A mãe precisa ocupar-se e aprender a apreciar a capacidade do filho de brincar com blocos de construção sozinho. Ela precisa sentir-se tranqüila quando ele está sozinho, tendo certeza de que o filho vai avisar quando precisar da atenção dela.

Certas crianças não são tão inclinadas assim para se satisfazerem com a própria companhia. Querem a atenção da mãe o tempo todo. Quando a mãe as chama e lhes propõe ler um livro, fazer um desenho ou jogar um jogo sozinhas, ali na mesa perto dela ou no quarto onde ela está fazendo alguma coisa, a idéia jamais lhes agrada: querem que a mãe se envolva com elas durante todo o tempo. Quando a mãe está ocupada, elas perdem o interesse no que estão fazendo ou se intrometem no que a mãe está fazendo.

Essas crianças precisam de um treinamento gradual, de um 'desmame' planejado da presença constante da mãe. Se esse é o caso de seu filho, comece a sair do quarto de vez em quando por momentos rápidos, sem chamar muita atenção. Quando seu filho a chamar para ajudá-lo, dê-lhe uma sugestão, uma dica do que fazer e procure sair de perto para que ele recorra à própria iniciativa ou criatividade. Não deixe que o choro e as queixas de dor a enganem. Nenhum menino amado morre de solidão. Ele vai aprender a ficar sozinho sem se sentir abandonado e mal-amado, o que é uma habilidade saudável para a vida e para os relacionamentos dele.[1]

Fora da Minha Cabeça

Amar um filho é querer conhecê-lo. Ficamos sempre imaginando o que ele está pensando e sentindo. Muitas mães querem saber os sonhos, desejos e medos do filho, da mesma forma que querem saber o que acontece quando ele está no colégio ou visita o pai. Por mais natural que o desejo da mãe possa ser, certas mães são rápidas demais em oferecer um centavo pelos pensamentos dele.

A.J., de 6 anos, fazia terapia havia nove meses e estava indo muito bem. Sua depressão havia desaparecido e tanto a mãe, que o criava sozinha, quanto a professora haviam notado como ele andava animado e contente. Antes rijo e inflexível como um poste, ele agora se revelava um atleta cheio de graça. Apesar de todas as horas de terapia e de todos esses ganhos, ele praticamente não havia falado de maneira direta sobre nada do que sentia ou pensava. Foi na última sessão que ele mencionou a razão de tanta discrição: "Eu não vou dizer", foi a resposta dele acompanhada de um sorriso malicioso quando foi perguntado a ele do que mais sentiria falta quando parasse de ir à terapia. "Mas não é só com você. Eu não falo com ninguém. Eles são todos barulhentos demais", explicou.

A mãe era a barulhenta, não havia dúvida. Carinhosa e acolhedora como era, ela não admitia a idéia de não ter acesso aos pensamentos e sentimentos de A.J. Quanto mais ela precisava saber e mais se esforçava para penetrar sua mente, mais altas e espessas eram as paredes que ele construía para isolá-la. Quando nos conhecemos meses mais tarde, ela descreveu o progresso de A.J. e comentou orgulhosa que ele estava começando a contar-lhe tudo.

"Pode parecer estranho, mas, quando parei de forçá-lo a falar, ele começou a falar comigo. Ele agora até me conta o que comeu no almoço, se estava bom, se colocou ou não *ketchup* na comida." Sua voz hesitou um pouco. "Acho que eu só queria saber que ele não me odiava e que me amava." Pois essa seria a última coisa com a qual ela poderia se preocupar em relação a ele.

Qualquer que seja a quantidade de técnicas de comunicação que a mãe aprende, não há garantia de que o filho vá sempre mostrar-se disposto a falar com ela, da mesma forma que ela nem sempre vai querer contar seus pensamentos mais íntimos a seus próprios pais. Os meninos adoram saber que as mães se preocupam com eles e os ouvem, mas querem reservar-se o direito de escolher quando, o que e quanto revelar.

Como percebeu a mãe de A.J., quanto menos a mãe *insistir*, menor a probabilidade de o filho *resistir*. A mãe mais astuta ouve mais do que pergunta. É paciente e dá espaço e tempo para que o filho se abra com ela. E precisa aceitar também o fato de que, à medida que o menino vai crescendo e amadurecendo, ele vai querer manter certos assuntos em privacidade.

Meu Corpo Me Pertence

O corpo da pessoa deve ser dela. Nosso corpo é sagrado. Ele não é apenas o santuário que os fisiculturistas tanto adoram, mas, em um sentido mais profundo, é o lugar em que – nossa mente, nossa psique e nossa alma – moramos e crescemos. A criança precisa sentir que tem domínio sobre o próprio corpo. Precisa sentir que seu corpo é forte, saudável e bom. E mesmo quando faz tudo o que pode para conservar o corpo saudável e em boa forma, a criança precisa aceitar e gostar de seu corpo como ele é.

A criança precisa sentir que tem domínio sobre o próprio corpo. Precisa sentir que seu corpo é forte, saudável e bom.

A mãe que cria o filho sozinha pode ajudá-lo a crescer, em relação ao corpo, de muitas maneiras. Acariciar o corpo do filho com afeto nos primeiros anos da vida dele edificará uma fundação para os bons sentimentos e para a sensação de que ter um corpo de menino é uma coisa boa. Dar-lhe espaço para mandar no próprio corpo facilitará sua sensação de pertencer a ele e de estar integrado a ele.

Fazer muito alarde em relação à comida ou a aprender a andar sem fralda pode dar ensejo a lutas que, ao longo do tempo, acabarão por desenvolver uma necessidade excessiva e rígida de controle sobre o próprio estilo de vida, em termos gerais, e sobre o próprio corpo, em termos mais específicos. A mania de limpeza da mãe, sua preocupação excessiva com doença, fazendo-se inclusive de médica (e examinando rotineiramente o filho), ou seu exagero ao falar das sensações normais e das variações do corpo podem minar a crença da criança na capacidade do próprio corpo de funcionar como deve, levando à hipocondria e a uma sensação inconsciente de que tem defeitos ou de que não está bem.

A afeição física, embora sempre necessária, precisa ser monitorada e ajustada à medida que o filho vai crescendo. Um filho nunca chegará a ser amado demais, ou seja, bem cuidado demais de maneira que todas as suas necessidades de desenvolvimento sejam completamente atendidas. Entretanto, pode ser amado demais no sentido físico. Pode receber beijos e abraços demais e ficar confuso com o toque físico que é dado de maneira compulsiva ou imprópria por sua intensidade, lugar ou paixão. Provavelmente não é uma boa idéia um pré-adolescente fazer massagem nas costas da mãe. Nem é prudente a mãe acariciar com freqüência o pescoço do filho adolescente ou andar de braço dado com ele, como namorados.

Pode parecer um pouco mesquinho e frio falar tão franca e objetivamente sobre a necessidade de a mãe controlar a afeição física que demonstra em relação ao filho, mas não há escolha. Por mais doloroso que seja, os filhos crescem e nossa relação com eles muda. Nossa tarefa não consiste em parar de amar nossos filhos, e sim encontrar maneiras novas e saudáveis de demonstrar afeto, mesmo quando eles já tenham barba e namorada.

Confidências Letais

Benjamin, de 38 anos, é um profissional da área financeira. Apesar de bonito e inteligente, não se casou. Teve muitos relacionamentos longos e todos fracassaram. Ao deixá-lo, Mary, sua última namorada, advertiu-o de que precisava de ajuda.

Como Benjamin mesmo explicou, ele não conseguia confiar em Mary. As palavras e atos dela não eram suficientes para provar seu amor por ele. Ele duvidava sempre da fidelidade dela e vivia desconfiado de que, quando não estava por perto, ela falava mal dele para os outros. Na verdade, ela gostava dele e o respeitava mais do que ele jamais poderia esperar. Benjamin reconheceu que o problema se devia ao fato de não ter conseguido confiar em nenhuma das oito mulheres que havia namorado seriamente.

Embora as dificuldades dele tivessem muitas origens, seu relacionamento com a mãe havia sido em especial muito conturbado. Divorciada quando ele estava no começo do ensino fundamental, a mãe fez dele seu confidente. E certas coisas que ela dizia o animavam e lisonjeavam. Afinal de contas, ser o melhor amigo da mãe era uma honra e tanto.

Com o passar do tempo, porém, ela mostrou a ele sua conta bancária e admitiu sua preocupação com as finanças. Ela revelava a ele sua solidão e os pesadelos que tinha associados a suicídio. E contava também sobre os namorados que arranjava. Embora as caricaturas que traçasse dos homens com quem trabalhava e saía fizessem Benjamin rir, elas também deixaram claro que a mãe via os homens como patéticos, fracos e merecedores de humilhação.

Tudo que ele ouviu a mãe dizer sobre homens ficou em sua cabeça. Passado algum tempo de namoro, ele tinha certeza absoluta de que Mary pensava e dizia dele, por trás, as mesmas coisas que a mãe. Tudinho.

É comum que a mãe sozinha tenha com o filho um relacionamento intenso. Esse filho muitas vezes demonstra uma capacidade altamente desenvolvida e quase sinistra de ler as emoções da mãe. Como "mãesômetros" de estranha regulagem, esses meninos conseguem perceber a tristeza da mãe antes delas mesmas.

Nessa mesma linha, esses meninos muitas vezes carregam o peso das depressões e ansiedades da mãe. Eles podem acreditar que é responsabilidade deles proporcionar alegria e entusiasmo à mãe. Sem ter consciência disso, esses filhos dedicam a vida a fazer a mãe feliz, a consolá-la de seus infortúnios e decepções. Para atingir esse fim, esses filhos são sempre propensos a editar seus próprios sentimentos e necessidades, para não magoar, decepcionar ou aborrecer a mãe.

Alice Miller, em sua obra clássica *The Drama of the Gifted Child*, descreve de maneira dolorosa como essa criança pode tornar-se essencialmente um objeto que a mãe usa de modo inconsciente para satisfazer a si mesma e para compensar a sensação de vazio ou de morte. Ao ignorar suas próprias necessidades, entre as quais a de fazer a mãe prestar atenção nele e atendê-lo, o filho desenvolve um falso *eu*, que, embora momentaneamente preencha alguma necessidade da mãe, com o passar do tempo o deixa vazio e separado de si mesmo. Por mais desolador que possa parecer, isso acontece.

Quem É o Pai, Afinal de Contas?

Muitas mães dizem aos filhos, com uma mistura de orgulho e necessidade: "Agora você é o homem da casa". Raramente ocorre a uma mãe carinhosa que ela pode estar colocando o filho em uma situação para a qual ele não está bem preparado. Quando o filho acerta nesse papel, comportando-se como se fosse o homem da casa, ele começa a criar um novo conjunto de problemas.

É errado quando um menino comunica categoricamente à mãe aonde eles vão à noite e o que vão comer. É errado quando um adolescente não apenas escolhe o carro novo da mãe, como determina o valor que ela vai gastar nele. É errado quando um menino impõe a hora que vai voltar para a casa e a mãe tem de pedir a permissão *dele* para usar o carro. É errado quando um menino de quinta série tem direito de opinar de igual para igual sobre o investimento que a mãe faz na própria aposentadoria ou questiona os termos da certidão de divórcio dela. É errado o filho agir como uma espécie de pequeno imperador, enquanto a mãe se curva diante de Sua Alteza.

A afeição física, embora sempre necessária, precisa ser monitorada e ajustada à medida que o filho vai crescendo. Um filho nunca chegará a ser amado demais, ou seja, bem cuidado demais de maneira que todas as suas necessidades de desenvolvimento sejam completamente atendidas. Entretanto, pode ser amado demais no sentido físico.

Encontrar a base certa pode ser complicado. O filho de mãe sozinha é o homem da casa e ele sabe disso. O que aconteceria se ele olhasse para o outro lado? Mesmo nessa condição, há funções que ele pode desempenhar que são apropriadas para um menino. Atribua a ele obrigações e responsabilidades apropriadas para a idade dele, uma boa quantidade delas. Se ele for um menino forte, mande-o cortar a grama do jardim, levar o lixo para fora e fazer faxina no quarto. Agradeça-lhe pela colaboração e ajuda. Essas tarefas são boas para qualquer menino. Peça o conselho dele quando genuinamente pertinente e envolva-o na busca de soluções para os problemas que vocês enfrentam juntos. Trate-o como gente grande, como ele realmente é.

O menino, no entanto, deve continuar sendo menino. Não coloque nas mãos dele seu próprio papel e responsabilidade de adulto. Seduzir um filho para transformá-lo em parceiro ou forçar a situação para fazer dele um pseudo-adulto é injusto e esse tiro sairá pela culatra. Se você realmente precisa de ajuda para decidir que banco usar, será que seu filho de 12 anos, por mais esperto que seja, é a pessoa certa para consultar? Você é quem vai dirigir o carro, então por que não comprar o que você gosta? Se ele gosta tanto daquele tom de azul, mande-o pintar a bicicleta dele dessa cor. Você quer um carro vermelho. E já que estamos falando nisso, por que Toni deve dar opinião sobre o que plantar no jardim se ele não se levanta da cadeira para ajudá-la a cortar a grama ou varrer o quintal? Deixe seu filho conquistar o privilégio de contribuir mais para as decisões que você toma. O menino não pode tornar-se um homem de verdade em casa se não crescer como um verdadeiro menino dentro de casa.

Privacidade

Muitas mães que criam filhos sozinhas, da mesma maneira que as outras, gostam de manter um relacionamento agradável com os filhos. Quando são bem pequenos, podem ter direito a um acesso completo ao quarto e ao banheiro da mãe. A mãe se veste e toma banho na frente dos filhos, assim como os filhos na frente dela.

Embora essa questão não seja exclusiva da casa do pai ou da mãe que criam filhos sozinhos, quando o filho cresce, a mãe que cria o filho sozinha precisa tomar cuidado especial para preservar sua privacidade, para o bem do filho. O fato de serem os dois de sexos opostos confere aqui um significado especial às fronteiras. Como regra geral, é provável que ela não erre ao insistir na privacidade quando ele ou ela vão ao banheiro ou tomam banho. Da mesma forma, mesmo quando ela precisa de uma ajuda extra ou de outra opinião, pode ser melhor não pedir ao filho que lhe abotoe o vestido, que passe protetor solar em suas costas, ou consultá-lo se a meia-calça preta fica melhor do que a marrom, ou que ele opine sobre o vestido que a deixa mais atraente para sair com um homem.

Embora ela não queira deixar o filho tenso a respeito da sexualidade e do corpo humano, é bom lembrar-se sempre da intensidade da relação entre filho e mãe sozinha. Se o menino vir a mãe andar pela casa seminua ou se ela deixar seu roupão de banho abrir-se no peito e cair no ombro de maneira meio provocante, ele poderá experimentar sensações de sedução, as quais serão muito perturbadoras e constrangedoras para ele. A maioria dos meninos se sente mais à vontade quando a mãe demonstra recato perto deles. Embora possam fantasiar e se gabar de vez em quando, poucos meninos, desejos edipianos à parte, querem realmente ver a mãe tomar sol de *topless*.

É complicado sim, mas é possível encontrar o ponto certo de equilíbrio. O relacionamento mãe-filho é mais saudável e paradoxalmente pode envolver um amor mais verdadeiro quando as fronteiras entre os dois são claras e respeitadas e quando permitem aos dois aprender a se conhecerem um ao outro e a se 'curtirem'. Seus olhos abertos e seu bom senso vão mostrar-lhe o que é razoável.

CAPÍTULO 5

Como uma Luva, Como Óleo e Água

Misturando e Combinando Temperamentos Diferentes

Imagine se as mães colocassem anúncio nos classificados para conquistar o bebê de seus sonhos:

> *Grande oportunidade: casa sem homem. Saia do esconderijo e venha conhecer esta fantástica mãe. Mais animada que tomar sorvete de chocolate e dar um sorriso de 100 MW. Colher jabuticaba, saborear biscoitos caseiros e regular minha bicicleta são meros aperitivos do meu dia. Prefiro videogames a conversas, brincadeiras de pega a jantares. Adoro pescar e subir em árvores. Quer apostar uma corrida? Procuro menino com gosto parecido para uma infância de diversão e brincadeiras, para compartilhar comigo os mistérios da vida e, para variar, uma briguinha de vez em quando. Clara. Caixa Postal 561.*

Tudo indica que se trata de uma mãe psicologicamente preparada para um filho homem, não? Tomara que ela consiga dar conta das fraldas, das mamadeiras e dos muitos meses que levam até ele poder andar com as próprias trêmulas pernas. Nos primeiros anos do menino, a versão dele de 'a vida é uma festa' pode se chocar com a dela. Mas não nos permitamos que detalhes nos afastem de uma visão mais ampla. Que conceito extravagante, hein? Uma mãe em busca do rebento do jeito exato que ela quer – mais que isso, contando que seu bebê vá tornar-se um dia o filho de seus sonhos.

Pense em um rapaz perfeito, ainda que esse tipo na verdade não exista (deixando de lado por ora as variações únicas da personalidade de cada criança, seus dons e fraquezas). Como vimos no Capítulo 2, o menino típico é ativo, vigoroso, barulhento, socialmente desajustado e competitivo. Agora imagine uma mulher diferente, que não suporte esse tipo de gente. Ela chegou a ponto de mudar de emprego, uma vez, por causa de um chefe 'dessa laia'. Isso sem contar os vários romances catastróficos com 'gente assim'. O que aconteceria se, por um golpe do destino, ela tivesse o menino desejado por Clara? As cegonhas também se enganam, sabemos disso.

Apesar de forte o bastante para enfrentar um longo e doloroso processo de divórcio, Helen, uma mulher de 33 anos, nos demais aspectos era uma criatura delicada. Afora sua alergia, poucos motivos tinha para sair de casa. Achava lá fora frio, úmido, infestado e sujo. Para ela, boas férias eram museus, livrarias e restaurantes da moda. Sua filha de 10 anos, futura artista e violinista, concordava plenamente, e mãe e filha se entendiam como se fossem as melhores amigas.

Já Nicholas, o filho de 8 anos, via a vida de um modo diferente, abraçava outros valores.

Durante anos Nicholas tentou um bom contato físico com a mãe, mas sempre acabava machucando-a. Sem querer lhe dava cotoveladas que lhe deixavam manchas roxas, e quase a sufocava com seus abraços apertados demais. "Mamãe é frágil", ela dizia, se esquivando e se colocando em posição de defesa. Nicholas ria, porque achava que aquilo só podia ser brincadeira, e partia para cima dela com mais ímpeto ainda, até ela se enfurecer e pôr o filho de castigo.

"Somos farinha de saco diferente, só isso", Helen costumava dizer. "Eu sou cerebral, e ele é energia pura, é todo o corpo. Quero conversar com ele, saber o que pensa, o que sente. Ele quer me escalar como se eu fosse um brinquedo."

Não houve habilidade nem reclamação que impedisse Helen de sentir-se deprimida e envergonhada pela incapacidade de dar ao filho o que acreditava que ele queria e merecia.

A delicadeza de Helen não precisava comprometer seu relacionamento com o filho. Tampouco o desejo de Clara por um filho 'à sua imagem e semelhança' era garantia de conseguir algo mais que compartilhar com ele uma ou outra grande aventura, um sonho de vida qualquer. Mas isso revela algo que por anos foi óbvio demais a ponto de passar despercebido. A mesma dinâmica que leva uma pessoa a gostar ou desgostar de alguém ou a se dar bem ou não com alguém se aplica também a pai e filho e, mais especificamente, a mãe e filho.

Existem diferenças inatas significativas entre homens e mulheres, meninos e respectivas mães. Além disso, tanto os meninos quanto as meninas apresentam grande diversidade de temperamentos, aquelas qualidades da personalidade que fazem de nós quem somos.

A pessoa pode ser introvertida ou extrovertida, ativa ou quieta, tímida ou destemida. A diferença entre mãe e filho pode ser fonte de admiração e atração entre os dois, como pode tornar-se obstáculo quase intransponível para uma ligação afetiva legítima. Como a mãe deve lidar com as diferenças que percebe entre ela e o filho? Onde essas diferenças costumam aparecer com maior freqüência?

Corpo Doente ou Lar Doente?

A psicologia infantil produziu sua cota de equívocos. Pode-se afirmar que uma de suas maiores mentiras foi a visão outrora adotada de que 'mães frias' causavam autismo em seus filhos. A relação com mães indiferentes, insensíveis, rezava a teoria, levava a criança a se refugiar emocionalmente e adotar atitudes autísticas. Via-se o autismo como uma manobra proposital, embora inconsciente, que protegia emocionalmente a criança debilitada da mãe 'tóxica'. 'Tudo vem do ambiente' era o lema da época.

Daquele tempo para cá, aprendemos que a verdade é justamente o contrário. O autismo, por exemplo, é uma síndrome neurológica que envolve deficiências na linguagem e no processo de socialização. Mães não causam autismo tanto quanto não causam dislexia nem diabetes. A frieza que os especialistas da área médica julgavam causadora do autismo, no fundo, não passava de uma triste, mas compreensível, reação das mães cujos filhos costumavam rejeitar seus sorrisos, abraços e carinho. Imaginem a frustração e o sentimento de culpa dessas mães injustamente condenadas!

Esses deslizes nos preocuparam a ponto de levarmos o pêndulo para o extremo oposto. A biologia como destino virou consenso. De repente, a todo momento a pesquisa médica encontrava novas evidências biológicas em um arsenal de estados humanos, como depressão, ansiedade, distúrbio obsessivo-compulsivo, dificuldades de aprendizado, de concentração e muitos outros aspectos mais sutis da personalidade. Os avanços na neurociência e na neuroquímica e a pesquisa genética promoveram e embasaram essa explosão. Os cientistas acumulavam rapidamente quantidades imensas de informação, com base nas quais declaravam, acima de tudo, as falhas biológicas, e não as hereditárias, como responsáveis por tantos problemas e doenças infantis. As mães, proclamavam, eram vítimas, e não perpetradoras de crianças difíceis.

A mesma dinâmica que leva uma pessoa a gostar ou desgostar de alguém ou a se dar bem ou não com alguém se aplica também a pai e filho e, mais especificamente, a mãe e filho.

Assim, se passou de um extremo ao outro. Felizmente, o pêndulo está assumindo um ritmo mais equilibrado. As descobertas dos pesquisadores desenvolvimentistas confirmaram o que qualquer mãe de dois ou mais filhos constata na prática. As crianças não são iguais. Dotadas ou privadas por questões genéticas, nascem com diferentes cérebros e corpos, bem como diferentes temperamentos. Há aquelas notoriamente difíceis de apaziguar, como há outras que são só palavras doces e sorrisos a infância inteira. Existem as prestativas e as observadoras. Algumas adoram brincar de lutar e outras detestam.

Mas os pesquisadores não pararam por aí. Se as crianças apresentam temperamentos singulares, os adultos em que se tornam, e também as mães em que se tornam, não devem pela lógica preservar o temperamento? A interação de temperamentos provou-se decisiva: como mãe e filho se 'ajustam' (ou não) explica muito do que acontece no relacionamento dos dois. Mães e filhos com temperamentos compatíveis fazem tudo melhor juntos do que aqueles cujos temperamentos são incompatíveis. Certas mães e filhos assentam como uma luva; outros são como água e óleo.

Tanto a natureza como a educação importam. A natureza fornece um modelo básico do que a criança é, seus potenciais e fraquezas. Ao mesmo tempo, deixa aberta uma janela de oportunidades para o ambiente agir, com forças poderosas o suficiente para atuarem por muitos e muitos anos. A pesquisa genética parece dizer-nos, por exemplo, que determinados genes podem predispor um jovem à agressividade associada ao gosto pelo risco. A maneira como é educado – os valores que aprende, os limites que lhe impõem, o respeito e a confiança que os adultos de sua vida lhe inspiram – vai definir se esses traços de personalidade farão dele um campeão de futebol ou um marginal. Dependendo do modo como a tratamos, uma criança tímida pode tanto tornar-se socialmente ansiosa como autoconfiante na idade adulta. A criança travessa pode igualmente transformar-se em um tolo irresponsável ou em um homem cheio de vida. O importante, pois, é o que os pais fazem com aquela janela.

Tirando Proveito dos Diferentes Temperamentos

Retornemos ao caso de Clara, dez anos depois. Ela de fato teve o filho prototípico descrito em seu classificado, porém os dois não estão se dando tão bem quanto ela planejou.

Por ser um mais voluntarioso e competitivo do que o outro, passam a maior parte do tempo em guerra do que em paz. O ritmo frenético de Clara, capaz de ocupar a agenda de duas mães, conflita com o do filho, inscrito em aulas de esportes suficientes para dois garotos normais. Nenhum ouve o outro, não se comprometem entre si, tampouco pedem desculpas. O menino detesta a escola e seu rendimento é fraco. Precisa de ajuda no dever de casa, mas, se a mãe se propõe a ajudá-lo, sempre acabam em furiosas brigas.

A pesquisa genética parece dizer-nos, por exemplo, que determinados genes podem predispor um jovem à agressividade associada ao gosto pelo risco. A maneira como é educado – os valores que aprende, os limites que lhe impõem, o respeito e a confiança que os adultos de sua vida lhe inspiram – vai definir se esses traços de personalidade farão dele um campeão de futebol ou um marginal.

Não estamos querendo dizer com isso: "Cuidado com o que deseja, porque você pode conseguir". Só queremos deixar claro que, quando se trata de criação de filhos, nada há de absolutamente seguro. São poucos os pais que, de tão afinados com os filhos, acertam em quase tudo o que fazem e não encontram grandes dificuldades no caminho. Há aqueles que, dado o péssimo entendimento com os filhos, por mais que se esforcem, não conseguem dar a eles o que precisam. Em outras palavras, você nem sempre pode escolher o que recebe na vida, mas com certeza pode aprender a viver da melhor maneira possível com o que recebe.

Clara, devemos confessar, é uma personagem inventada, mas Alice e Eddie são mãe e filho de verdade.

Alice, uma mulher de 42 anos, se divorciou há três, quando seu único filho, Eddie, tinha apenas 1 ano. Alta executiva de uma agência imobiliária, tentava administrar a casa com a mesma competência da vida profissional. Raramente, porém, conseguia. Eddie, pelo menos assim lhe parecia, vivia exclusivamente para frustrar os desejos dela. Se precisasse da cooperação dele, sobretudo de manhã cedo, quando tinha de sair voando para o trabalho, ele demonstrava ainda menos boa vontade. "É incrível como ele joga as roupas pela casa e o estado em que consegue deixar o banco do carro", lamentava Alice. "Não posso pedir que faça nada. O menor pedido transforma-se em uma guerra mundial."

Levar Eddie à escola era um pesadelo. Ele se agarrava nas pernas da mãe e gritava para que ela não fosse embora. Quando os professores lhe disseram que o menino havia ficado bem depois que ela saíra, Alice se sentiu ofendida e com raiva. "Não entendo por que ele faz esse escândalo todo", perguntava-se. "Ele detesta a minha companhia, ora."

A hora de dormir também não deixava a desejar. Ficavam até depois das três da madrugada acordados, envolvidos com mil histórias e negociações demoradíssimas. Apesar de todas as reclamações de Alice, a noite quase sempre terminava com Eddie adormecendo muito tarde, sem escovar os dentes, na cama da mãe derrotada.

Não havia um momento do dia em que Eddie não precisasse de alguma coisa. Se ele não encontrasse o prato azul onde costumava comer seus cereais, jogava o de cor errada e os cereais pela cozinha. Se Alice desligasse o computador antes de ele terminar de usá-lo, estraçalhava o teclado. Reclamava de quase tudo o que a mãe fazia e tinha freqüentes ataques de mau humor.

Ao contrário de Alice, que cuidava da vida com a eficiência de um relógio suíço, Eddie estava sempre adiando tudo. Não parava em lugar nenhum e vivia trocando de atividade, e essa absoluta falta de regra constituía grande obstáculo para a mãe. "Por que ele nunca consegue seguir uma programação?", ela se perguntava. "Ser mãe sozinha já não é nada fácil, ainda mais com o filho sempre pisando no meu pé."

Comum ou não, o dilema de Alice e Eddie era significativo. Apesar do amor que os unia, estavam fadados a anos de brigas. Infelizmente, mesmo com toda a indignação, Eddie sentia-se um fracasso como filho e ela, um fracasso como mãe. Por sorte, porém, grandes problemas às vezes se resolvem com soluções simples. Alice teve sabedoria suficiente para pedir ajuda e aprendeu a melhorar sua vida doméstica em pouco tempo. Vejamos os métodos que empregou para administrar diferenças de temperamento.

Reconheça a Frustração

Frustração e conflito são inevitáveis até nos relacionamentos mais harmoniosos entre mãe e filho. No entanto, reclamações, críticas e raiva (sobretudo em relação a características de temperamento que podem estar além do controle do menino) podem feri-lo e, ironicamente, proporcionar maior resistência. A mãe que vive reclamando acaba se sentindo uma chata rabugenta, papel com que certamente jamais sonhou. É importante que a mãe admita para si mesma e enfrente com coragem os aspectos de seu relacionamento com o filho que a incomodam.

O principal ingrediente que Alice e Eddie fomentavam era a frustração dela de não conseguir em casa o mesmo êxito alcançado no trabalho. Eddie era insubordinado, não gostava de receber ordens; as prioridades da mãe não entravam em sua agenda. Ambos eram incapazes de entender os pontos de vista e os sentimentos do outro. Os meninos são, por natureza, trabalhosos e exigem muito da energia materna, e a confusão em que se tornou a família de Alice se agravou com o divórcio, quando ela teve de assumir sozinha a educação de Eddie.

A consciência é o primeiro passo para a mudança. Assim que Alice reconheceu sua frustração em relação aos constantes desentendimentos com Eddie e a incompatibilidade de temperamento dos dois, conseguiu dar os primeiros passos para o fim da guerra.

Aprenda sobre Desenvolvimento e Temperamento

Nem tudo o que a criança faz deve ser visto como mau comportamento, e raras vezes é tão malicioso ou pessoal quanto acredita a mãe preocupada. Um passo para diminuir os conflitos de temperamento é procurar saber como o desenvolvimento do seu filho – no plano físico, emocional e cognitivo – afeta o comportamento dele.

Um passo para diminuir os conflitos de temperamento é procurar saber como o desenvolvimento do seu filho – no plano físico, emocional e cognitivo – afeta o comportamento dele.

Por exemplo, a criança em período pré-escolar passa quase todo o tempo aprendendo sobre o mundo à sua volta e sobre a própria autonomia e independência – uma das razões por que gostam tanto de dizer não à mãe. Os adolescentes também buscam individualidade nessa fase em que se encaminham para a idade adulta. Embora o comportamento dos adolescentes não seja dos mais atrativos, as mães conseguem agir com maior habilidade quando compreendem o contexto em que o comportamento ocorre. Muitos conflitos de personalidade podem ser resolvidos com calma e sem mágoas se as mães se concentrarem em buscar soluções em vez de levar para o lado pessoal (admitimos, muito mais fácil falar do que fazer).

Estude o Comportamento

O mau comportamento tem sempre alguma razão, ainda que na maioria das vezes nem mãe nem filho saibam qual seja. Embora você sinta necessidade de entrar em ação, vale a pena parar para fazer algumas perguntas a si mesma, para captar a mensagem que seu filho tenta transmitir por meio do comportamento e das palavras. De onde vem esse comportamento? Ele está servindo para pedir o quê? Será que é tão ruim assim quanto parece?

Alice questionou-se e obteve respostas interessantes. Descobriu que as birras de Eddie na escola e na hora de dormir revelavam o aborrecimento dele por ela não lhe dedicar maior atenção e mais tempo em casa. Descobriu também que muitas de suas exigências, como a de só comer cereais no tal pote azul, para ele faziam sentido, não havia ali malícia. Como para Eddie era difícil controlar questões importantes da própria vida, como o eterno entra-e-sai da mãe, passou a gerenciar por computador atividades menores. Isso não só lhe fazia sentir-se bem, como também lhe dava um senso simbólico de ser capaz de contrabalançar o sentimento de impotência.

Eddie também lhe contou, quando indagado, que às vezes diminuía a velocidade justamente por causa da rapidez dela. Ele temia que, se não rastejasse e procrastinasse de vez em quando, ela se tornaria cada vez mais rápida. Ao buscar o lado bom daquilo que parecia ruim, Alice deu um passo fundamental para entender o filho e saber lidar melhor com ele.

Mire-se no Espelho

Se dois temperamentos juntos não dão samba, e pertencem a mãe e filho, então cabe à mãe tentar ver que passo ela própria está errando na dança. É calma e ponderada ou desatenta e imprevisível? Mal-humorada e irritável ou alegre e otimista? É do tipo que só se sente à vontade no comando, dando as ordens? Alice chegou à conclusão de que sempre fizera questão das coisas certinhas; por isso gostava tanto de administrar seus funcionários e planejava tornar-se contadora. Os números se somam perfeitamente: se a soma der errado, você vai lá, procura o erro e faz o acerto. Viu-se uma amante do poder. O que mais queria de Eddie era submissão. Não que não amasse o filho. Era uma pessoa impaciente, louca para descobrir como moldar o comportamento de uma criança. "Ele merece uma mãe flexível", concluiu. "Uma mãe que goste de disputar com ele."

Poucos pais gostam de disputar com os filhos, e Eddie não precisava de uma nova mãe, nem queria. Alice estava certa ao perceber que o que seu filho precisava mesmo era de uma mãe capaz de se adaptar às suas necessidades e ao seu temperamento com flexibilidade. Reconhecer a própria rigidez e a necessidade de controlar tudo permitiu-lhe respeitar e acolher as mesmas características no filho.

Procure Sentir Empatia

Muito mais que ser amado e admirado, pode-se dizer que ser compreendido é uma das experiências humanas mais poderosas.

Mas não é nada fácil sentir pelos sentimentos de seu filho quando estes são negativos e parecem dirigidos a você. As mães se deliciam com beijos e abraços, mas se sentem confusas e ofendidas diante de atitudes ou palavras desagradáveis – duas coisas que às vezes acontecem dentro de uma única hora.

Alice se desdobrou para aprender a ouvir melhor as frustrações de que Eddie padecia por causa de seu temperamento. Quando o menino entendeu que a mãe estava disposta a ouvi-lo, disse-lhe, aos prantos, que às vezes pensava que ela não gostava de tê-lo como filho. Alice encontrou um jeito de convencê-lo de que havia compreendido a dor que ele sentia e de que modo ela contribuía para esse sentimento. Apesar da tenra idade, esses momentos de empatia e franqueza abriram novos canais de comunicação para o pequeno Eddie, aos 4 anos, optar por um comportamento mais cooperativo na maior parte do tempo.

Não o Culpe

Temperamento não é culpa da pessoa, tanto quanto olhos azuis ou cabelo vermelho não são culpa de ninguém. Nem mãe nem filho merecem culpa por serem como são, embora ambos sejam responsáveis por suas escolhas e comportamento. Ficar se culpando pouco acrescenta de construtivo e, ironicamente, pode piorar a situação. Uma autocrítica severa demais abate a pessoa. Proclamar-se "a pior mãe do mundo" deixava Alice infeliz, porém, de maneira sutil, a fazia sentir-se um pouco aliviada de sua culpa, o que sem querer acabava distraindo-a de suas deficiências reais, menos catastróficas do que ela imaginava, mas reais.

Quando Alice se deu conta de que os pais também são humanos e imperfeitos, passou a adotar uma autocrítica mais sadia e realista, mais de acordo com suas possibilidades. O relacionamento com o filho se beneficiou com isso.

Concentre-se nas Soluções

Além de conhecer os sentimentos de Eddie e criar assim uma empatia entre os dois, Alice precisava examinar a situação com a mesma lógica que empregava para resolver problemas do trabalho. Quando e como, ela tentava descobrir, se davam os atritos? Que fatores e condições os exacerbavam? O que os solucionava mais rapidamente? Percebendo que sua relação com Eddie era muito carregada de emoção e muito próxima para permitir uma visão clara, Alice adotou os métodos de estudo de caso empregados nos negócios e nas escolas de Direito. Ela imaginava que conselhos daria a uma mãe que tivesse um filho como Eddie. Fazendo o papel de terapeuta familiar, Alice entrevistou sua mãe

Construindo uma Ponte: Provocando Empatia em Seu Filho

Não existem duas pessoas no mundo que o vêem exatamente da mesma maneira, por mais que se amem. Tente seguir estas recomendações e você vai fortalecer os laços de amor e respeito entre você e seu filho:

Antes de qualquer coisa: aceite seu filho como ele é. A maioria das mães, quando indagadas, é capaz de fazer uma lista de traços de personalidade e de atitudes de seus filhos que gostaria que eles mudassem. Entretanto, simplesmente não escolhemos nosso temperamento, tampouco temos capacidade de mudar o comportamento e os sentimentos dos outros. Você conseguirá resolver com maior facilidade os problemas com seu filho quando aceitar as fraquezas dele como aceita as qualidades, e ainda poderá ajudá-lo a aprender a lidar da melhor maneira possível com elas.

Ouça. Seu filho fala com você por meio do comportamento, do corpo bem como das palavras. Um recurso de comunicação conhecido como 'audição efetiva' ensina os pais a ouvir os sentimentos do filho e depois refletir sobre esses sentimentos abstraindo-se de qualquer julgamento. Por exemplo, quando seu filho bate a porta e corre ruidosamente para o quarto, você poderia dizer a ele: "Volte aqui e feche a porta com calma!" ou "O que foi agora?". Mas poderia também dizer calmamente: "Parece que você está mesmo com muita raiva". O que as crianças mais querem é ser compreendidas. Uma reflexão sem julgamento pode convidar seu filho a se abrir mais sobre o que aconteceu, e depois juntos, vocês resolvem a questão da porta.

Demonstre sincera curiosidade. O mundo de seu filho é um lugar fascinante e complexo, e uma maneira de entender seu comportamento é, pura e simplesmente, perguntar. Certifique-se de que você deseja realmente saber a resposta dele. As crianças costumam perceber quando os pais estão fechados para ouvir. Se você pedir que seu filho lhe explique como ele vê as coisas, vai conseguir informações até então despercebidas. Por exemplo:

"Do que você gosta em [e diz o nome do amigo dele de quem você menos gosta]?" em vez de: "Acho que ele é uma má influência para você".

"Fale para mim das músicas de rap de que você mais gosta" em vez de: "Detesto essa porcaria".

"Como podemos resolver esse problema" em vez de: "Faça porque mandei e pronto!".

(Cabe salientar que ouvir com curiosidade não quer dizer que você concorde com as opiniões ou com o comportamento de seu filho. Você está criando um ambiente de respeito em que os dois, juntos, podem se esforçar para solucionar diferenças.)

Trate seu filho com respeito. Empatia e amor se desenvolvem em um ambiente de respeito mútuo. Muitas vezes os pais insistem para que os filhos lhe respeitem, mas eles mesmos não respeitam os filhos. Repare que respeitar o filho não significa outorgar-lhe privilégios ou responsabilidades adultas. Significa escolher não envergonhá-lo ou constrangê-lo em nome da disciplina e reconhecer o direito dele de alimentar os próprios pensamentos e sentimentos, até mesmo quando diferem dos seus. Respeito e dignidade mútuos formam uma base sólida sobre a qual o relacionamento com seu filho pode prosperar.

hipotética. "Que armadilhas", ela se perguntava, "existem na relação dessa mulher com o filho e como eles poderiam evitá-las? Como a mãe poderia dividir o problema das diferenças de temperamento em partes possíveis de resolver? E como priorizá-las para torná-las suportáveis e exeqüíveis?".

Ficar se culpando pouco acrescenta de construtivo e, ironicamente, pode piorar a situação. Uma autocrítica severa demais abate a pessoa.

Agora o temperamento de Alice tornou-se seu aliado. Aproveitando-se do talento para resolver problemas de negócios, Alice logo apareceu com várias excelentes soluções para os próprios problemas. A espontaneidade é maravilhosa, mas muitos pais descobrem que são mais eficazes quando agem refletidamente em vez de reagir emocionalmente. Uma boa reflexão e um bom planejamento compensam.

Fixe-se nas Qualidades

Como executiva, Alice havia aprendido que a crítica nunca rendeu os melhores frutos de seus funcionários. Com base nessa experiência, fez deliberado esforço para pensar nas qualidades de Eddie e de si mesma. Ela reparou que ele não era teimoso, e sim determinado, como ela. Sua abundância de energia era saudável: era a exaustão dela no final do dia com aquele seu ritmo elétrico que o fazia parecer opressivamente hiperativo. Até o jeito mandão dele ela passou a ver como vantagem; se devidamente orientado, poderia tornar-se um grande líder.

Não estamos falando de semântica. Negação e eufemismo raramente, ou praticamente nunca, servem de catalisadores para a harmonia familiar. Assim como no caso de Alice, tentar ver o comportamento do filho em um contexto de capacidade e potencial pode ajudar a mãe a perceber virtudes que suas frustrações antes não lhe permitiam enxergar. E todos nós, inclusive as crianças pequenas, respondemos de maneira mais positiva quando não nos criticam nem nos culpam. Passar a lembrar sempre do lado bom do filho, o que em si já causa bem-estar, pode de uma hora para outra transformar um problema gigante em um microproblema e aumentar nossa aceitação em relação ao filho e a nós mesmos.

Seja Criativo e Variado

Alice e Eddie terminaram suas guerras ouvindo, compreendendo a singularidade dos temperamentos e buscando mutuamente soluções dignas para os problemas que enfrentavam. Supõe-se que, com o passar do tempo, eles se verão diante de novos desafios e terão de trabalhar juntos para resolvê-los.

É o processo que importa, e não a solução específica. As crianças estão sempre mudando, e uma estratégia – uma observação, um tom, uma técnica – não vai funcionar para sempre em todas as situações. As crianças vão acabar superando-a. Cada tática eficaz que você descobrir vai expandir seu repertório e acrescentar ferramentas ao seu patrimônio materno. Se você tem mais de um filho, provavelmente já percebeu que o que funciona com um nem sempre funciona com o outro. Compreender a diversidade de temperamentos implica constatar como duas crianças (e você, a mãe delas) podem ser ao mesmo tempo tão parecidas e tão diferentes. Criar filhos é talvez o trabalho humano mais difícil e o menos estudado. Use todos os recursos disponíveis – outras mães, profissionais, livros, artigos de jornal, cursos, qualquer coisa.

E não hesite em usar criatividade. Alice tentou várias estratégias até descobrir as que funcionavam. Passou a ver seu sentimento de frustração como um sinal de necessidade de mudança, que lhe permitiu encontrar novas maneiras de ver o filho e lidar com ele.

O filho chega a este mundo com suas limitações e potencialidades únicas, que a mãe e o lar vão influenciar profundamente. O psiquiatra infantil Stanley Greenspan descreveu esse 'toma lá, dá cá' como uma dança de mãe e filho, que podem formar um par tão belo quanto Ginger e Fred.[1] Mas o próprio Greenspan, ao escrever essa ótima metáfora, sabia que às vezes os pais dançam com dois pés esquerdos. Às vezes, a criação dos filhos precisa apenas de uma afinação; outras, de um reparo geral.

Os capítulos seguintes mostram-nos que as mães em geral não precisam de uma linguagem totalmente nova, só um ajuste em alguns pontos para tornar a criação dos filhos boa para qualquer criança: dar amor, aceitação, empatia, atenção, estrutura e disciplina. Ao abrir os olhos para padrões que se perdem no dia-a-dia, a mãe – tenha ela temperamento oposto ou parecido como o do filho – pode alargar e aplainar os caminhos que os unem.

CAPÍTULO 6

Construindo um Homem Bom

Transmitindo Valores e Princípios Morais

Pais, professores, líderes espirituais, pediatras, psicólogos infantis e mesmo os avós concordam em uma coisa: as crianças precisam de amor *e disciplina*. Muitos pais, porém, sentem dificuldade de colocar em prática a disciplina. As mães solteiras principalmente devem ver-se em apuros ao lidar com a disciplina, sobretudo à medida que os filhos vão ficando cada vez mais altos e fortes do que elas. É essencial que as mães descubram maneiras eficazes de orientar o comportamento dos filhos desde bem pequenos, para transmitir-lhes valores e princípios morais e evitar as brigas por poder (às vezes até corporais), tão destrutivas tanto para as mães como para os filhos.

Os pais costumam falhar na questão da disciplina por uma série de motivos. Às vezes, realmente acreditam que estão fazendo o melhor para os filhos (apesar das provas em contrário cada vez mais evidentes). Outras, determinam-se a não fazer o que os próprios pais fizeram. Talvez desejem a 'felicidade' dos filhos e acreditem que limites e disciplina são coisas muito pesadas para a auto-estima delicada de uma criança. Ou, ainda, sentem-se cansados demais para lidar com a disciplina – sensação que a maioria das mães solteiras já experimentou na vida.

Bom caráter e saúde psicológica não são frutos do acaso, tampouco amar basta. Sem a apropriada disciplina, as crianças se desenvolvem em terreno instável.

Independentemente da razão, a incapacidade de estabelecer uma disciplina eficaz quase nunca leva a um resultado positivo. Com muita freqüência pais e mães se rendem aos gemidos, exigências, descontentamento e mau comportamento das crianças. Todos sabemos o custo imediato desse tipo de tolerância – a choradeira, as brigas, o barulho. Contudo, quem paga mais caro por causa de nossa educação indulgente são nossos filhos.

Bom caráter e saúde psicológica não são frutos do acaso, tampouco amar basta. Sem a apropriada disciplina, as crianças se desenvolvem em terreno instável. Os filhos que governam a si próprios e vivem segundo o majestoso *eu* viram adultos atormentados, que, por sua vez, atormentam os que vêem pelo caminho com seus nefastos *I*s: *I*rritabilidade, *I*rresponsabilidade, *I*mpulsividade, *I*maturidade, *I*lusões de *I*nvencibilidade, *I*nsaciabilidade e *I*moralidade.

As crianças privadas de estrutura, expectativas e limites consistentes, de saber onde terminam os seus direitos e onde começam os dos outros não aprendem a tolerar a vida como ela é. Muitas experiências não são tão excitantes nem proporcionam satisfação imediata e envolvem estresse, fracassos e trabalho. Como conseqüência, podem tornar-se pessoas fracassadas, apáticas e inábeis no estudo, no trabalho ou nos relacionamentos.

Na pior das hipóteses, a falta de disciplina na infância provoca tendência à delinqüência, à depressão, à impulsividade, ao abuso de drogas e álcool, à insatisfação sexual e aos relacionamentos problemáticos. E, o que não é tão óbvio, limites inadequados podem fazer até as crianças muito quietas e obedientes experimentar, desnecessariamente, ansiedade, timidez e dificuldade de lidar com a raiva.

Apesar desse sombrio prognóstico, restaurar a ordem no lar não é tarefa das mais intimidantes. Neste capítulo, estudaremos o significado e a dinâmica da moral e da disciplina e, no seguinte, os métodos disciplinares propriamente ditos.

Moral e Disciplina

A disciplina é necessária para o crescimento moral. Porém, moral não se restringe a bom comportamento e obediência.

A moral se manifesta por uma profunda convicção do que é certo e do que é errado. Abrange a habilidade de viver eticamente em um mundo complexo, estressante, corrupto e cheio de tentações – especialmente quando não há ninguém observando e orientando seu filho, quando estão lhe dizendo para fazer o que não deveria ou quando o 'certo' convencional está errado.

Integridade, já foi dito, significa fazer o que é certo mesmo quando ninguém está olhando. O bom discernimento moral baseia-se em um caráter forte e em uma grande confiança nos próprios valores. Os filhos criados com disciplina que não são incentivados a agir e julgar por si mesmos podem se comportar bem, embora, talvez, não consigam progredir moralmente.

A prática é necessária ao aprendizado. Portanto, devemos oferecer às crianças oportunidades de exercitar discernimento moral e responsabilidade, sabendo que é inevitável que elas errem. Sem essa prática, as crianças só podem contar com valores e limites vindos de fora (a fonte externa de controle). Dessa maneira, ficam à mercê das fantasias de colegas ou desorientados na ausência de alguma autoridade.

Sabedoria, caráter e bom julgamento desenvolvem-se por uma fonte interna de controle – a habilidade de analisar opções, imaginar conseqüências e agir com sabedoria e responsabilidade. Essa habilidade não é inata; precisa ser ensinada. O crescimento moral só acontece com a prática regular – centímetro por centímetro, julgamento por julgamento – em lares nos quais pais morais oferecem aos filhos muitas oportunidades, adequadas à idade, permitindo-lhes, assim, mostrarem-se merecedores de confiança, ao mesmo tempo em que adquirem maior confiança.

O Que É Disciplina?

Disciplina são todas as maneiras de ajudar seu filho a se comportar bem e aprender a viver uma vida moral. De fato, a palavra *disciplinar* tem a mesma raiz latina da palavra *discípulo* e possui um significado muito simples: 'ensinar'.

Disciplinar abrange estabelecer limites, fornecer estrutura, desencorajar o mau comportamento e inspirar o bom, ensinar a discernir expectativas e orientar para que se saiba em que se aplicar.

O Que a Disciplina Oferece?

Embora seja desejável que as crianças se lembrem sempre de agradecer nas ocasiões devidas, a boa educação não passa de um pequeno aspecto do alcance da disciplina. Uma boa disciplina aumenta a capacidade de distinção entre o certo e o errado, de domínio da raiva, de julgamento, autocontrole, tolerância a frustrações e falhas, alheias e próprias, de bom senso na definição de necessidades e causas nobres, de respeito e amor aos outros e de trabalhar com orgulho e zelo. Resumindo, a disciplina sadia aliada ao amor é a melhor garantia que os pais podem dar ao filho de bem-estar psicológico e de uma formação sólida que lhe proporcione segurança, alegria e satisfação ao longo da vida.

Sinais de Deficiência Disciplinar

Seu filho não a escuta.
Trata-a mal.
Você costuma desculpar o comportamento dele.
Você o livra das conseqüências fora de casa.
Você faz tarefas domésticas ou o dever de casa por ele.
Você grita muito.
Você se sente ranzinza.
Você lhe diz coisas feias.
Você se pega tendo de barganhar e prometer recompensas em troca de cada milímetro de cooperação e bom comportamento.

Você repetidamente ameaça, adverte e conta até três, mas raramente cumpre o que diz, mesmo quando seu filho não lhe obedece.
Você costuma deixar as coisas rolarem até que, desesperada, explode de frustração e raiva.
Você sente como se estivesse sendo manipulada, mas não consegue descobrir como mudar as coisas.
Você se vê explicando o tempo todo cada coisa que pede que ele faça.
Você raramente, ou nunca, diz 'não e ponto'.
Você é incapaz de discipliná-lo em público.
Você freqüentemente racionaliza sua incapacidade de levar a cabo uma advertência.
Você 'pisa em ovos' para não o chatear ou desagradar.
Muitas vezes, a tarefa de educar um filho lhe parece algo como dirigir um carro de corrida fora de controle.
Você tem momentos, que duram dias, semanas ou mais, em que não gosta de seus filhos (ou de si própria).

Suplicando por Educação

Seu filho precisa de limites e estrutura para crescer bem. Tal como um tomateiro que se curva na direção do sol e da água, a criança que não pára de perturbar a mãe está procurando os limites de que precisa para crescer bem.

Seu comportamento cada vez pior destina-se, em grande parte, a testar você, a mãe, para descobrir que atitudes ou palavras ultrajantes vão finalmente provocar sua reação para dar-lhe a disciplina que ele mesmo sabe que precisa.

Com efeito, a criança começa a adquirir confiança quando é calma e consistentemente disciplinada. A disciplina ao mesmo tempo generosa e firme permite que a criança relaxe, pois sabe que conta com o controle dos pais e, portanto, seu mundo é um lugar seguro. Embora nunca vá admitir, lá no fundo seu filho quer essa ajuda. Talvez você se surpreenda com a criança cooperativa e satisfeita que se revelará quando conseguir impor-lhe a prática da disciplina.

A Disciplina Apropriada

Pratica-se a boa disciplina com:

Ponderação, sem simplesmente despejar sobre a criança uma regra atrás da outra, tampouco discipliná-la de acordo com seu humor ou sua agenda do dia...
Responsabilidade, aceitando completamente o crédito ou a culpa por seu sucesso ou fracasso e reconhecendo a sua maior responsabilidade na criação do problema.
Consistência, com regularidade suficiente.
Critério, com consideração e atenção aos porquês, como, onde, quando e o quê.
Benevolência, com carinho e empatia pelo sentimento do filho.
Boas razões, ou seja, sempre pensando no bem-estar de seu filho.
Amor, movida pelo desejo sincero de tornar o filho um ser humano autoconfiante, satisfeito e decente.

Disciplina Personalizada

Uma disciplina saudável leva em consideração o desenvolvimento de seu filho até o ponto em que se encontra. Emprega palavras que ele compreende e conseqüências que 'ferem, mas não matam'. A disciplina oferece à criança tempo para absorvê-la. Reconhece a necessidade de umas briguinhas como parte do processo de separação e transformação do filho em uma pessoa madura. E parte de uma percepção sensata do que é razoável esperar do comportamento de um menino de acordo com a idade, o nível de maturidade e o contexto da situação.

Isso significa que, dentro de uma mesma família, as crianças podem precisar de doses e tipos de disciplina diferentes. Uma levantada ocasional de sobrancelha pode funcionar para um menino; uma criança voluntariosa, porém, talvez necessite de métodos mais demorados e firmes. Igualmente, haverá momentos ou áreas da vida em que seu filho vai precisar de uma dose maior de disciplina que a habitual. Uma educação igual para todos os filhos provavelmente não logrará êxito, pois não fornecerá à criança a disciplina de que ela precisa na medida de seu desenvolvimento.

Existem muitas formas de avaliar o sucesso de seu desempenho na questão da disciplina. Uma, não é de surpreender, é o grau de cooperação apresentado pelo seu filho. Outra, a confiança que você sente ao colocá-la em prática. Muitas mães escolhem métodos disciplinares (que leram em livros, ouviram de vizinhos ou viram em um programa de entrevistas) que as deixam pouco à vontade.

A disciplina revela-se muito mais eficaz quando praticada com confiança. Se seu coração diz: "Não está funcionando", dê-lhe atenção.

Talvez a melhor maneira de, a longo prazo, conhecer os efeitos de sua educação disciplinar seja verificar o que seu filho está aprendendo e decidindo sobre ele, você e o mundo à sua volta. Isso geralmente não corresponde ao que os pais acreditam que seja. À medida que seu filho cresce e se torna mais articulado, você pode (e deve) conversar com ele para saber o que pensa, sente e decide. É a melhor prova de que ele está apreendendo as lições e os valores que você procura transmitir-lhe.

Rigorosa até Que Ponto?

Muitas mães modernas têm medo de que lares rigorosos gerem filhos zangados, derrotados e vingativos. E, de fato, isso pode acontecer. Porém, e ao contrário de nossas expectativas, os estudos mostram que as crianças criadas em lares severos (mas não abusivos) se dão muito melhor em vários aspectos da vida do que as criadas em lares permissivos demais. Os filhos de pais indulgentes muitas vezes não aprendem a lidar com os limites e as frustrações da vida. Além disso, costumam manifestar muito mais tendências para problemas relacionados à raiva e à ansiedade do que aqueles que recebem uma disciplina firme e amorosa.

A melhor disciplina evita os extremos. Não é nem muito frouxa e permissiva (pródiga em criar filhos egocêntricos e manipuladores), nem excessivamente controladora e severa (capaz de induzir rebeldia e dissimulação).

Devemos buscar o equilíbrio: pais afetuosos e justos, que oferecem todo o apoio, mas, quando necessário, exigem obediência a seus valores e às regras da sociedade.

As Várias Funções da Imposição de Limites

É evidente que a imposição de limites nos ajuda a manter nossos filhos, os que nos cercam e nós mesmos em segurança. Mas isso não é tudo o que os limites podem fazer por nossos filhos. Ao não permitirem que os filhos reinem livremente, ou seja, ao restringirem o que fazem, os pais os ajudam a aprender a tolerar a frustração de não conseguirem o que desejam no momento em que eles querem, fortalecendo sua capacidade de adiar a gratificação (uma paciência de que infelizmente muitos adultos não dispõem). Os limites à agressão física os obrigam a usar palavras em vez de bater ou chutar, a fim de que aumentem seu autocontrole.

[..] ao contrário de nossas expectativas, os estudos mostram que as crianças criadas em lares severos (mas não abusivos) se dão muito melhor em vários aspectos da vida do que as criadas em lares permissivos demais.

Estabelecer limites também demonstra que você, como mãe, não tem medo das reações de seu filho à sua disciplina nem de que ele manipule você. "Fique zangado, desaprove, até não goste de mim agora", falam suas ações resolutas. "Sua infelicidade momentânea não me impedirá de fazer o que devo fazer como boa mãe."

Além disso, ao permitir e reconhecer os sentimentos do filho, a mãe está lhe dando a oportunidade de que ele tanto precisa de extravasar, em escala menor e mais controlável, seus grandes sentimentos de impotência e frustração.

Poucos filhos podem falar de seus conflitos inerentes ao crescimento e seu desejo de continuar o menininho da mamãe. Um número muito maior de crianças, porém, consegue explodir com suas mães porque elas chegaram atrasadas para pegá-los na escola ou porque mandaram o lanche errado. Por mais que sejam desagradáveis esses momentos, escutar e reconhecer os sentimentos do filho ajudará você a evitar desentendimentos maiores que podem acabar afastando-os ainda mais.

Os Direitos da Mãe

O filho é a coisa mais preciosa da vida de uma mãe solteira. As necessidades e os direitos do filho não deveriam reger a casa 24 horas por dia, sete dias por semana? As crianças merecem a melhor criação que podemos oferecer, mas é importante também que você não se esqueça de seus direitos de mãe.

Como boa mãe, você merece:

Autoridade e respeito.
Algum reconhecimento e agradecimento pelo que você faz.
Momentos e lugares privativos que excluem seus filhos.
Tempo para passar não só com seus filhos, mas com outras pessoas amadas e também sozinhas.
Confiar no próprio julgamento quanto à disciplina e outros assuntos relacionados a filhos.
Ter outros interesses além dos filhos.
Considerar também o que você quer ao tomar decisões familiares e pessoais.
Perdão pelos momentos inevitáveis de irritação, impaciência e outras condições humanas muitas vezes consideradas propriedade exclusiva das crianças.

A incapacidade de tratar a si própria com respeito não traz só infelicidade para você; ela causa danos a seu filho, que precisa aprender a tratar os outros (inclusive as mulheres com as quais ele se relacionará no futuro) com respeito e dignidade.

O Que É Ser Esperto?

Um brilhante cientista nuclear que desenvolve armas de destruição em massa é esperto? E um gênio da indústria cuja rentável e famosa empresa derrama seu lixo nocivo nos rios? E o que dizer de líderes políticos que não têm vergonha de fazer jogo duplo, responsabilizar os outros por seus fracassos e – usando o que talvez seja o aspecto mais embaraçoso de sua credibilidade – negar ter feito algo em benefício próprio? Esses homens brilhantes, confiantes e altamente empreendedores são *realmente* espertos?

O que consideramos ser 'esperto' envolve, implicitamente, valores. Nossa consciência nos leva a ter uma opinião mais elevada dos homens, ou meninos, que não ficam maquinando formas de matar o próximo, que tomam cuidado para não poluir o mundo em que vivem e que se recusam a roubar as pessoas que lhe depositaram confiança para exercer uma função pública. Não somos contra o sucesso ou o capitalismo, já que os fracassados podem também 'não ser espertos' no que diz respeito à maneira como conduzem suas vidas. Não é tanto o que a pessoa faz, mas como o faz, com que consciência e benevolência o faz. Isso, para nós, parece a definição correta de 'esperto'.

Muito já foi dito e escrito nos últimos anos sobre caráter. Os currículos escolares tentam desenvolvê-lo; livros e especialistas falam sobre o que é o caráter. Na nossa opinião, os pais devem refletir cuidadosamente sobre os atributos e qualidades que deseja ver no filho, o caráter que, segundo eles, o ajudará a se tornar um homem capaz, confiante e bom. Cada ato de disciplina em cada dia da vida do menino deve conduzi-lo a essas qualidades. Não é tarefa fácil, mas é de vital importância que todos os pais e mães reflitam e assumam a responsabilidade pelo caráter que seus filhos estão desenvolvendo.

Preocupação com o Mundo

Não precisamos de estatísticas ou avisos para saber que nosso mundo e sociedade estão em grandes apuros. Nossos filhos viverão suas vidas no mundo que estamos criando. Como é possível deixarmos de ensiná-los, para o bem deles mesmos, a se importar com o mundo em que vivem? Como transformá-los em meninos e depois em homens, que valorizam o meio ambiente e o mundo?

Podemos oferecer zelo. Sendo mães confiáveis para seus bebês – alimentando-os, tranqüilizando-os e admirando-os – vocês cultivam a sensação de que o mundo é um lugar bom e seguro. Responder aos gestos e sinais dos bebês demonstra que eles podem atuar em seu mundo e influenciar as pessoas importantes que fazem parte dele. Esse sentimento inicial de confiança e poder é a base de uma vida vigorosa e responsável.

Demonstramos zelo. Totalmente apaixonados, seus filhos tentam ser iguais a você. Que tipo de modelo você está apresentando? Você respeita e se importa com o mundo ou o negligencia, suja e explora? E o que essa atitude de abuso do meio ambiente, do lar de seus filhos, lhes diz sobre seu amor por eles?

Aprovamos suas atitudes de zelo. Quando seus filhos pequenos demonstram se importar com outras pessoas ou com objetos, mesmo durante brincadeiras, incentive e comemore a atitude com entusiasmo, orgulho e elogio explícito. Diminuir ou ignorar as preocupações ou os atos do menino acabará por tirar a alegria e entusiasmo de seu interesse pelo ambiente. Já sua admiração pode ajudar a mantê-los.

Fazemos cumprir o zelo. As crianças precisam de limites, até no trato com a natureza. E, quando os transgridem, precisam de conseqüências claras. Elas precisam aprender que sujar a natureza é uma ofensa tão grave quanto estragar a parede da sala de estar. Precisam aprender que o mundo *é a casa delas* também. Se desculparmos nosso filho por desrespeito às regras, haverá boas chances de que se transforme em um adulto que se arroga o direito de ficar acima das leis da natureza e da razão humana.

Ensinamos zelo. As crianças adoram aprender lições sobre a natureza – através de um livro, um programa de televisão ou uma caminhada com a mamãe. Cada folha caída, cada pomba arrulhando é uma oportunidade para educar. Enquanto ensina, tente ficar no nível de seu filho; escutar, por exemplo, que um dia talvez não exista mais água potável para beber ou ar para respirar pode assustar ou desencorajar uma criança mais do que inspirar.

Transmitir a nossos filhos – os consumidores, pais, presidentes executivos e geradores de políticas do futuro – uma consciência ambiental é um de nossos maiores desafios. Ao ajudá-los a aceitar que fazem parte do mundo, que estão

Desenvolvendo uma Consciência Social em Nosso Filho

Incentivar em nossos filhos o bom caráter e a preocupação com o mundo à sua volta não é difícil. Você pode incluir essas atividades e idéias em sua casa. Todos lucrarão.

Troque idéias. Quando estiverem vendo o noticiário da tevê ou ouvindo rádio, lendo jornal ou assistindo a um programa sobre o meio ambiente, pobreza, racismo ou outras questões relativas à nossa sociedade, disponha de algum tempo para discutir esses assuntos com seu filho. Em vez de fazer discursos, pergunte o que ele acha. Compartilhar seus valores com seu filho e conhecer os dele a ajudará a incentivar a formação de caráter e a compaixão.

Crie um lar atencioso. Se o meio ambiente é importante para você, encontre tempo para reciclar e escolher produtos cuidadosamente e convide seu filho a ajudar. Pratique a honestidade, o respeito mútuo e a generosidade para com os outros. Fale sobre esses valores com freqüência e deixe que no dia-a-dia eles orientem suas atitudes.

Coloque suas idéias em prática. Seu filho pode aprender que tem a capacidade de mudar o mundo à sua volta, mesmo sendo muito jovem. Você pode fazer com que as ações de solidariedade façam parte de sua vida familiar. Por exemplo, leve roupas que já ficaram pequenas e brinquedos para um abrigo, adote uma família nas festas de fim de ano, junte-se a uma caminhada para angariar fundos para uma causa em que ambos acreditem ou simplesmente passe uma hora recolhendo lixo em seu parque favorito. Imagine como o mundo se transformaria se cada família colocasse em prática o que acredita.

misteriosamente ligados a cada pássaro e árvore, a cada outro ser vivo ou não, oferecemos um legado mais rico e, ao fazê-lo, podemos nós mesmos nos tornar mais 'verdes'.

Amando Nossos Filhos Demais

Como Cheryl Erwin e Jane Nelsen escreveram no livro *Parents Who Love Too Much*, os pais de hoje em dia muitas vezes expressam seu amor pelos filhos de maneiras contraproducentes, por vezes até destrutivas. Por trágica ironia, esses pais se empenham em dar aos filhos o que eles querem, e não o que precisam.[1]

George era um aluno da segunda série, bonito, atlético e brilhante, que estava passando por um período difícil. Ele não gostava da professora, pois pensava que ela implicava com ele. Esforçava-se pouco nas tarefas escolares e era rejeitado pelos colegas de sala, que não gostavam de sua atitude mandona, do tipo 'eu sei tudo'.

Em casa ele era ainda pior. Sua mãe, Julia, estava divorciada havia cinco anos e não conseguia controlá-lo. A única maneira de fazê-lo obedecer era suborná-lo com doces e brinquedos. Visitas a lojas de doces ou de brinquedos faziam parte de seu dia-a-dia, embora ela mal tivesse tempo de fazer o que precisava e não tivesse dinheiro para desperdiçar.

Julia começou a mimar George depois do divórcio. Sua auto-estima ficou arrasada quando o marido a largou por uma mulher muito mais nova, comunicando-lhe apenas um dia antes. A educação bem pensada, sugerida pelo Dr. Spock, era um luxo além de suas possibilidades. Sobreviver foi o máximo que conseguiu fazer na época. O fato de ter sido capaz de alimentar o filho, mantê-lo seguro e colocá-lo na escola já era um milagre.

Assim, quando o pequeno George se recusava a se vestir ou descer do carro para entrar na creche, Julia recorria a recompensas materiais. "Calce os sapatos", ela prometia, "e eu compro outro Lego para você hoje à tarde". O método 'dava certo', mas logo virou um problema à parte, que rapidamente tomou dimensões grandes demais para Julia e seu filho.

Quando, enfim, Julia não conseguiu mais lidar com os acessos de raiva de George, cada vez mais altos e demorados, e viu que não dispunha de mais dinheiro para comprar os brinquedos cada vez mais caros que ele exigia, resolveu procurar ajuda profissional. Devidamente orientada, ela entendeu que seu comportamento indulgente havia prejudicado mais do que ajudado o filho. Ele fizera o caráter de seu filho enfraquecer e estava produzindo rapidamente um futuro adulto infeliz e insaciável, com nenhum senso de motivação interior e nenhuma consideração pelas necessidades dos outros, incluindo as da mãe tão batalhadora.

Infelizmente, a mudança de percepção de Julia aconteceu muito mais rápido do que a mudança de comportamento de George. Embora ela tivesse parado de subornar o filho, isso não o fez parar. Pelo contrário, suas exigências ficaram cada vez piores e seus protestos mais explosivos. *Você tem que comprar isso para mim! Se você não me levar na loja de brinquedos, não vou escutar mais nada do que você diz!*

Apesar de desmotivada, Julia seguiu em frente. Gradualmente, mesmo com muita confusão, George começou a reagir. Quando acreditou realmente que sua mãe estava certa do que fazia, passou a se render, a mostrar mais gentileza, consideração e paciência, coisa que ela jamais julgara possível.

Vendo-o mais comportado e feliz, prova de que o método estava certo, Julia sentiu-se motivada para manter a nova maneira de educar pelos anos que se seguiriam.

A Culpa e as Mães Solteiras

Sabemos que muitas vezes estamos pregando para os já convertidos. Antes de ler este livro, muitas de vocês já sabiam que seus filhos precisam de limites e estrutura. Podem dizer "está bem" ou olhar para o outro lado, mas, ao mesmo tempo, franzem a testa, sentindo que se renderam e fizeram um desfavor a seus filhos. O que impede as mães de fazer o que sabem que devem fazer? Por que mães solteiras às vezes não conseguem estabelecer limites e exigir obediência, permitindo que as emoções e desejos dos filhos ditem a vida da família?

Não existe apenas uma razão, mas nossa experiência nos diz que o problema muitas vezes é a culpa. Muitas mães divorciadas, em especial aquelas que pediram a separação, temem ter magoado os filhos e os privado da convivência com o pai. Muitas mulheres que são mães solteiras por escolha sentem-se culpadas por sua decisão de criar os filhos sozinhas.

As mães solteiras também se sentem culpadas porque têm de equilibrar trabalho, tarefas domésticas, educação e algum tipo de vida pessoal, muitas vezes em detrimento do tempo que poderiam passar com os filhos. Elas podem se sentir culpadas quando, por exemplo, o filho está doente e elas têm de escolher entre faltar ao trabalho, pagar alguém para tomar conta dele ou deixá-lo sozinho em casa, todas as três escolhas difíceis e dolorosas. Para a grande maioria das mães solteiras, trabalhar não é uma opção. Reportagens na mídia que afirmam que deixar o filho com babás ou trabalhar fora podem prejudicar a criança só fazem a culpa ficar maior, em uma situação que já é difícil, ou até impossível, de mudar.

Como sentem que suas escolhas podem estar prejudicando os filhos, essas mães tendem a ser indulgentes demais e a não discipliná-los adequadamente. Elas cedem e fazem mais pelo filho porque julgam que ele já "sofreu o suficiente". "Ele não tem pai" (em casa ou talvez em lugar nenhum), a culpa lhes diz. "Eu não passo tempo suficiente com ele. O mínimo que posso fazer é presenteá-lo com aquele brinquedo, dar-lhe essa pequena alegria."

A culpa é uma emoção compreensível, assim como o desejo de ver o filho feliz. No entanto, a culpa será inútil e destrutiva se você não aprender alguma coisa com ela. Em vez de mimar e estragar seu filho, faça melhor uso de sua culpa. Deixe que ela a force a disciplinar melhor seu filho e a desenvolver seu caráter, coisas de que ele precisa bem mais do que um mimo ou de outro videogame. No futuro ele vai amá-la e respeitá-la por isso.

O Perigo da Hipocrisia

Os filhos, principalmente os adolescentes, parecem ter uma habilidade incrível para detectar aqueles momentos em que há contradições entre as palavras do pai ou da mãe e suas ações. Uma das partes mais complicadas da criação de filhos é aceitar a realidade de que o que você faz é uma influência muitíssimo mais poderosa do que o que você diz. Todos sabemos que crianças de 2 ou 3 anos de idade fazem de tudo para ser iguais a seus pais – nas roupas, na fala e nas ações. É inevitável que os filhos, como aconteceu conosco, se desiludam mais tarde, porque nenhum pai e nenhuma mãe são tão sábios, generosos ou protetores como os filhos pequenos pensam.

O que consideramos ser 'esperto' envolve, implicitamente, valores. Nossa consciência nos leva a ter uma opinião mais elevada dos homens, ou meninos, que não ficam maquinando formas de matar o próximo, que tomam cuidado para não poluir o mundo em que vivem e que se recusam a roubar as pessoas que lhe depositaram confiança para exercer uma função pública.

Não é necessário, entretanto, tornar essa desilusão natural ainda pior. O que um filho vai pensar se vir o pai trapacear em um jogo de basquete ou escutar a mãe mentir para o chefe? E o que vai pensar se for mais elogiado pelo 10 que recebeu com a ajuda excessiva da mãe do que pelo 8 que tirou apenas com esforço próprio? O que ele aprende quando sua mãe o incentiva a não dizer a verdade sobre uma tarefa escolar que não terminou a tempo, sugerindo que diga que estava doente, e não que foi jogar boliche?

A resposta, embora não seja absoluta nem a mesma para todas as crianças, não costuma ser nada boa. A criança perde a fé na honestidade daqueles com quem contava e em quem buscava orientação e inspiração. Vendo seus ideais se desfazerem um após o outro, ela talvez acabe adquirindo o comportamento delinqüente que observa à sua volta. Se você valoriza notas altas, desempenho escolar ou ganhos financeiros acima de tudo, seus filhos vão saber e provavelmente viverão segundo este credo.

Os pais não podem seguir as duas direções: viver no caminho inferior e pregar o superior. É fácil culpar a sociedade, a mídia e os homens bem-sucedidos dos noticiários por corromperem nossos filhos. Mas a vida não é tão simples. A moralidade começa em casa, e regras firmemente impostas – não mentir, não trapacear e outros nãos – não serão suficientes. Os pais que querem ensinar seus filhos a ser boas pessoas devem examinar com carinho os próprios valores e princípios morais.

Fazendo Julgamentos

Nossos filhos precisam ter uma infância repleta de oportunidades, em que possam exercitar seus julgamentos e tomar suas próprias decisões éticas sob os olhos vigilantes, orientadores e justos dos pais – juízes que não são permissivos nem rígidos demais. Em vez de apenas condenar ou punir, devemos ajudar nossos filhos a entender os motivos, geralmente bons, que estão por trás de uma mentira. Evite exigir o preto no branco. Em vez de tratar um biscoito tirado sorrateiramente como um grande furto, discuta com seu filho as razões que o motivaram a agir assim e de que outra forma poderia ter agido.

Por outro lado, não tenha medo de fazer justiça. Crianças dispensadas de assumir a responsabilidade por seus próprios atos desenvolvem consciências seletivas que racionalizam convenientemente seu comportamento errado. Como conseguiram evitar as conseqüências de suas escolhas negativas, elas podem se tornar adultos que se acham no direito de ficar acima das leis do país e, principalmente, das leis da natureza e da reflexão e reciprocidade humanas.

Educar sozinha um menino que tenha consciência e respeito por si próprio e pelo mundo pode parecer uma coisa assustadora, mas essa tarefa – talvez a mais desafiadora e necessária de nossas tarefas como pais – é possível.

CAPÍTULO 7

Dê-me Limites

Métodos Práticos de Disciplina

Toda mãe quer ver o filho transformar-se em um homem bom e ético. Sabemos que a disciplina é essencial para isso. Mas como a mãe pode disciplinar de maneira eficaz um menino em crescimento, sobretudo quando se trata de uma mãe solteira?

Reconhecer que disciplina e punição são coisas diferentes pode ajudar bastante. As punições – dar castigos, reclamar, bater e tirar privilégios – em geral são reações emocionais ao mau comportamento da criança. A disciplina, por sua vez, é um ato pensado, que tem a intenção de ensinar. A disciplina pode – e deve – ser tanto gentil quanto firme e suficientemente planejada para que aconteça sem gritos nem raiva.

Poucas pessoas conseguem dar o melhor de si, enfrentar novos desafios ou encarar as próprias fraquezas e erros quando se sentem desmotivadas, envergonhadas ou humilhadas. No entanto, é esse o resultado que esperamos da disciplina. As crianças, principalmente os rapazinhos birrentos, não têm de sofrer para aprender? A disciplina não precisa funcionar como um beliscão para conseguir dar o seu recado?

Às vezes sim e outras, não. Qualquer coisa que estimule seu filho ao respeito, à cooperação, à motivação e ao bom caráter se qualifica como disciplina, mesmo que seja apenas uma conversa sobre um problema. Como você provavelmente não vai ser maior que seu filho a vida inteira, recomenda a prudência não depender da força física para controlar o comportamento dele. É melhor cultivar o poder decorrente do respeito infundido pela palavra cumprida: seu filho sabe que você cumpre o que diz. Com essa finalidade, exporemos estratégias de educação para você aventar a possibilidade de torná-las parte de seu plano de disciplina. Todas foram elaboradas para ensinar os filhos a exercer bom julgamento, ter responsabilidade e responder por seus próprios atos, além de ser obedientes.

Por Que os Filhos Se Comportam Mal?

O comportamento dos filhos tem uma razão de ser. O problema é que nós (e, muitas vezes, eles também) não sabemos exatamente que razão é essa. Muitos profissionais que trabalham com crianças acreditam que uma motivação primária do comportamento é a necessidade de achar seu lugar e se sentir importante. Na falta desse senso do próprio lugar e de ligação, a criança pode tentar fabricá-lo.

Os pais costumam chamar essas tentativas mal direcionadas de se sentir importante de 'mau comportamento'.

As punições e recompensas têm por objetivo mudar o comportamento, mas não levam em consideração o motivo de determinada conduta. Uma criança pode ter um ataque de raiva por várias razões: porque aprendeu que com esse comportamento consegue a atenção da mãe; porque tem a sensação de poder quando desafia os outros; porque quer magoar alguém tanto quanto foi magoado; ou porque se sente desmotivado e incapaz de atender às expectativas dos outros. Embora o comportamento, o ataque de raiva, possa parecer igual, em cada caso as razões ocultas são diferentes.

Os pais conseguirão melhores resultados se combinarem o que sabem sobre desenvolvimento, temperamento e disciplina com bom senso e sabedoria interior. E também serão mais bem-sucedidos se seus métodos abrangerem o comportamento de seu filho *e* as crenças que o sustentam. A criança tende a repetir certos comportamentos que ela sabe que são eficazes para conseguir o que quer. A solução para os pais é decifrar o código: entender o propósito do comportamento da criança e como ajudá-la a conquistar seu lugar, atenção e importância de maneira positiva.

Conseqüências Naturais e Lógicas

As conseqüências naturais são aquelas que se seguem espontaneamente a um comportamento ou situação. Como se relacionam ao comportamento de uma maneira direta e seqüencial, as conseqüências naturais exercem mais poder do que as punições arbitrárias. A criança freqüentemente aprende melhor quando os pais saem do caminho e a deixam experimentar os resultados das próprias escolhas.

A criança tende a repetir certos comportamentos que ela sabe que são eficazes para conseguir o que quer. A solução para os pais é decifrar o código: entender o propósito do comportamento da criança.

Quando seu filho se recusa a comer uma refeição, por exemplo, a conseqüência natural é ele sentir fome mais tarde (a menos que você o socorra com um sanduíche de queijo à meia-noite). Se ele ficar acordado até tarde, vai se sentir cansado no dia seguinte. Se ele se recusar a usar sapatos fechados em um dia de chuva, vai molhar o pé.

O bom das conseqüências naturais é que elas requerem pouca ou nenhuma ação por parte dos pais. Na verdade, às vezes são mais eficazes quando você demonstra empatia ("Nossa, seus pés estão molhados e frios!") e convida seu filho a participar na solução do problema ("O que você acha que poderia fazer para evitar ficar com os pés molhados?").

Mas há casos em que não existe conseqüência natural para a conduta ou ela é inaceitável. A conseqüência natural de brincar no meio da rua, por exemplo, é algo que não queremos que faça parte do aprendizado do nosso filho. A conseqüência natural de tirar notas baixas é, simplesmente, exibir um boletim com notas baixas, fato que pode ou não motivá-lo a estudar com maior afinco. Obviamente, nesses casos, o envolvimento de pais e mães é necessário. Chamamos essas intervenções de 'conseqüências lógicas'.

Lembre-se de que o sucesso de qualquer método de educação depende, em grande parte, de sua confiança, atitude e disposição de ir até o fim. Como nossos avós nos disseram, "diga o que faz e faça o que diz". Não estabeleça conseqüências que você sabe que são difíceis de cumprir: "Se você não der comida para o cachorro, chamo a carrocinha!". Procure conseqüências sensatas e diretamente relacionadas ao mau comportamento, e, na medida do possível, dedique um tempo decidindo com seu filho que conseqüências adotar.

Ted, de 9 anos, gostava de esportes. Para sua família, outono, inverno e primavera era sinônimo de futebol, basquete e beisebol. Sheila, a mãe, gostava de levar Ted e seus amigos aos treinos e de assistir aos jogos. O que ela não gostava era de ter de lavar certas roupas, principalmente as meias do filho.

Ted usava diversos pares de meia por dia. E tinha o hábito de tirá-las do tornozelo para baixo, de modo que elas viravam um montinho de lama e suor no cesto de roupa suja. Quando Sheila ia lavar roupa, tinha de virar essas meias já endurecidas para o lado direito, uma tarefa desagradável.

Nenhum sermão ou reclamação adiantou. Sheila mostrou ao filho como tirar as meias. Também não adiantou, pois ele não estava interessado. O cesto de roupa suja continuou cheio de meias molhadas, fedorentas e emboladas.

Finalmente, até o pescoço com roupa suja, Sheila teve uma luz: Ted não ia mudar enquanto ela não mudasse. Escolheu, então, um dia em que estava tranqüila e sentou para conversar com o filho. Explicou que não gostava de cuidar das meias dele e que sua má vontade havia contribuído para fazer com que ela se sentisse frustrada. De agora em diante, avisou, ela ia lavar as meias emboladas exatamente como ele as colocava no cesto e devolvê-las a ele daquela forma. O aviso funcionou por alguns dias, mas depois Ted se esqueceu dele.

Sabendo que tinha de cumprir o que prometera, Sheila passou a lavar os bolos de meias duras, colocando-os lavados e secos na gaveta do filho. E o mais importante, ela não resmungou, nem passou sermão nem ralhou. Simplesmente fez o que disse que faria.

Ted logo se cansou de lutar para desvirar as meias limpas. Em questão de dias, Sheila passou a encontrar meias viradas do lado direito no cesto de roupa suja. Ela havia estabelecido uma conseqüência lógica, que cumpriu com respeito e dignidade.

Nem sempre é fácil encontrar conseqüências no calor do momento. Como os filhos tendem a repetir comportamentos problemáticos, as mães solteiras podem planejar conseqüências adequadas para condutas que elas sabem que vão se repetir.

À medida que os filhos amadurecem, as questões mudam. As conseqüências serão diferentes para seu filho adolescente do que foram quando ele tinha 2 anos. Vocês terão de sentar para conversar e chegar a um acordo quanto a horário de voltar para casa, uso do carro, dinheiro, trabalho e outros assuntos relativos aos jovens. Colocar por escrito o que foi combinado com os adolescentes costuma ajudar. Assim, ninguém pode dizer depois que "não foi isso que você disse!". Como sempre, depois de concordar em uma conseqüência, esteja pronta para cumpri-la sem ameaças, sermões ou recados do tipo: "Eu avisei".

Quando examinar o comportamento errado, pergunte a si mesma: *Meu filho está ganhando alguma coisa com este comportamento? O que ele está realmente aprendendo e decidindo sobre o que fazer no futuro?* Se seu filho de 9 ou 10 anos não faz o dever de casa como prometido, ele deve ter permissão para ficar acordado até tarde vendo jogo de futebol?

Se você permitir, o que ele vai aprender sobre dever de casa, sobre responsabilidade e sobre você como educadora?

Ensinando Regras de Comportamento e Expressando Suas Expectativas

Muitos pais e mães competentes e amorosos costumam, inexplicavelmente, supor que seus filhos deveriam aprender as regras e expectativas do comportamento social por osmose. Infelizmente, não é assim que acontece na maioria das vezes. As regras de comportamento – em restaurantes, shoppings e outros lugares públicos, por exemplo – devem ser ensinadas. E preparar seu filho *antes* de saírem de casa ajuda.

As regras de comportamento – em restaurantes, shoppings e outros lugares públicos, por exemplo – devem ser ensinadas. E preparar seu filho antes de saírem de casa ajuda.

Suponhamos, por exemplo, que você leve seu filho para assistir ao filme que é o sucesso do verão. As ofertas de pipoca, doces, balas e refrigerante à farta o atraem. Se seu filho arrancar uma nota de dinheiro sem pedir e se dirigir para o balcão de pipoca, você tem diversas opções. Você pode dar-lhe uma bronca, encher-lhe de ameaças, criar uma confusão. Pode pegá-lo pelo braço e ir embora do cinema. Pode tirar o dinheiro da mão dele e deixá-lo ver o filme sem nenhum petisco.

Ou, melhor de tudo, você poderia ter ensinado algumas coisas antes de sair de casa.

O que os terapeutas chamam de dramatização, as crianças chamam de 'fazer de conta'. Deixe que seu filho seja a mãe e você, a filha. Pergunte a ele como você deve se comportar no cinema (ou na pizzaria ou na loja de brinquedos). Você deve ficar correndo para lá e para cá? Deve insistir em comprar doces? Pegar dinheiro sem pedir? Gritar durante o filme? Pratique um pouco e não deixe de explicar calma e claramente o que espera dele antes de saírem de casa. Vocês podem fazer um acordo sobre que guloseimas vão comprar e quando. Podem também (principalmente com uma criança mais velha) estabelecer previamente possíveis conseqüências caso seu filho não consiga seguir as regras. Certifique-se de que poderá cumpri-las com carinho e firmeza. Isso significa que vocês talvez tenham de sair do cinema uma ou duas vezes sem ver o filme, por exemplo, até seu filho se convencer de que você vai cumprir sua parte do acordo.

Alguns Nãos da Disciplina

Estes são alguns obstáculos para a prática da disciplina eficaz:

- Cuidado com advertências, contagens até três e ameaças vazias. Essas coisas a deixam frustrada, enfraquecem sua autoridade e podem fazer seu filho ficar mais desafiador. Se você falar uma coisa, esteja disposta a seguir em frente. Se não puder cumprir, não fale.
- Não o envergonhe, humilhe ou ridicularize como forma de educar. Isso é desnecessário, pode ensinar seu filho a fazer o mesmo com os outros e não gera um comportamento melhor.
- Tente não disciplinar baseando-se em frustração, ódio ou ressentimento.
- Ser totalmente consistente é impossível. Porém, quebrar suas próprias regras habitualmente – porque é verão ou está tarde – acaba desgastando sua competência como educadora.
- Mantenha a disciplina no mesmo nível do mau comportamento.
- Palmadas e outros castigos físicos nunca ajudam. Eles não são necessários e podem ser prejudiciais se fugirem do controle. Os castigos físicos também podem incentivar a agressividade nos meninos, que não precisam de motivação extra nessa direção.

Lembre-se, disciplinar significa ensinar. Geralmente, basta uma ou duas lições sobre o comportamento correto, em que você cumpre o que combinaram quando as coisas não saem como o planejado, para que seu filho compreenda o que você espera dele e como deve se comportar.

E Quanto às Opções?

A maioria das mães já escutou a frase "Dê opções a seu filho". De fato, para uma criança viciada em brigas por poder, oferecer escolhas limitadas e razoáveis é uma excelente forma de restringir seu domínio, permitindo, ao mesmo tempo, que ele faça opções e exercite sua responsabilidade. As crianças aprendem quando são apresentadas opções limitadas, como qual dos dois tipos de cereal matinal escolher para o café, que roupa vestir e se devem escovar os dentes sozinhas ou pedir que você os escove. O segredo?

Você deve ter certeza de que as escolhas estarão ensinando a lição certa e que funcionam bem tanto para você quanto para seu filho.

Oferecer escolhas pode ser uma maneira prática de ensinar às crianças que elas têm poder de fato sobre suas vidas e podem influenciar o que acontece com elas, mas as opções devem ser adequadas e razoáveis. Não faz sentido perguntar a uma criança de 5 anos se ela quer ir à escola hoje, se ambas sabem que você tem de trabalhar e ela tem de ir para a escola. As crianças não devem ser consultadas sobre decisões que são responsabilidades do adulto, como assuntos financeiros, relacionamentos adultos ou se devem ou não se mudar para outro bairro. Pode-se dar opções simples do que fazer que aumentem seu senso de responsabilidade pelo próprio comportamento.

Tenha em mente que escolhas demais podem complicar a questão e transformar as crianças em pequenos manipuladores. Por se basearem excessivamente no método das opções, algumas mães transformam os filhos em negociantes espertalhões. "Você pode ler o livro da escola por 15 minutos ou ir para a cama agora mesmo – o que vai ser?", pergunta ela. "Cinco minutos", ele rebate, querendo achar uma opção que o agrade mais, antes mesmo de considerar uma decisão. Como sempre, você deve estar disposta a cumprir o que diz, com amor e firmeza, dignidade e respeito mútuo.

Rotinas

Muitas mães têm horror à hora de dormir ou às manhãs porque, nessas horas, vão iniciar outra batalha com seus filhos.

As mães estressadas e exaustas descobrem, muitas vezes, que sair de casa de manhã e colocar as crianças na cama à noite representam os momentos em que há maior probabilidade de surgir problemas.

Embora não exista uma única solução para os desafios de educar uma criança, ter uma estrutura prática e consistente para as horas difíceis pode ser de grande serventia. As crianças, principalmente as mais novas, aprendem melhor quando os pais são consistentes e a vida é previsível. Rotinas confiáveis costumam ser uma maneira eficaz de educar.

Se você acha que está no meio da Terceira Guerra Mundial cada vez que chega a hora de dormir, tente organizar uma rotina simples. Deixe que seu filho faça um cartaz que estabeleça os passos de sua rotina noturna. Comece à mesma hora todas as noites e siga os passos em ordem. Se seu filho se distrair ou tentar escapar, pergunte: "O que vem agora no seu cartaz?". A rotina se torna o chefe, e vocês dois saberão o que vem a seguir.

Rotinas semelhantes podem ser elaboradas para a hora do jantar e para as manhãs. Preparar o lanche da escola pode fazer parte de sua rotina noturna, bem como arrumar a mochila e guardar os deveres de casa. Consistência e expectativas bem definidas podem eliminar grande parte do trabalho de pensar naquilo que tem de ser feito e, assim, evitar a confusão dessas horas estressantes.

O Castigo Positivo

Colocar de castigo talvez seja o método de educação mais utilizado, porém menos compreendido. Muitas mães cansadas contam até três e, então, se a criança não lhes obedece, arrastam-na até o canto do castigo para que pense sobre o que fez. Algumas mães marcam em um cronômetro – um minuto para cada não de vida da criança.

E acabam gastando mais energia tentando fazer com que a criança permaneça no castigo.

Na verdade, o 'tempo para pensar' pode ser útil, mas funciona melhor quando serve como oportunidade de esfriar a cabeça do que como punição. Nenhum de nós consegue dar o melhor de si quando está zangado, descontrolado ou em prantos. Ter de sentar para pensar pode dar à criança o tempo de que precisa para recuperar o fôlego, se controlar e relaxar o suficiente para que possa encontrar as soluções que a maioria dos conflitos exige. Na verdade, as mães se beneficiam do tempo para pensar tanto ou mais que seus filhos.

Pense na hipótese de estabelecer um lugar em que seu filho possa esfriar a cabeça. Pode ser o quarto dele, um canto tranqüilo ou outro lugar em que se sinta à vontade. Deixe que ele coloque naquele lugar coisas que o ajudem a relaxar – livros, um jogo, uma bola ou travesseiros. Quando os ânimos se exaltarem ou ele ficar zangado e faltar com o respeito, convide-o a ficar por um momento em seu lugar especial de esfriar a cabeça. Diga que, quando ele estiver se sentindo melhor, vocês vão tentar resolver o problema juntos. Ou diga que *você* está muito zangada e precisa se acalmar também.

Alguns pais se opõem a essas idéias, alegando que assim o castigo recompensa o comportamento errado. Não é verdade. O tempo para pensar ajuda as crianças a aprender a capacidade vital de se 'autoconsolarem', a habilidade de perceber e gerenciar emoções fortes. Os meninos muitas vezes recorrem à raiva, aos gritos e até à agressão física, automaticamente, quando estão chateados. Um tempo para se acalmar pode ajudá-los a aprender a lidar com a raiva de maneira positiva, uma habilidade que lhes será útil para o resto de suas vidas.

Lembre-se, você não está livrando seu filho do problema. Quando a explosão passar, vocês podem então trabalhar juntos a fim de cumprir uma conseqüência, debater um desentendimento ou resolver um mal-entendido. Certamente o processo será muito mais tranqüilo quando você e seu filho estiverem calmos e agindo com respeito.

A Mágica do Incentivo

O que, você se pergunta, o incentivo tem a ver com a disciplina? Bem, se o mau comportamento muitas vezes tem a ver com a necessidade de encontrar seu lugar e importância, achar maneiras positivas de ajudar seu filho a descobrir esse lugar deve afetar seu comportamento. E não é de surpreender que isso quase sempre aconteça.

Incentivar significa notar os esforços feitos na direção certa (Puxa, você passou de Regular para Bom em História!), em vez de recompensar apenas o sucesso total. Significa notar o que seu filho faz certo, e não só o que ele faz de errado. Para isso, você deve estar consciente, todos os dias, dos pontos fortes e das qualidades maravilhosas de seu filho e lembrar de dar valor a elas, em vez de se concentrar apenas nas falhas e dificuldades. E também lembrar de comemorar seus sucessos e dizer "obrigada" sem acrescentar "agora, bem que você podia melhorar aquele Bom e tirar Muito Bom".

Porém, repetimos, faça tudo com moderação. Um estudo recente revelou que comportamentos agressivos, até a violência, podem ser motivados quando crianças que aprenderam a depender da aprovação constante dos outros se deparam com pessoas que não gostam delas ou com situações em que não recebem elogios e aprovação.[1]

Elogiar nossos filhos o tempo todo ou inundá-los de parabéns e superlativos a cada pequeno movimento na direção correta pode não sair como o planejado. Incentivar significa 'alegrar o coração' e deve vir do coração. Um simples ato como um apertão carinhoso nos ombros pode dizer muito a seu filho e pode livrá-lo da necessidade de se comportar mal para chamar sua atenção.

Privilégios e Reconhecimento

Muitos pais e mães usam privilégios para moldar o comportamento de uma criança. Eles dão privilégios quando as coisas estão indo bem e os retiram quando a criança faz coisas erradas. Essa atitude muitas vezes deprecia sua função de educadores, porque a vida diária se transforma em uma negociação constante do que é merecido, e isto às vezes ensina as crianças a se comportarem bem apenas quando alguma coisa legal está à mão.

Nossos meninos precisam aprender o valor da gratidão e do reconhecimento – qualidades facilmente desprezadas nesta era de abundância e indulgências. Disciplinar tem a ver com ensinar e moldar caráter. Envolve enfatizar, para nossos filhos e para nós mesmos, os privilégios de que desfrutamos em nossa rotina diária, uma lição que se perdeu totalmente na sociedade de hoje. Os pais modernos, principalmente as mães solteiras, podem ficar tão cegos quanto seus filhos quando se trata de reconhecer os privilégios que estão em toda a parte. Não é um privilégio sentar-se à mesa e fazer uma boa refeição? Não é um privilégio ser levado de carro para o treino de basquete? Não é um privilégio ser levado a uma livraria, mesmo se o livro comprado for para a escola?

Ironicamente, privilégios e prêmios demais destroem a capacidade do garoto de lhes dar valor. Amor e disciplina eficaz não se destinam apenas a melhorar o comportamento, mas também a ensinar a valorizar o significado desses privilégios e prêmios e a ter atitudes que tragam satisfação pessoal e felicidade na vida e nos relacionamentos.

Criando um Ambiente Propício à Educação

Algumas mães acham difícil disciplinar seus filhos homens sob certas circunstâncias, como na presença dos próprios pais, na frente de amigos, em público, ou até mesmo em seu apartamento, porque não querem que os vizinhos escutem o que com certeza vai acontecer.

Um estudo recente revelou que comportamentos agressivos, até a violência, podem ser motivados quando crianças que aprenderam a depender da aprovação constante dos outros se deparam com pessoas que não gostam delas ou com situações em que não recebem elogios e aprovação.

Você pode confrontar essas situações de três maneiras. Em primeiro lugar, faça tudo o que for razoável para tornar seu lar um espaço em que você se sinta à vontade para educar seu filho. Em segundo, aprenda como discipliná-lo em outros ambientes. Talvez ajude levá-lo a um lugar tranqüilo – seu carro, o estacionamento, um canto afastado – para que vocês possam resolver o problema com alguma privacidade.

Lembre-se, o ato de disciplinar de maneira amorosa, mas firme, não tem por que deixá-la envergonhada. Em terceiro lugar, talvez você tenha de rever seu estilo de vida e se, de fato, ele não lhe deixa espaço para disciplinar seu filho.

Assunto Sério

Não era a primeira vez que Roger, um garoto de 9 anos, se metia em encrenca. Ele desobedecia e mentia para seus pais rotineiramente e era um espertalhão na escola. Mas o roubo cuidadosamente planejado da carteira de dinheiro de um colega foi a gota d'água para sua mãe divorciada.

Determinada a pôr um fim no comportamento rebelde de Roger, sua mãe chegou à conclusão de que precisava agir com dureza. Ela fez com que devolvesse a carteira com um pedido de desculpas direto – nada demais para uma criança que não estava arrependida – e acrescentou que ele teria de prestar 30 horas de trabalhos domésticos, uma hora por dia, para pagar o dinheiro que havia roubado e usado.

Mas ela não exigiu cumprimento do combinado. Sentia-se mal de vê-lo trabalhar no calor do verão e entendia suas reclamações de que as outras crianças costumavam ganhar dinheiro quando faziam pequenos trabalhos nas férias. Por fim, ela sabotou toda a combinação ao parar de vigiá-lo diariamente para ter certeza de que ele estava cumprindo o esquema. "Não vou ser castigada pelo crime dele", dizia. "Que o pai faça isso."

Bem, o pai de Roger também não o vigiou e, como você deve ter adivinhado, as coisas não terminaram bem. Cada vez que se deixa de lidar com um mau comportamento e não se exige cumprimento das conseqüências, mais a criança se afasta da influência dos adultos.

Sua autoridade, que já é pequena, reduz-se mais, deixando um menino como Roger vulnerável à má influência das tentações e dos outros.

Crianças despidas de consciência é coisa séria. Quando os pais permitem deliberadamente que isso aconteça, são eles que estão cometendo um crime.

Reparando Erros

Embora as conseqüências sejam importantes, as crianças também precisam de oportunidades para que seus pedidos de desculpas e tentativas de consertar as coisas sejam reconhecidos e valorizados.

Antes de o sol nascer, Thomas, de 5 anos, achou que poderia preparar o próprio café da manhã. Mas a garrafa de leite era pesada demais para ele. Quando acordou a mãe e mostrou a poça de leite no chão da cozinha, ela gritou: "Mas o que você tem na cabeça?".

Thomas, muito chateado, correu para pegar o esfregão e começou a limpar com tanta força, que o leite foi jogado para baixo do fogão e da geladeira. A mãe arrancou o esfregão de suas mãos. "Saia daqui! Você já fez bobagem demais. Só está piorando as coisas."

Quando estava saindo da cozinha, Thomas notou que um rio de leite estava escorrendo para o corredor. Tirou a camisa do pijama e tentou enxugar o leite, mas a mãe, quando o viu, gritou de novo com o menino. Acusando-o de continuar fazendo coisas erradas, mandou que ele ficasse no quarto a manhã toda.

Ao chegar a hora do almoço, a mãe o autorizou a sair do quarto, mas Thomas não teve chance de pedir desculpas e explicar que sua intenção era apenas deixá-la dormir até mais tarde. Ele sabia como a mãe estava cansada, mas não pôde falar para ela.

Nossa intenção não é sugerir que a mãe de Thomas teve uma reação exagerada no incidente com o leite. Algumas mães realmente não teriam ligado, mas a maioria teria ficado chocada ao ver uma bagunça tão horrorosa logo ao acordar. Queremos enfatizar, porém, a necessidade e disposição tão evidente de Thomas em reparar o estrago que percebeu ter feito. Ele havia sujado a cozinha e queria uma chance para limpá-la. Se tivesse conseguido enxugar sozinho o leite derramado, teria deixado a mãe dormir, não para enganá-la, mas porque queria se responsabilizar pelo que havia feito.

Crianças despidas de consciência é coisa séria. Quando os pais permitem deliberadamente que isso aconteça, são eles que estão cometendo um crime.

Seja qual for a coisa errada que tenham feito, as crianças querem e precisam de uma oportunidade para fazer a coisa certa. Quando não conseguem realizar a reparação, o mal que percebem (ou que lhes dizem) que causaram fica com eles, dando-lhes a sensação de ser uma pessoa má. Se tiverem essa experiência repetidamente ao longo do tempo, esses meninos podem parar de se importar, acreditando que nunca poderão desfazer e compensar os horrores que cometeram, especialmente com a mãe que tanto amam.

O que a mãe de Thomas poderia ter feito? Poderia ter parado um minuto para orientá-lo em seus esforços para ajudar, mostrando como usar o esfregão, por exemplo. Se ela achou que precisava enxugar o leite imediatamente, poderia, depois, ter ensinado o filho como lavar o chão com desinfetante ou como limpar os pés das cadeiras e a lata de lixo com uma esponja molhada.

Ela poderia ter deixado que ele jogasse fora o saco de lixo com as toalhas de papel molhadas de leite ou colocasse as próprias roupas molhadas na lavadora. Poderia até ter levado Thomas ao mercado para escolher uma embalagem de leite mais fácil de manusear. Qualquer dessas alternativas teria servido para aliviar a culpa do menino e permitir que ele se redimisse com sua mãe.

Esteja atenta para o fato de que algumas crianças não escolhem muito bem onde e como reparar as coisas. Ensine-as e oriente-as quanto às melhores maneiras de ajudar, reconhecendo, ao mesmo tempo, suas intenções boas e sinceras e dando-lhes, assim, chance de ajudá-la de modo diferente. Thomas, nesse caso, poderia ter ajudado a preparar o jantar com a supervisão e orientação da mãe. Embora as desculpas de uma criança, suas palavras de arrependimento, sejam importantes e devam ser respeitadas, são suas tentativas sinceras de desfazer e reparar o que fizeram que merecem o maior incentivo e aceitação.

Quando Nada Funciona

Apesar de nossos esforços, às vezes parece que nada funciona. Quanto mais nos empenhamos, as coisas parecem piores. O que a mãe pode fazer nessas horas?

Peça um cessar-fogo: **ninguém** consegue criar um plano de batalha estando no cerco.

Cuidado para não desabafar suas frustrações: mais um dia de mau comportamento infantil vai cair no esquecimento, mas suas palavras cruéis ou ataques de raiva talvez não.

Pense a longo prazo: é fácil perder de vista seus princípios com relação à educação no calor do conflito.

Olhe para dentro: às vezes 'dar um tempo' a você, e não a seu filho, pode fazer com que você enxergue de que forma contribuiu para a situação. Um pedido de desculpas, quando apropriado, pode neutralizar uma situação exaltada e convidar seu filho a fazer o mesmo.

Depois da tempestade: estude a seqüência de acontecimentos que levou à explosão. As crises não aparecem do nada. Essa compreensão pode ajudar a atenuar ou, melhor ainda, prevenir o próximo conflito.

Os motivos que levam a disciplina a se desvirtuar – ou seja, você exagerar, disciplinar de menos ou não ser eficaz – são tão variados quanto os rostos das crianças. Você pode estar cansada ou deprimida, ter dúvidas sobre como proceder, estar com medo de enfurecer ou magoar seu filho ou temer que ele deixe de amá-la. Talvez você esteja se rebelando contra a educação que seus pais lhe deram, acreditando que a disciplina vai destruir a criatividade de seu filho. Pode ser que, inconscientemente, você sinta satisfação com o mau comportamento e a atitude desafiadora de seu filho ante a autoridade. Ou você pode estar aflita com outras questões – como pagar as contas e colocar comida na mesa, por exemplo –, preocupada em diminuir a auto-estima de seu filho infeliz, distraída com outros relacionamentos ou sentindo-se culpada demais para agir como deve.

Infelizmente, você e seu filho não podem esperar por uma revelação para entender razões que muitas vezes são profundas demais e fogem à sua percepção. Seu filho precisa ser educado hoje.

Comece agora. Escolha uma área problemática que você acredita que pode mudar e um método que faça sentido para você. À medida que adquire maior confiança em seu método, verá que está mais capacitada para efetuar mudanças nos outros comportamentos errados de seu filho. Você vai ganhar confiança em sua disciplina, e seus filhos vão precisar menos dela. Pode acontecer também que, à medida que sua disciplina se torne mais confiante e o comportamento de seu filho melhore, você comece a enxergar o que a impediu de fazer isso antes. Resumindo, você conseguirá parar e reverter o ciclo vicioso da disciplina e do comportamento errados, fazendo-o girar na direção positiva.

Saiba, porém, que as forças que desprezam sua disciplina não darão sossego. Como monstrinhos levados, vão tentar obstinadamente enfraquecer e sabotar seus melhores esforços de educar bem. A culpa que você sente tentará convencê-la a se render e a desistir. Não faça isso. Agarre a culpa pelos chifres, redirecionando-a para evitar um arrependimento diferente – o arrependimento por não ter dado a seu filho a educação de que ele precisava, preparando-o bem para a vida. Só depende de você. Os conselhos podem ajudar, mas só você pode educar seu filho como mãe. Você sabe o que precisa ser feito. Lembre-se também de que, embora sua disciplina possa causar lágrimas e confusão no seu filho hoje, ele vai lhe agradecer amanhã. E vá em frente.

CAPÍTULO 8

Vista Seu Casaco, Menino!

Desenvolvendo na Criança o Espírito de Autoproteção e Sua Força Interior

Que mãe não desejou ser um anjo da guarda que ficasse sempre pairando invisível acima da cabeça do filho para protegê-lo dos carros que surgem do nada em alta velocidade e dos valentões que colocam o pé na frente para ele tropeçar? Para muitos pais, o mundo é uma enorme avalanche pronta para desabar na cabeça do filho. Balas perdidas, canivetes afiados, drogas na rua, bebidas 'turbinadas' nas festas, motoristas bêbados, Aids e outras doenças sexualmente transmitidas estão à espreita em cada esquina.

O sexo está em todo lugar – na televisão, nos filmes, na Internet e nas páginas das revistas esportivas e das informativas. E há ainda tantas outras doenças horríveis e acidentes catastróficos, sobre os quais não queremos nem pensar. Todos esses horrores são apenas um pequeno exemplo dos 'monstros' que podem sair de repente da escuridão para pegar nossos filhos.

Na fase em que a criança é pequenininha e fica se agarrando à perna da mãe, tomar conta dela é muito fácil. Dá para prever aonde ela vai e o que é capaz de fazer. A gente supervisiona tudo o que ela come e faz. Quando começa a crescer e a freqüentar a escolinha, primeiro de mãos dadas com a gente e depois sozinha de bicicleta e de carro, nossos pés e mãos começam a ficar atados. Certamente podemos lhe dar um celular e pedir que dê notícia, mas o que estará fazendo durante todas as horas e minutos em que não está falando com a gente em monossílabos impacientes? Estará tudo bem com ela? O melhor a fazer é criar filhos que vão cuidar de si mesmos com a mesma vigilância que você, mãe, exerceria se pudesse estar junto com eles o tempo todo.

Alimente o Amor-Próprio Saudável

O amor por si mesmo talvez seja um dos conceitos mais mal interpretados da psicologia. Evoca a imagem da pessoa superficial e vaidosa que, como o pavão, adora aprumar as penas diante do espelho. Talvez você ache que quem ama a si mesmo tenha pouco amor pelos outros, já que se sentir bem requer que a pessoa se considere melhor que as outras, não é isso? Quem ama a si mesmo, talvez você suponha, incomoda-se mais com a própria unha do pé do que com o vizinho morrendo de câncer no fígado. *Eu, eu, eu!* é seu moto-contínuo – pelo menos é o que você acha. Essas suposições, porém, são imprecisas e implicam confusão entre gostar de si mesmo de maneira saudável e ser meramente egoísta e egocêntrico.

A noção de gostar de si mesmo também pode parecer trivial e soar como psicologismo. Mesmo enquanto escrevemos isso, nos vem à cabeça a imagem do garotinho, personagem do programa americano *Saturday Night Live* que vive se gabando de si mesmo e repetindo com afetação: "Eu sou o maioral. Sou um gênio!". Mais uma vez, porém, estamos enganados. Tentar dar a impressão de estar bem consigo mesmo transmitindo uma imagem de felicidade não significa sentir amor por si mesmo. O amor-próprio genuíno não depende de ser superior nem de ter boa aparência. O amor-próprio genuíno não precisa ser anunciado: existe naturalmente, como o oceano e o ar.

Quando gosta realmente de si mesmo, o menino se aceita como é. Lamenta os próprios defeitos e se orgulha do esforço que faz para agir melhor da próxima vez.

Quando gosta realmente de si mesmo, o menino se aceita como é. Lamenta os próprios defeitos e se orgulha do esforço que faz para agir melhor da próxima vez. Não pensa que seus olhos, sua mente e sua inteligência são os mais sensacionais do mundo nem melhores do que os de ninguém. Sua bondade não depende da humildade daqueles que o rodeiam. O amor-próprio não se baseia em ser tão maravilhoso que o menino não possa senão adorar a si mesmo. O menino que conhece o amor-próprio autêntico não se sente mal por ter pouca altura, por ter cabelo encaracolado e por ser meio desajeitado, e o motivo é um só: porque tudo isso são características dele. Ele entende de maneira realista que todas as pessoas têm limitações e que poucas – se é que existe alguma – são tudo ou pelo menos quase tudo aquilo que querem ser.

O valor do amor-próprio, aliás, não reside simplesmente na alegria que ele encerra, apesar de isso também ser um aspecto formidável. Seu maior valor está no fato de convidar a criança a investir nela mesma. A criança que gosta de si mesma não apresenta apenas maior propensão a gostar dos outros – e a de ser melhor amiga e cidadã –, mas também trata a si mesma com maior respeito. Gostando de si mesma ela não vai fazer coisas que a coloquem no caminho do perigo (ou fará coisas desse tipo com menor freqüência). Ela tomará conta de si mesma como faria com uma bola de futebol autografada pelo ídolo. Quando alguém lhe oferece um trago de cigarro ou um gole de bebida, ela tem medo de colocar no corpo alguma coisa capaz de lhe fazer mal.

Mesmo falando assim, sabemos muito bem que muitos de nós nunca conhecemos o amor-próprio e que a maioria nunca o conheceu perfeitamente. Assim como com qualquer outro objetivo que estabelecemos em nossa vida, tanto nós quanto aquele menino a quem tanto bem queremos podemos lutar por esse ideal e possivelmente alcançar alguma coisa boa. Como a mãe solteira ensina o filho a gostar de si mesmo?

A resposta simples que desponta em meio a essa grande complexidade está em educar a criança com amor e carinho. A mãe atenta e ponderada fará com que o menino sinta no interior de sua 'barriga emocional' que ele é digno de amor. Como prescreveu Dorothy Law Nolte em seu poema *Lear What They Live*, precisamos ensinar a nossos filhos a tolerância consigo mesmos, lhes oferecer incentivo e elogio e transmitir-lhes senso de justiça, segurança, aceitação e aprovação, poupando-os de críticas, hostilidades, da ridicularização e constrangimentos. Se deixarmos esse princípio comandar nossa vida, ela será mais fácil para nós e para eles.

Pensar com Competência

Os avós de nossos filhos sabiam que a pessoa não se fortalece quando é infantilizada e tratada com indulgência, assim como sabiam que a própria força e resiliência teve origem em uma vida dura – de ter pouco, trabalhar muito e sobreviver à tragédia, tudo sem ter em quem se apoiar. A vida lhes ensinou que a dificuldade econômica, se não os matou, os tornou capazes de resistir a quase tudo. As pessoas mais velhas acreditavam que mimar o menino e protegê-lo do mundo real era o caminho mais certeiro para arruiná-lo e torná-lo inapto para a vida. Embora não quiséssemos ouvir – e alguns de nós tinham boas razões para isso –, nossas mães estavam certas. O movimento que pregava a educação dos filhos baseada na auto-estima só trouxe caos.

Existe um motivo para isso. A auto-estima não cresce com o elogio e com as palavras amáveis, assim como não pode ser 'dada' à criança. Todo ser humano precisa cultivar a auto-estima e ela não se origina simplesmente do fato de a pessoa estar feliz: vem da capacidade de encarar os desafios da vida e aprender que podemos sobreviver a eles e até mesmo prosperar com eles. A auto-estima e a autoconfiança não são constantes, vão e voltam, dependendo da situação, mas, uma vez que o menino tenha desenvolvido a verdadeira auto-estima, ele sempre será capaz de encontrar o caminho para sair da decepção e da frustração.

Os terapeutas infantis aprendem logo no início de suas carreiras que os pais que só pensam em fazer os filhos se sentirem felizes fracassam completamente. Recompensar cada pequeno gesto de cooperação, aplaudir cada acerto e lembrar à criança cada lição de casa que ela tem a fazer, deliciando-se com cada coisa engraçadinha que ela diz... Onde isso termina e por quanto tempo significa alguma coisa para a criança? Sim, há crianças que anseiam que os pais assistam pelo menos uma vez a uma partida de futebol. Mas é realmente importante que a mãe esteja presente em todos os jogos?

Nossos esforços bem-intencionados de proteger nossos filhos da frustração, perda, ofensa e fracasso que conhecemos quando crianças – e que ainda nos apavoram – acabaram voltando-se contra nós. Criamos uma geração de crianças que não agüentam os pequenos revezes e contrariedades do dia-a-dia, muito menos as adversidades maiores que mais cedo ou mais tarde os atingirão.

Qual a solução? Uma seria ensinar à criança o que é a verdadeira competência. Experimentar a competência – aprender que você é capaz de enfrentar os desafios físicos e emocionais que surgem diante de você – é a raiz da verdadeira auto-estima. Quando a criança sente que possui a verdadeira aptidão, ela se sente confiante e segura, capaz de abrir seu caminho na vida. Enquanto seu filho for pequeno, crie oportunidades de ensinar e de incentivar nele conhecimentos práticos para a vida. Chame-o para ajudá-la a instalar a tela na janela, a fazer um bolo, a arrumar a casa. Quando você limpar um armário, por exemplo, peça a ajuda dele para esvaziar as prateleiras e peça sugestões sobre como arrumá-lo depois. Depois de se imbuir desse espírito, você verá que as oportunidades de ensinar estão aqui, ali, em todo lugar.

A criança pequena, em especial, adora ajudar os adultos. Na fase em que começa a andar e falar, ela repete sem parar "deixa eu!". Ao passar aspirador na casa, deixe-a ajudar. Ao consertar o carro ou limpar o jardim, chame-a para ficar a seu lado. Aproveite sua inclinação natural para ensinar tudo o que puder a ela e incentivar seu espírito de cooperação. Esse período não dura para sempre. A mãe que vive dizendo ao filhinho curioso que ele é pequeno demais para fazer determinada tarefa muitas vezes se vê anos mais tarde se torturando para descobrir por que o filho de 10 anos é tão pouco prestativo.

Reserve Tempo para Ensinar

Jamais suponha que seu filho saiba exatamente como fazer as coisas. Ensine sempre a ele com calma todas as habilidades envolvidas na execução das tarefas de dentro e de fora de casa.

Tom tinha 4 anos, cheio de energia e era um solícito ajudante da mãe, Laura, que por isso não se surpreendeu quando, em um domingo de manhã, ele tomou a iniciativa de passar aspirador na casa antes dela. Contente de ver o espírito de colaboração do filho, ela sorriu ao passar por ele carregando um cesto cheio de roupa suja para colocar na máquina.

O uso do aspirador de pó, no entanto, mostrou-se mais complicado do que Tom e a mãe imaginaram. Ao ouvir um barulho de estilhaços, Laura correu escada acima e encontrou o filho aos prantos em meio aos cacos do que era o seu abajur preferido.

"Oh, Tom", lamentou Laura, puxando o aparelho da mão do menino. "Às vezes era preferível que você não me ajudasse." E o menino saiu correndo do quarto.

Vários dias se passaram até que Tom voltasse a tentar ajudar a mãe nos serviços de casa, e várias semanas para que voltasse a chegar perto do aspirador.

Como essa história poderia ter terminado se Laura tivesse parado para mostrar a Tom o jeito certo de usar o aspirador e de conduzi-lo ao redor dos móveis? Percebendo que não tinha dado ao filho o conhecimento necessário para que ele fizesse a tarefa, Laura admitiu esse fato diante dele, que então recuperou sua vontade de ajudar. Quando acontece com freqüência e não recebe a devida atenção, porém, esse tipo de incidente pode acabar por minar de modo permanente a disposição da criança para aprender e dar sua contribuição.

Eis aqui quatro passos fáceis para ensinar uma criança a fazer uma coisa nova e diferente:

- *Você faz, ela fica olhando.* Convide seu filho a lhe fazer companhia enquanto você arruma a casa, corta a grama do jardim e prepara ovo mexido. Dê instruções simples a respeito do que você está fazendo e explique o motivo.

- *Você faz, ela ajuda.* Deixe seu filho fazer junto com você. Delegue a ele algumas partes mais fáceis da tarefa. Incentive-o e oriente-o, sem criticá-lo.
- *Ele faz, você ajuda.* Transfira gradualmente para seu filho a responsabilidade da tarefa, sempre com seu apoio e orientação.
- *Ele faz, você fica olhando.* Estabeleça padrões e expectativas realistas e elogie o esforço, não apenas a execução. Os pequenos sucessos vão incentivar a criança a participar e a aprender.

Tenha paciência. Criança alguma aprende tudo de imediato. Ajude apenas o suficiente para ela fazer o que é capaz de fazer. Procure não demonstrar frustração quando ela deixar cair o parafuso no chão ou cola no tapete. Procure manifestar orgulho mais pelo esforço do que pelo feito e faça com que o trabalho e a experiência sejam os grandes premiados. É muito comum pais bem-intencionados aplaudirem esforços insignificantes, fazendo a criança se sentir pouco digna daquele festejo todo e diluindo sua capacidade de apreciar a verdadeira admiração quando ela é merecida.

Vale a pena planejar as coisas com antecedência. Pense no desenvolvimento de seu filho e defina o estágio para incentivar o sucesso dele. Ao pintar uma grade, por exemplo, se você tiver medo de que o pequeno Leo de 8 anos entorne a tinta na varanda, forre o chão antes. Não é justo esperar que ele pinte com o cuidado e a destreza de um adulto.

Enquanto a criança cresce, sua habilidade vai aumentando e se expandindo. Seu prazer de fazer as coisas com competência permanecerá com ela. Mesmo quando trabalhamos com o mais delinqüente dos jovens, ficamos admirados de ver como ele quer mostrar o que sabe fazer bem. Ainda estamos para conhecer um adolescente que não se prontifique a ajudar quando se sente valorizado e preparado para realizar a tarefa pedida.

Fortaleça a Sua Psique

David demonstrava exatamente aquela irritação a que a mãe, os irmãos e as professoras se referiam. Aquele ombro erguido dava para notar de longe. Era comum brigar com os colegas que, segundo David, o ridicularizavam. As professoras não gostavam dele e implicavam com ele – David tinha certeza disso – e desse modo devolvia a elas todo o seu desconsolo. Se havia uma pessoa com capacidade muito maior de dar do que receber e um senso colossal de justiça, ou melhor, da injustiça que ele julgava estar sempre atravessada em seu caminho, essa pessoa era David. Ele se sentia desconsiderado em casa também e reagia a cada insinuação de insulto – e ouvia insulto em todo lugar – com balas de canhão impregnadas de veneno. Com apenas 12 anos, David e sua vida já estavam arruinados.

David não era a única criança assim no colégio e na cidade. Certas crianças sofrem de verdadeiros distúrbios narcisistas, que são problemas mais complicados, mas um número muito maior de crianças é acometida de um problema bem menos complexo, chamado 'narcisismo vulnerável'.

Talvez você se lembre de Narciso, da mitologia grega, um rapaz lindo que se apaixonou pela própria imagem refletida na água. Na tentativa de ir ao encontro daquela imagem tão atraente, Narciso caiu no lago e se afogou. Hoje em dia, o termo 'narcisismo' se refere a uma preocupação exagerada consigo mesmo, a uma necessidade de ser considerado superior e a uma inabilidade de suportar a crítica e a desaprovação. O menino narcisista – e o homem em que ele se transforma – pode perceber desaprovação mesmo onde ela não exista e tornar-se defensivo, hostil e incapaz de se sensibilizar com as necessidades e os sentimentos dos outros. Frágil diante da vida, essa criança lê insulto no mais amável dos conselhos e sente rejeição no mais neutro dos comentários. O menor passo em falso é capaz de esvaziar a sua percepção de quem ele mesmo é.

Muitos meninos enfrentam uma sensação constante de estar sendo atacados ou de não receberem tratamento justo (ou seja, são vítimas de agressões narcisistas), assumindo, então, uma atitude defensiva que, apesar de lhes proteger, lhes causa muitos problemas. Sem enxergar o que lhes faz sofrer e incapazes de buscar consolo, ficam relegados ao abandono curtindo a própria mágoa, que não entendem completamente e que, muitas vezes, volta-se contra as pessoas de quem eles mais gostam. Muitos acabam encontrando conforto e alívio no álcool e nas drogas, no sexo e na violência. Em casos menos drásticos, eles simplesmente param de se importar com o que os cerca e desistem de tentar se reintegrar.

Algumas dessas crianças chegam nessa situação de isolamento e desilusão por tomarem o caminho do perfeccionismo, uma expectativa interna de ter sempre desempenho muito bom, de que precisam atingir ou satisfazer a algum ideal. Quando sofrem uma contrariedade ou não se saem tão bem quanto esperavam (em um teste, por exemplo), elas são acometidas de uma raiva insuportável de si mesmas, que, sem sombra de dúvida, é a substância mais tóxica conhecida para o homem e para a mulher. Vemos com freqüência meninos, também, cuja fachada de fracasso e apatia serve mais para ocultar uma crença enterrada no fundo do coração, mas extremamente impiedosa, de que ele tem de ser perfeito.

Como as coisas chegam a esse ponto? A mãe de David fez tudo o que pôde para ver o filho se sentir realizado e bem-sucedido, para edificar sua auto-estima e prepará-lo para a dureza da vida. Igual a todos da geração *baby-boom** , ela seguiu essa filosofia na esperança de poupar o filho e dedicou suas energias na busca iludida da infância perfeita, muitas vezes pagando com a própria felicidade e bem-estar, tentando criar um mundo em que David não conhecesse outra coisa senão as boas sensações, na certeza de que conseguiria encher o filho de amor-próprio e autoconfiança. Hoje, porém, todos entendemos que essa visão resulta no oposto do pretendido.

Como deixar nossos filhos menos suscetíveis ao perfeccionismo e ao narcisismo? Uma coisa muito importante é não protegê-los da vida. A obrigação da mãe é proteger o filho dos grandes males físicos e emocionais, mas não dos tombos e contusões do dia-a-dia. Tristeza, decepção, fracasso, é o campo de treinamento que a criança precisa para desenvolver sua força interior e ânimo, disposição para enfrentar a vida. Ela precisa da exposição diária a frustrações, provas e quedas que fazem parte da vida.

A criança aprende a lidar com as situações pela experiência concreta, não pela teoria e pela metáfora. Precisa lutar para pegar a colher e levá-la à boca,

---

* Grande índice de natalidade que se seguiu ao fim da Segunda Guerra.

assim como precisa lutar contra o próprio sono. Precisa agüentar o olhar severo de reprovação da mãe por causa da nota baixa que tirou na prova. Ela pode perfeitamente jogar futebol sem ser convocada para a seleção e sobreviver se não for convidada para a festa do amigo – contanto que a mãe esteja junto dela para fazê-la acreditar em si mesma apesar de todos os contratempos ocasionais.

É realmente como um malabarismo permanente, mas o papel da mãe consiste em não desviar a atenção do filho do aborrecimento nem banalizá-lo, e sim absorver e entender sua dor sem tentar consertar a situação ou resguardar o filho, ajudando-o a identificar o problema e a acreditar que ele é capaz de superá-lo. Tal como o corpo humano adquire resistência à doença, a repetida exposição aos infortúnios da vida e a sobrevivência a eles acabam conferindo imunidade à auto-estima da criança.

Tal como o corpo humano adquire resistência à doença, a repetida exposição aos infortúnios da vida e a sobrevivência a eles acabam conferindo imunidade à auto-estima da criança.

Pode parecer óbvio dizer isso, mas é bom lembrar que a crítica exagerada é muito prejudicial à criança. A criança que sente que foi feita para incomodar e frustrar os outros vai passar para a vida adulta acreditando que só sabe incomodar e frustrar e vai esperar e ouvir crítica mesmo quando ela não existe, reagindo defensivamente diante da mais benigna observação. Para extravasar a própria autocrítica, ela vai se tornar um crítico implacável do mundo, e assim o bastão vai passando de mão em mão. Nossos filhos só têm a ganhar quando conseguimos aprender a exprimir nossas insatisfações ou lhes fornecer orientação sem alvejarmos a essência de quem eles são.

Em outras palavras, apesar das escolhas e do comportamento do seu filho estarem errados, ele não é mau. E você precisa procurar aprender com o *feedback* que recebe dos outros. Se as pessoas freqüentemente a chamam de exigente e impossível de agradar, leve essa observação a sério e veja se pode mudar alguma coisa na própria atitude para produzir uma mudança na de seu filho.

Muitas vezes a vulnerabilidade de seu filho emana não de sua atitude crítica em relação a ele, mas de sua atitude crítica em relação a si mesma. O perfeccionismo parece propagar-se pelas gerações, mesmo quando os pais estão determinados a romper com esse padrão. Se o filho vê a mãe se obrigar a fazer tudo muito certinho, ele pode acabar inconscientemente adotando a mesma atitude, assim como pode, quem sabe, fazer o contrário e tentar de tudo para não ser igual à mãe, adotando uma atitude antiperfeccionista forçada, cuja conseqüência mais drástica é a recusa da responsabilidade – e, no fim, sua única saída, porém, será reconhecer que é de fato igual à mãe. A mãe que instintivamente insiste em impor padrões elevados a si mesma e a seu filho precisa procurar moderar sua atitude ou admitir conscientemente esse fato como uma questão sua e ajudar o filho a encontrar seu próprio lugar entre os extremos. Abrir mão do perfeccionismo não significa abrir mão de padrões elevados, de motivação e de sucesso.

Embora a criança precise ter noção de sua capacidade e de seu valor, ela também precisa exercitar-se no campo das frustrações, rejeições e dos tipos mais variados de agressões que a vida reserva para ela. E não há lugar melhor para praticar do que no seio de um lar carinhoso e incentivador, no qual suas reações diante desses males podem ser bem recebidas, aceitas e compreendidas. Ensinar seu filho a tolerar e a lidar com os contratempos da vida é um processo penoso e demorado, mas ainda assim é a melhor maneira de desenvolver nele características de resistência e flexibilidade.

A Ética do Trabalho

Faz parte da aquisição de competências saber dar valor ao trabalho árduo, o que vem sendo rapidamente esquecido entre nossos filhos. Experimente chamar seu vizinho de 15 anos e oferecer-lhe um pagamento para cortar a grama da sua casa ou fazer algum outro serviço para você. Se for do tipo bem-humorado e com boa disposição, é provável que ele aceite na primeira vez, mas na segunda já trabalhará de má vontade e na terceira nem aparecerá mais.

Muitos adultos guardam a recordação de que adoravam ajudar os pais em casa quando eram pequenos – isso atualmente é uma raridade. As crianças de hoje parecem não sentir necessidade de trabalhar. Normalmente são os pais que levam o lixo para fora de casa e carregam as sacolas de compra do supermercado. É comum se comportarem como se tivessem tanto dinheiro que nem sabem o que fazer com ele: mostram-se dispostas a trabalhar quando e apenas quando precisam comprar um gravador de CD ou um *skate* caro.

Muito menino não dá importância ao trabalho de verdade, do tipo que os pais fazem, porque exige muito dele, é "chato", o obriga a ficar sentado atrás de uma escrivaninha o dia inteiro. Não dá para dançar ou fazer sexo lá e, o que é pior, há um chefe dizendo o que você tem de fazer. O sonho de ficar rico e famoso, com o qual a mídia bombardeia nossos filhos, os atormenta, fazendo com que atividades como as de gigolô, traficante de drogas e *popstar* lhes soem extremamente atraentes e possíveis. Todos querem ser jogadores, para virar a "Estrela do time". Todos anseiam por um minuto de fama, garotas, jóias e carros – e carro do tipo esportivo que vem com os seguintes dizeres no pára-choque: "Trabalhar é para trouxas e medíocres". Claro, muitos jovens não sabem o valor do dinheiro e do trabalho sério. Grande parte do que o jovem pensa está associada às lições ensinadas pelos pais, mas, com o rumo que o mundo tomou e com o ataque devastador e implacável do comercialismo desenfreado de hoje, os pais se vêem na situação de anões tentando derrotar o gigante Golias.

O desdém pelo trabalho muitas vezes indica uma falta latente de autoconfiança e competência. Muitas crianças são inaptas para o trabalho, não por incapacidade de exercer uma função, mas porque são desprovidas do caráter e da determinação que o trabalho exige. Galgar lenta e firmemente os degraus de uma escada está além de seus propósitos. Ofereça-lhes um trabalho temporário em uma loja e eles vão pedir salário de gerente e vaga no estacionamento.

Muito menino não dá importância ao trabalho de verdade, do tipo que os pais fazem, porque exige muito dele, é "chato", o obriga a ficar sentado atrás de uma escrivaninha o dia inteiro. Não dá para dançar ou fazer sexo lá e, o que é pior, há um chefe dizendo o que você tem de fazer.

Serviços de Casa: O Que Seu Filho Pode Fazer?

Serviços de casa – tarefas que fazem parte do cotidiano de qualquer família – é uma oportunidade para ensinar a seu filho conhecimentos práticos do dia-a-dia e o valor da cooperação. Certas vezes, porém, os pais sabotam essa oportunidade ao pedir que os filhos executem tarefas para as quais não estão preparados. Aqui vai uma lista de tarefas, divididas por idade, que seu filho pode ajudar a fazer. Lembre-se de manter suas expectativas e padrões em nível realista.

Até 6 anos

Colocar os guardanapos e talheres na mesa
Lavar a alface da salada
Ajudar em tarefas simples de limpeza
Vestir-se, escovar os próprios dentes e realizar outras tarefas pessoais relacionadas à própria higiene e vestuário
Colher verduras na horta
Preparar sanduíche
Limpar migalhas da mesa e do chão com um miniaspirador de pó

Dos 7 aos 11 anos

Guardar a própria roupa lavada
Arrancar mato do jardim e ajudar a plantar flores
Aprender a preparar comidas simples (queijo derretido, miojo, pratos de microondas etc.)
Lavar e secar pratos ou guardar a louça da máquina
Cuidar de bichos
Ajudar nas compras de supermercado
Passar aspirador e tirar pó; conservar a limpeza do banheiro

Dos 12 aos 15 anos

Cortar grama
Lavar o carro
Planejar o cardápio e preparar uma refeição uma vez por semana
Tomar conta de criança (sim, meninos também adoram isso e vão se beneficiar de um treinamento, muitas vezes oferecido em escolas, bibliotecas e instituições comunitárias)

Dos 15 aos 18 anos

Ajudar na manutenção do carro (trocar o óleo, encher o pneu etc.)
Ajudar nos reparos domésticos (aqui, de novo, é importante fornecer o devido treinamento)
Lembre-se, ensinar *com calma* aptidões a seu filho e mostrar que conta com a ajuda dele, e não simplesmente dar ordens, será uma forte motivação para seu filho ajudar.

Como expressou um menino ao recusar um generoso convite para trabalhar em um posto de gasolina: "Tá pensando que sou bobo? Eles querem é alguém para varrer o chão e trocar óleo de carro o dia inteiro". O fato de que os donos do posto, mecânicos competentes, também limpavam o chão e faziam trocas de óleo era irrelevante. A absoluta falta de conhecimento do garoto sobre carros não influiu em suas expectativas. O que ele queria era regular motor de Mercedez e BMW e não se contentava com menos.

Só para matar a curiosidade de quem quer saber o que aconteceu com o garoto, em vez de *trabalhar com* carro, ele preferiu passar o verão *brincando* de carrinho de controle remoto.

Trabalhar requer empenho e dedicação. O trabalhador precisa saber aguardar para ser recompensado, ou seja, primeiro ele trabalha e depois recebe,

Como Transformar um Preguiçoso e Alérgico a Trabalho

O que a mãe solteira deve fazer quando o filho não quer tomar parte do trabalho de casa nem aceitar responsabilidades?

Convença-se de que o trabalho é necessário. O menino que não trabalha quando pequeno pode transformar-se em um homem que não consegue trabalhar, o que pode condená-lo a levar uma vida muito difícil. Ele precisa que você o estimule, e quanto mais cedo, melhor.

Avalie bem o momento. Jamais haverá o momento certo ou o melhor momento para agir. O fato de você mudar as regras depois de tantos anos não é contraditório nem injusto. De fato, analisar sua forma de educar seu filho e fazer os devidos ajustes é uma virtude da qual você deve orgulhar-se.

Planeje. Decida como vai mudar as coisas. Que expectativas são razoáveis, levando-se em consideração idade, desenvolvimento e outras responsabilidades que seu filho já tenha? Faça o possível para convidá-lo a cooperar antes de recorrer a recompensas e conseqüências, embora elas possam acabar sendo necessárias.

Anuncie seu plano. Agora que você decidiu que as coisas serão diferentes, precisa explicá-las com toda a calma e firmeza a seu filho. "De agora em diante", você pode dizer, "vou esperar sua ajuda nos serviços de casa. Que coisas você está disposto a fazer todo dia? E uma vez por semana?". Você pode oferecer um incentivo razoável para a cooperação (talvez passar um tempo juntos fazendo uma atividade que ele goste) ou, o que já não tem conotação tão positiva, invocar conseqüências pela falta de colaboração. Pense bem se é capaz de manter os acordos firmados e elabore conseqüências que ensinem e estimulem, não que envergonhem ou que configurem outras lutas de poder.

Implemente integralmente seu plano. Se, depois de pronunciar um veemente discurso sobre o novo regime da casa, você começar a sentir pena e não cobrá-lo, o mesmo acontecerá com seu filho. Fazer com que um acomodado trabalhe pode ser difícil e exigirá persistência. Esteja preparada para sentar-se com ele e fazer os devidos acertos no plano se começarem a surgir atritos. Envolvê-lo no planejamento e na execução do novo sistema de trabalho familiar alimentará o espírito de cooperação dele.

Trabalhe com ele. Certos filhos respondem milagrosamente bem quando trabalham junto com um dos pais. Em vez de apenas lhe atribuir tarefas para que realize sozinho, crie parcerias em que você possa oferecer sua ajuda. Essas ocasiões em que você e seu filho se ocupam fazendo alguma coisa juntos podem transformar-se em oportunidade para bate-papos informais que levam a uma maior proximidade e entrosamento. Essa disposição de espírito de sua parte também lhe permite ensinar seu filho a realizar tarefas práticas e de grande utilidade e, depois, observá-lo a fazê-las bem e com segurança.

Observe-o fora de casa. Se todas as pessoas de 'fora' – professores, orientadores, amigos – elogiam a presteza e a habilidade de seu filho e você não vê isso, então o problema está entre vocês dois. Pode ser que você precise perguntar por que ele reluta em lhe mostrar o mesmo interesse e o mesmo esforço que demonstra diante dos outros. Mas não deixe de se parabenizar por ter um filho que, apesar de toda a preguiça em casa, mostra-se um cidadão responsável no mundo de fora. Se, por outro lado, ele não aceita trabalhar com mais ninguém em lugar nenhum, aí sim seu problema é bem maior e bem mais grave.

Reconheça o esforço dele e mostre-lhe isso. Mostre, sem exageros, que você notou mudanças, mesmo que pequenas.

Basta, por exemplo, agradecer-lhe por levar o próprio prato para a cozinha depois de comer e, quem sabe, na próxima semana ele levará também os outros pratos. (Afinal, você não se sente mais motivada quando seu esforço é reconhecido e valorizado?) Mas não exagere. Os acomodados têm tendência a recuar quando seu esforço é muito aplaudido ou comemorado. A valorização comedida parece render mais frutos.

e só então pode gastar o dinheiro que recebeu. Quem trabalha precisa ser capaz de tolerar frustrações e de exercer tarefas em equipe. Precisa acatar ordens e fazer o que lhe é pedido, mesmo quando considera que aquilo é perda de tempo ou que não está à sua altura. Precisa ser capaz de orgulhar-se de um trabalho bem-feito (mesmo que seja fazendo sanduíche ou ensacando compras de supermercado). O bom trabalhador precisa ser capaz de cumprir um dia honrado de trabalho, que implica também trabalhar com honestidade (não roubar e contar corretamente as horas trabalhadas, por exemplo).

Como ensinamos nossos filhos a trabalhar? De que outras maneiras? Atribuindo-lhes obrigações preestabelecidas e responsabilidades desde bem pequenos. Pense, por exemplo, que uma criança bem pequena que more em uma fazenda já pode buscar ovos no galinheiro e dar comida às galinhas. A maioria dos pais sabe que os pequenininhos em geral querem lhes agradar. Aproveite, então, e explore essa inclinação natural. Vá procurando serviços apropriados para que seu filho faça à medida que ele vai crescendo e expresse sua satisfação sempre que notar que os executa com gosto, boa vontade e capricho. Faça com que ele se sinta profundamente recompensado com a satisfação que o trabalho lhe proporciona.

Falem o que quiserem de Freud, mas ele sabia o que estava dizendo quando afirmou que a pessoa saudável é aquela que sabe amar e trabalhar.

Ensinar a Verdadeira Coragem

Nada amedrontava Theo. A mãe o chamava de 'acidente ambulante'. Qualquer que fosse o dia da semana, lá estava ele cheio de machucados sangrentos, arranhões e curativos, provocados pelos mais variados motivos: skate, bicicleta, carrinho de rolimã. Era aquela criança atirada e impulsiva, sempre pronta a praticar as manobras esportivas mais arriscadas e a rasgar a roupa nas aventuras mais desvairadas mato adentro. Vários ossos quebrados, dois desmaios, uma retina descolada e sabe-se lá quantas torções no tornozelo e luxações no braço. Nada disso, porém, foi suficiente para refreá-lo. "Nasci desembestado mesmo", declarava ao entrar em casa mancando.

Claro, o menino de ontem nadava em lago de pedra e vivia atrás de proezas que exigiam sua ousadia e força. Agora, com o advento da tecnologia e dos esportes radicais, os riscos são muito mais graves. A grande disponibilidade de veículos, por exemplo, que vão do skate à bicicleta de marcha e aos carros possantes, colocou ao alcance desses temerários desajuizados maneiras novas e mais formidáveis de desafiar a gravidade e de provar sua virilidade e destreza. Como podemos desacelerar o ritmo dessas criaturas? E será que devemos?

A imprudência levada às últimas conseqüências – não molecagens saudáveis – é um sinal que preocupa. A principal causa de morte entre os jovens são os acidentes. Muitas vezes, o desprezo pelo próprio bem-estar aponta uma falta de autoproteção, um vazio que implora para ser preenchido com excitação, uma falta de competências mais convencionais ou de esperança no futuro e uma crença básica de que "E daí se eu morrer?". A bravata desses meninos geralmente fala em nome de medos muito enraizados dentro deles que não conseguem expressar, muito menos elaborar. Admitir medo e evitar uma coisa perigosa exige muito do menino em termos de força pessoal e confiança em si mesmo. Parecer covarde é mais perigoso e menos aceitável do que assumir risco, principalmente para o menino que, por mais robusto e valente que seja por fora, por dentro se sente pequeno e desamparado. Ele é o menino capaz de dominar e enfrentar o medo pela ação, mesmo que absolutamente estúpida e arriscada.

Como tudo o mais no desenvolvimento da criança, o segredo é a prevenção. Quando você tem força suficiente para cultivar a *resiliência* e a auto-estima em seu filho, ele cresce dando valor ao próprio corpo e à própria integridade física e emocional, cresce com segurança suficiente para dizer não ou para se afastar do perigo sem se sentir enfraquecido por essa atitude. Quando suas confusas emoções não o cegam, ele vê claramente que o incitamento dos outros meninos tem a função de defletir as ansiedades deles e dar vazão às inseguranças deles, e assim não cai na armadilha da provocação.

O menino também aprende pelo exemplo. Se ele é treinado para ser um homem impulsivo, que tem atração pelas coisas que o assustam em nome da virilidade, ele vai se acostumar a isso e talvez chegue mesmo a gostar ou a sempre desejar ardentemente as emoções eletrizantes. No entanto, nada disso serve para a mãe cujo filho é um 'endiabrado' de nascença. O que ela pode fazer? Não muito para mudar a predisposição genética que o leva à busca incessante da excitação, mas pode ajudá-lo a ter controle sobre si mesmo. Antes de tudo, se seu filho está no caminho do perigo real, você tem de agir. Tire a bicicleta até ele não apenas prometer parar, mas realmente parar de viver apostando corrida na ribanceira. Tire-lhe a chave do carro por bastante tempo. (Ele teve três acidentes em sete meses. Será que precisa se matar ou se inutilizar para parar de vez?) Se adora esportes arriscados, pense junto com ele maneiras de praticá-los com maior segurança; insista para que faça cursos, use equipamento de proteção e pratique em ambiente seguro. Caso ele não demonstre disposição para acatá-la ou encare essas precauções como mera idiotice, proíba-o, sem se desculpar nem falar mais no assunto, de praticar a atividade até se mostrar disposto a ceder.

Quase todas as mães se preocupam quando o filho pede para praticar esportes radicais ou mesmo passar a noite fora acampando. Como ocorre com tantas coisas na vida, essas decisões requerem capacidade de pesar a oportunidade que seu filho tem de adquirir segurança, competência e auto-estima e a necessidade de zelar pela segurança dele. Exercite sua sabedoria interior e seu bom senso e ouça-o também, para então tomar a melhor decisão que você puder.

Encarando o Risco com Objetividade: Como Falar de Sexo e Drogas com Seu Filho

Muitas mães se sentem pouco à vontade para conversar sobre esses assuntos com o filho. Em que idade você deve começar? E se o menino ficar com vergonha e com raiva? E como provocar o assunto sem que ele pense que você está acusando-o? Eis algumas sugestões que podem ajudar a abordar esses temas de suma importância:

Não tenha medo de trazer à tona a questão das drogas e da atividade sexual. Comece cedo, de maneira delicada e apropriada para a idade da criança, a introduzir esses assuntos e mostrar a ela que você está disposta a conversar sobre eles. À medida que o menino for crescendo, vá mostrando suas próprias idéias e valores a respeito de sexo, relacionamentos, cigarro, bebida e uso de drogas. Fale sempre com calma, sem fazer sermão, mas diga sempre o que pensa e pergunte a ele o que acha e o que anda fazendo. Se você não tiver essas conversas, ele vai obter essas informações exclusivamente dos colegas e da cultura que o cerca, fontes notoriamente pouco confiáveis.

Esteja aberto a perguntas. Mostre a seu filho que ele pode perguntar coisas a você e esteja preparada para responder. Ele pode querer saber sobre suas próprias experiências. Pare antes para pensar o que você quer que ele aprenda e decida

Ajude seu filho a desenvolver outras aptidões. Como discutiremos mais adiante, a criança que não vai bem na escola e que consegue poucos sucessos fora dela procurará maneiras de se destacar e de encontrar o seu lugar. Compreende-se que encontre compensação em suas proezas de garoto destemido. Se os pais se orgulham de jogar golfe e de ter um jardim tão bem cuidado, porque ele não sentiria prazer em ser o melhor skatista da turma? Se, no entanto, essa for o que quer compartilhar e como compartilhar. Procure ser sempre o mais sincera possível. Caso não lhe ocorra uma resposta satisfatória para a pergunta dele hoje, volte a ela mais tarde, depois de refletir sobre o assunto.

Mantenha-se informada. Faça o possível para conhecer os amigos de seu filho e suas respectivas famílias. Não espere que seu filho venha reportar-se a você e mostre a ele que aprova as atividades recreativas que ele pratica com o grupo de amigos dele. Muitas mães ficam na dúvida se devem espionar os filhos, ouvir escondido suas conversas, ler seus e-mails e mexer em sua escrivaninha e mochila. O melhor é começar cedo a conversar com ele sobre os riscos que vai ter de enfrentar quando crescer.

Faça o que você prega. Os filhos percebem a hipocrisia da mãe. Simplesmente não vai adiantar nada dar a seu filho um conjunto de regras para que ele siga se você não aplicá-las consigo mesma. Se ele a vê fumando cigarro ou maconha, bebendo regularmente, tendo vários relacionamentos sexuais, suporá que esse comportamento também é aceitável para ele. Pode lhe parecer injusto ou muito sacrificado ter de mudar seu estilo de vida; entretanto, que outra escolha você tem, se sua responsabilidade perante seu filho é o que mais importa para você?

'*Fique ligada*'. Um relacionamento de respeito e carinho com os pais ainda é a melhor proteção contra comportamentos de risco. Nunca desista de procurar saber quem seu filho é, não apenas onde ele está.

sua única oportunidade de ser famoso, ele se verá eternamente obrigado a galgar o nível acima. O que ele vê na televisão – ciclistas, skatistas e caiaquistas que despencam 30 metros em queda livre – só lhe serve de inspiração. Como vimos no Capítulo 2, os meninos têm um desejo inato de agressividade e competição. O menino fará o que for preciso para ser notado e se destacar, para ser alguém.

Ensiná-lo a não chorar, a não correr para perto da mãe quando ameaçado, a não admitir o medo, a não admitir a fraqueza e a não se entregar pode fazer dele um excelente soldado, mas não um homem corajoso, capaz de fazer o que é certo mesmo que todos à sua volta pensem o contrário e de lutar por aquilo que acredita, contra todas as evidências.

Os grandes escritores e estudiosos do desenvolvimento do menino – Kindlon e Thompson (*Raising Cain*), Michael Gurian (*The Wonder of Boys*) e William Pollack (*Real Boys*) – são unânimes em apontar um outro equívoco na maneira de nossa cultura tratá-los. Ensiná-lo a não chorar, a não correr para perto da mãe quando ameaçado, a não admitir o medo, a não admitir a fraqueza e a não se entregar pode fazer dele um excelente soldado, mas não um homem corajoso, capaz de fazer o que é certo mesmo que todos à sua volta pensem o contrário e de lutar por aquilo que acredita, contra todas as evidências. Essa é a verdadeira coragem, e as mães têm um papel a desempenhar na formação dessa coragem dentro deles.

Promover o Bom Desempenho no Colégio

Vários e vários estudos não deixam dúvida de que o bom desempenho escolar protege a criança contra todos os tipos de comportamento refratário e disfunções de comportamento. Esse tema é tão importante que vamos abordá-lo com exclusividade no Capítulo 12.

Estabelecer Ligações

No livro *Connect*, seu autor, o psiquiatra, formado pela Harvard, Edward Hallowell, insiste na importância de uma maior ligação entre as pessoas.[1] Acertadamente ele a vê como talvez o fator individual de maior força para proteger uma pessoa contra a depressão, a ansiedade, a doença física e o desespero existencial. Sua prescrição serve tanto aos meninos, ainda crianças, quanto às suas mães. O fato de meninos perdidos e abandonados, sem contato com um adulto significativo, usarem drogas como salvação nos diz alguma coisa sobre a necessidade de buscar uma comunidade e de se sentir integrado nela.

A criança criada pela mãe, sem pai, só conta com a presença de um progenitor, um adulto para lhe proporcionar sensação de acolhimento, de valia, para lhe oferecer um ouvido amigo e orientação – e esse adulto encontra-se, muitas vezes, sobrecarregado com as próprias demandas, sem contar que os ecos emocionais de um divórcio, abandono ou morte são questões que requerem tempo e paciência para cicatrizarem. Não é exagero da mãe solteira dizer que seus filhos estão mais expostos ao risco de se sentirem relegados e isolados e ao risco de se juntarem a grupos errados a fim de encontrar um lugar especial no mundo. Como a mãe pode manter o filho envolvido?

O Dr. Hallowell sugere diversas maneiras de ajudar o menino a sentir o valor e o significado que tem para os outros, sobretudo durante a fase tumultuada e de grandes perplexidades da adolescência. A mãe que sabe discernir ajuda o filho a permanecer em contato com:

Família: cultive os laços familiares, freqüente os encontros de família, mantenha-se aberta para seus parentes e em contato com eles e favoreça a ligação de seu filho com seus parentes (inclusive, quando viável, com a família do pai dele, mesmo que você não tenha ligação com ela).

Amigos: alimente as boas amizades de seu filho, abra a casa para os amigos dele e procure conhecê-los e tratá-los com estima.

Arte: incentive o gosto de seu filho pela arte e pela beleza, ajude-o a se identificar com a pintura, com a música, com a arte da escrita etc. e ajude-o a valorizar os próprios talentos, não obstante os preconceitos sociais.

Natureza: incentive o respeito e a admiração de seu filho pela natureza desde a mais tenra idade e transmita-lhe a sensação de fazer parte do mundo como um todo, de ser uma peça dentro de uma existência rica e complexa.

Reuniões de Família

A reunião de família consiste em uma maneira muito estimulante e eficaz de resolver problemas, demonstrar apreço e criar intimidade. A mãe solteira, porém, duvida um pouco de sua capacidade de fazer os encontros de família darem certo, principalmente quando o filho é uma criança muito ativa. Promover reuniões familiares regulares pode significar gastar menos tempo disciplinando seu filho.

Experimente e veja o que você acha:

Reserve um horário regular para a reunião de família e faça dela uma prioridade. Mostre a seus filhos que você considera esse tempo com eles uma parte muito importante da sua semana. Desligue a televisão e o telefone, tire tudo de cima da mesa da cozinha e sentem-se juntos.

Comece com elogios e agradecimentos. Procure as coisas positivas que cada pessoa da família fez e incentive seus filhos a fazer o mesmo. Faça dessas reuniões um momento para reconhecer qualidades e realizações.

Deixe um quadro de recados em local acessível. Pendure um quadro de avisos do tipo quadro branco, em um lugar em que todos possam ver. Ao longo da semana, ao surgirem

Instituições: assuma um papel ativo você também no colégio, no clube ou em outros grupos que ele freqüente para criar nele uma maior sensação de integração àqueles ambientes.

Idéias: manter-se em contato com as próprias crenças e cultivar uma vida intelectual pode fortalecer sua vida interior e ajudar seu filho a entender que a vida pode mesmo lhe parecer às vezes emocionalmente confusa e incoerente.

Deus: a fé em um ser superior pode fornecer bastante coerência e conforto à criança. Grande número de estudos mostra questões difíceis e conflitos, anote-os para abordá-los na próxima reunião de família. Às vezes o simples ato de escrever nossas frustrações e de tê-las anotadas nos proporciona alívio e lucidez.

Troque idéias para resolver problemas e planejar atividades. Peça opinião a cada pessoa da família, e, nessa hora, todas as contribuições, por mais estapafúrdias que possam parecer, devem merecer a mesma atenção. Depois de todos oferecerem suas idéias, decida em conjunto por quais delas a família vai lutar e quais vai implementar.

As decisões devem ser tomadas por consenso. Votar acaba criando as figuras do vencedor e do perdedor. Faça prevalecer a busca pela harmonização dos interesses e pela solução conciliatória. Quando não se chegar a um acordo, deixe a questão em suspenso para tentar resolvê-la no próximo encontro. E aproveite os encontros de família futuros para monitorar o andamento de questões e soluções de reuniões anteriores.

Encerre com uma observação positiva. Conclua a reunião com um filme, uma atividade em família ou uma sobremesa de que todos gostem.

que a espiritualidade, a sensação de conexão com um poder maior do que nós mesmos, independentemente de denominação ou tipo, é um dos principais fatores para a construção de uma família estruturada.

Si mesmo: o conhecimento, o amor e a aceitação de si mesmo são elementos que contribuem para pavimentar a estrada da saúde psicológica. Essa ligação consigo mesmo é o calçamento mais firme para quem vai percorrer a jornada da vida.

Temas para Refletir

Uma pesquisa recente com mais de 12 mil adolescentes norte-americanos sugere que as crianças que jantam com a família cinco noites por semana mostram-se muito menos propensas a se envolverem com álcool, drogas, fumo, sexo e suicídio do que as que fazem a refeição sozinhas. Infelizmente, outra pesquisa recente com pais indica que a maioria dos pais e dos adolescentes não se reúne para jantar, e que essa tendência vem se acentuando. Embora os pais, que geralmente seguem um ritmo de vida muito atribulado, não precisem de explicações elaboradas para entender o motivo desse fato constatado, muitos deles gostariam de conservar esse hábito em casa. As refeições em família, concordam os pesquisadores, além de oferecerem melhor nutrição, também proporcionam aos filhos oportunidade de serem ouvidos, valorizados, de se sentirem integrados ao ambiente familiar e de desenvolverem o espírito de cooperação, tanto no que diz respeito ao trabalho que a refeição envolve quanto à sua participação nas conversas. Mark Goluston, professor da Universidade da Califórnia, afirma que as refeições em comum reforçam os alicerces da atuação saudável em equipe, habilidade indispensável para quem freqüenta o mundo empresarial de hoje.

A vida não oferece garantias, e o risco, de fato, ameaça nossos filhos em toda parte. Mesmo assim, a mãe ponderada e empenhada tem muito a fazer para fomentar a auto-estima, a segurança, o discernimento e a resiliência, ou resistência, do filho.

Embora exijam esforço, tempo, auto-reflexão e sacrifício pessoal, essas estratégias e atitudes encerram o potencial de preservar nossos filhos com segurança ainda maior do que qualquer plano de seguro pago em dinheiro.

Sugestões para refeições saudáveis em família:

- *Faça da refeição em família uma prioridade.*
- *Envolva as crianças* em alguma tarefa: preparar ou servir a refeição ou lavar a louça (e participe também, sem aproveitar para ir ler seus e-mails ou retornar um telefonema enquanto elas estão ocupadas).
- *Dê um bom exemplo* à mesa, ouvindo e abstendo-se de fazer comentários negativos indevidos (usar a hora da refeição para queixas e repreensões só vai fazer seu filho querer esquecer esse exemplo).
- *Aprenda a se descontrair à mesa* (você não precisa se comportar como se estivesse em um restaurante cinco estrelas).
- *Tenha paciência* (pode levar algum tempo até que as refeições em família se tornem compartilhadas e proporcionem a satisfação de que você gostaria).
- *Alimente expectativas razoáveis* (a refeição saudável em família oferece muito espaço para debate, discussão e discórdia; não espere que o reino da paz impere dentro de sua casa).
- *Divirta-se.*

Texto adaptado do artigo do *MSC.com* de Beatrice Motamedi, in *All in the Family*, 21 de julho de 2001.

CAPÍTULO 9

Menino ou Menina?

Alimentando e Desenvolvendo Gênero e Identidade

Ah, nem adianta sonhar com o passado, quando tudo era muito mais simples! Antigamente todos sabiam exatamente como era um menino, não é verdade? Criaturas levadas que catavam minhoca, comiam porcaria, perseguiam cachorro, roubavam maçã, cabulavam aula, amavam a mãe, eram capazes de ficar com a mesma roupa o mês inteiro e não tinham medo de nada, a não ser de banho e da régua da tia Catarina.

Naquela época, distinguir um menino de uma menina não era problema. As meninas tinham cabelo comprido, andavam com a Barbie a tiracolo e pulavam corda.

Elas gostavam de usar os vestidos e os brincos da mãe, adoravam limpeza, ajudar a mãe no serviço doméstico, estudar e agradar as freiras do colégio (pelo menos bem mais do que os meninos).

Neste novo milênio, a questão do gênero mudou muito. Os estudos das mulheres e de suas virtuosas descendentes, as meninas, revelaram os meios letais pelos quais nossa sociedade involuntariamente silenciou suas queridas filhas. As pesquisas nessa área mostram que as meninas eram criadas para obedecer, acomodar-se e tornar-se mulheres que dependiam dos homens e valorizavam mais sofisticação e sensualidade do que satisfação e confiança. Obrigamo-las a renunciar ao próprio ego, o mais triste e penoso sacrifício que alguém pode fazer.

A cegueira da cultura em relação às filhas nos levaram a imaginar o que havia acontecido com os meninos. Conforme já mencionamos, o atual 'movimento dos meninos' descobriu tantas tragédias e equívocos humanos quanto o 'movimento das meninas'. Percebeu-se o quanto os educamos mal emocionalmente, deixando-os cruelmente despreparados para lidar com a vida e com os relacionamentos.[1] O lado mais bruto do garotos, o qual exibem ao mundo, reflete tanto o processo cultural de socialização quanto o temperamento natural de cada um. Muito do que se acreditava a respeito dos meninos e das meninas se provou inverídico. Ambos os gêneros são mais complexos do que jamais se admitiu. E, apesar das diferenças consideráveis, compartilham muito mais do que se acreditava de humanidade e de desenvolvimento psicológico. Por mais paradoxal que possa parecer, aprendemos que, de um lado, eles são muito mais parecidos e, de outro, diferentes do que supúnhamos.

Muito do que se acreditava a respeito dos meninos e das meninas se provou inverídico. Ambos os gêneros são mais complexos do que jamais se admitiu.

É bom saber que as universidades estão estudando e ensinando questões de gênero e as pesquisas mostram isso. Uma característica que influencia de modo tão profundo nossos filhos merece especial atenção. E, enquanto podemos sonhar com os bons tempos do passado, as evidências indicam que eles não eram tão bons quanto pensávamos. Muitas de nossas mães se sentiam mais 'prisioneiras-de-casa' do que donas-de-casa. Quantas de nossas avós foram mulheres brilhantes, capazes de trabalhar fora e contribuir profissionalmente para o mundo com a mesma competência com que exerciam o papel de mãe? O abuso físico e sexual existia bem antes de a mídia transformá-lo em assunto corriqueiro. Muitas de nossas mães, quando crianças, foram vítimas das convenções rigorosas que as impediam de receber o suporte necessário. E o que falar dos homens que não se enquadraram nos padrões e se voltaram para o álcool, para a violência e para o isolamento como única forma de reação? Quanto sofreram esses meninos?

A velha sabedoria e as recentes descobertas, as tradições e os novos meios, os preconceitos antigos e a atual abertura, tudo isso tem grandes implicações para nossos meninos.

Os avanços do conhecimento sobre essas questões podem nos ajudar a agir melhor com nossos filhos. Para as mães sozinhas, porém, que não partilham os traços de gênero com o filho, essas questões costumam ser bem mais complexas e frustrantes.

Genes, Jeans e Júnior

A genética de gênero extrapola o objetivo deste livro. O que sabemos é que a hereditariedade influencia muito o grau de masculinidade da criança. Se o feto recebe um cromossomo Y do pai e um X da mãe, vai ser geneticamente menino. Não é, portanto, novidade o poder que a biologia exerce na determinação do gênero. Os hormônios sexuais marinam o cérebro em desenvolvimento e lhe dão um caráter – e à criança que o possui – mais de menino que de menina. Todavia, a definição genética do comportamento não recebe a influência de apenas um gene; diversos genes influem no quão masculino o menino se torna. Só varia o que e quanto o legado biológico opera. Alguns garotos são tão inerentemente machos que, mesmo vivendo em uma casa com 29 irmãs e com a mobília cor-de-rosa, não perdem a paixão pelo futebol e pelas corridas de carro. Outros vêm ao mundo tão biologicamente despidos de masculinidade que nem a criação mais conservadora e machista consegue reprimir-lhes a sensibilidade feminina. Em suma, algumas pessoas provavelmente não podem mesmo escolher o gênero, ou orientação sexual, e nosso conhecimento dos fatores que determinam o grau de masculinidade (ou feminilidade) ainda é muito precário. A maioria dos meninos, porém, reflete muito o ambiente em que cresceram e a educação que receberam.

Os Brutos Também São Belos

Os meninos são dotados de atributos de beleza, tais como altura e harmonia. Um pequeno número deles tem dois metros de altura, um número igualmente pequeno é baixinho, mas a maioria fica no meio disso.

O grau de 'macheza' – que a palavra represente o conjunto de atitudes típicas do gênero masculino – também varia. Existem garotos supermachos e outros exatamente o oposto, mas a maioria não se enquadra em nenhum desses extremos. A diversidade é grande. Alguns garotos adoram esportes, outros não. Muitos odeiam shoppings e sair para comprar roupas, mas nem todos, pois há os que gostam. O menino altamente competitivo não é necessariamente agressivo. (Certos meninos preferem olimpíadas de matemática, por exemplo.) Em vez de tentarmos impor aos nossos filhos conceitos limitados, repressores e utópicos do que se espera de um menino, devemos manter em mente essas sutilezas e refinar nossa vista para acolher a verdadeira personalidade de nosso filho, a pessoa que existe por trás do exterior masculino.

Acolhendo a Masculinidade

Sabendo-se que para toda regra há exceção, que veremos mais adiante, consideremos os meninos comuns e a influência da atitude das mães sozinhas em relação aos filhos. Algumas dessas mulheres vão apreciar bastante ter um filho homem. Elas vão comemorar a masculinidade do filho e 'curtir' muito as diferenças entre meninos e meninas.

Essas mães vão aceitar os filhos como eles são, reverenciar suas potencialidades, corrigi-los no que for necessário, trabalhar de modo construtivo suas fraquezas e educá-los para vida, podendo valer-se das descobertas da 'nova' psicologia masculina. Vão admirar e desfrutar o temperamento e a constituição de seus filhos, mesmo nas circunstâncias em que essas características os põem em situação embaraçosa.

A mãe pode gritar e espernear por causa da lama que ele vai deixando no tapete, mas não vai assassinar a personalidade do filho por que ele não tem mania de limpeza como ela nem desculpar seu comportamento pelo fato de ser homem. Pode reclamar com ele por bagunçar as caixas que ela acabou de arrumar, mas não vai deixá-lo pensar que sua curiosidade é motivo de culpa. Ela pode ensiná-lo a ter mais diplomacia com os professores, mas não vai humilhá-lo por suas idéias nem sufocar suas tentativas de expressar-se. Pode se preocupar com seus maus modos, mas não vai ridicularizá-lo a ponto de ele se recolher e evitar encontros sociais. Embora a mãe vá inevitavelmente brigar com o filho (como brigaria com uma filha), ele dificilmente ou nunca vai sentir que ela não gosta dele porque ele é homem.

Outras mães e filhos não têm tanta sorte. Por causa do que *eles* são, certas mães não os aceitam. Há mães que lidam muito mal com a agressividade, a própria e a dos filhos. No processo de 'domesticação' dessa agressividade, algumas mães podem agir com demasiada severidade ou até demonstrar rejeição. Certas mães não apreciam a força física dos filhos. Outras não conseguem tolerar que eles não compartilhem tudo com elas. Tomam como pessoal a reticência deles.

A simples resposta ao "Como foi a escola hoje?", que pode durar uma hora de revelações quando se trata de menina, no caso dos meninos pode não passar de um "Bem", isso quando a mãe não ouve um "Me deixa em paz!" característico do gênero masculino.

Infelizmente, também é verdade que algumas mães preferem as meninas, ou, pelo menos, se sentem melhor com elas. Talvez essas mulheres tenham sofrido abusos físicos por parte do pai ou de algum parente homem. Ou, talvez, antigos companheiros as tenham abandonado, tratado mal ou as ridicularizado. Independentemente disso, essas mães têm filhos para criar, pequenos garotinhos que dependem delas para moldar seu mundo, desenvolver a consciência de si mesmos e ter ânimo e forças para percorrer a estrada da vida como homens saudáveis e íntegros. O que as mães que têm dificuldade de relacionar-se com o gênero masculino podem fazer para evitar que isso prejudique seus filhos?

Pense em termos de comportamento, não de caráter. Devemos tomar cuidado para não confundir comportamento (que pode ser mudado) com a essência de ser menino (que não pode mudar). Cuidado para não depreciar a pessoa que seu filho é e não fazer generalizações destrutivas sobre a dificuldade de relacionamento entre vocês. Entenda o que ele diz e faz dentro do respectivo contexto, sem impugnar a personalidade ou o gênero dele.

Enfrente os problemas de comportamento. Conhecemos mulheres cujo desgosto com os filhos se compreendia dado o comportamento que os meninos apresentavam. Mas o problema não residia de serem meninos, e sim de não terem recebido a devida disciplina. Em vez de condená-los ou de sentirem-se vítimas da agressão ou selvageria deles, as mães podem se esforçar para serem corajosas genitoras que ensinam os filhos a se controlar e a se portar bem, para que eles se tornem pessoas mais amáveis.

Questione suas motivações. Tente identificar o que a irrita na masculinidade dele. Você prefere menina porque se sente sozinha? Quer uma filha capaz de ouvi-la como uma mãe ou de lhe dar suporte emocional? Você não gosta dos meninos porque tem inveja do irmão e se ressente do tratamento preferencial que ele recebeu de seus pais? Você não gosta do amor de seu filho pela vida porque isso a deixa mais deprimida e desanimada do que já é? São perguntas duras, admitimos, mas as circunstâncias as exigem. Com freqüência, a dificuldade dos pais em relação aos filhos deriva de experiências que nada têm a ver com as crianças e pode ser resolvida com tempo e dedicação.

Seja honesta consigo mesma. Em nossa prática clínica encontramos mães amorosas que se sentiam péssimas por alimentar algum preconceito contra o filho. A culpa, entretanto, as impede de dar voz a esses pensamentos antimaternais. Mesmo não ditos, tais sentimentos acabam por revelar-se nas ações, na linguagem do corpo e na atitude. Por mais que essas mães tentem dizer a coisa certa e se esforcem para gostar mais dos filhos, seus sentimentos inconscientes e verdadeiros transparecem.

Quase sempre percebemos quando alguém não gosta de nós, mesmo que a pessoa nos esteja servindo nossa sobremesa predileta ou nos perguntando como foi o dia. O primeiro passo para resolver isso é admitirmos para nós mesmos a verdade. Você não gosta disso e daquilo nos meninos, ou talvez preferisse a filha dos seus sonhos.

Também não se obrigue a ser um pai. Certas mães sentem necessidade de ser ao mesmo tempo mãe e pai perfeitos. Imaginam que precisam brigar e jogar bola com os filhos.

Ainda que os filhos gostem disso, eles não precisam de mães que chutem lixeiras e brinquem de guerra com eles. O que essas crianças precisam é que seus interesses e inclinações sejam respeitados. Tentar ser pai e mãe é luta inglória. Ser boa mãe já é muito.

Converse consigo mesma. Pergunte-se: "O que eu diria a uma mãe que tivesse um filho como o meu?". As mães sabem identificar as necessidades dos filhos mesmo quando não sabem como provê-las. Sua casa é acolhedora ao gênero masculino? Você e suas quatro filhas a decoram como se fosse um grande quarto de menina, deixando pouco espaço para seu filho se sentir parte dela e se identificar como macho? O fato de ele sentir ciúmes não seria porque você dá maior atenção às filhas? E o que – reflitamos sobre a pergunta crucial – essa sua dificuldade de apreciá-lo ou, no mínimo, de gostar dele tanto quanto gosta das filhas está fazendo com seu filho?

Desrespeitar a Mãe Natureza além de cruel é arriscado. Tentar educar o filho desconsiderando a tendência natural de seu temperamento pode fazê-lo sentir-se mal pelo que é e torná-lo alienado de si mesmo. Pode ocorrer que ele lute para dar-lhe o que você quer e assim negar o que carrega consigo de tradicionalmente masculino e desenvolver uma identidade espúria. Em muitos casos, o filho vai encontrar lugares onde se sinta mais aceito e apreciado do que em casa. Uma sortuda minoria encontrará mentores e outras segundas mães para preencher o vácuo. Há, porém, aqueles que, percebendo sua desaprovação, podem se recolher e perder a confiança no amor das mulheres, porque aprenderam a ver nelas, até nas mais amorosas namoradas e esposas, um secreto desgosto por eles, o mesmo desgosto de suas mães.

Progredir neste mundo como um homem sem ter experimentado o amor e suporte da mãe é duro, mais duro ainda para o filho de mãe sozinha.

Um Homem Mais Bondoso, Mais Gentil

Gil era decorador de interiores. Chegou a essa profissão já tarde na vida, tendo antes tentado várias outras ocupações mais 'masculinas', entre elas as de assistente financeiro, gerente de vendas e chefe de revendedora de automóveis. Era um homem forte, jogador de golfe esforçado e incansável amante do belo. Desde menino sentia atração por cores e texturas. Embora se vestisse como os outros meninos, prestava atenção nas roupas que via, no que combinava ou não. Mas somente quando o pai morreu ele tomou coragem para abrir mão do emprego que odiava e seguir a carreira para a qual achava que tinha nascido.

Que maravilha! Gil enfim descobriu sua vocação e a conquistou com satisfação e êxito. Muitas pessoas não gozam da mesma sorte e levam para a sepultura sonhos jamais realizados. Que pena que Gil tenha precisado passar a infância escondendo seu interesse e talento para tecidos e decoração e tentando agradar o pai sendo quem não era.

Muitos meninos dedicam todas os esforços para agradar os pais. Odeiam beisebol, mas mesmo assim jogam. Procuram satisfazer as expectativas dos pais ainda que não as abrace. Às vezes, ouvimos um pai ou uma mãe lamentarem-se do talento do filho para arranjos florais e artesanato, por exemplo. "Ele vai ter problemas na vida", pensa o pai preocupado.

Desrespeitar a Mãe Natureza além de cruel é arriscado. Tentar educar o filho desconsiderando a tendência natural de seu temperamento pode fazê-lo sentir-se mal pelo que é e torná-lo alienado de si mesmo.

Em geral, os meninos se deparam com mais dificuldades para seguir seus sonhos do que as meninas. Hoje a sociedade e a maioria dos pais aplaudem as filhas que se decidem por carreiras esportivas. Encorajam-nas para profissões como piloto, policial etc., quando, na verdade, essa é a paixão deles. Para os meninos, entretanto, a questão ainda é sombria. São raras as mães que não se afligem quando vêem o filhinho querido gostando mais de boneca do que de caminhões, preferindo ser a enfermeira e não o médico ou gostando mais de dançar do que de praticar esportes.

Se você tem um filho que realmente aprecia desenho e alta costura, respeite o gosto dele. Se a preocupa a pressão que ele vai sofrer da sociedade, isso só é sinal de que ele precisa mais ainda de seu amor e apoio.

Ora, Menino!

O que há de errado em fazer como nos velhos tempos? O que há de errado em criar um menino para ser macho e com o sótão repleto de equipamentos esportivos? Resposta breve: nada, mas com muitas ressalvas.

Nada, a menos que seu filho odeie esporte.

Nada, a menos que seu filho goste de gentileza e paz.

Nada, a menos que macho para você seja não chorar, não se ofender, não precisar de consolo nem se mostrar emocional de maneira alguma.

Nada, a menos que você o desencoraje a freqüentar os museus e os jardins que ele secretamente aprecie.

Nada, a menos que você deixe bem claro para ele que não quer um filho que seja menos que um perfeito atleta.

Nada, a menos que você seja o tipo de pai ou mãe que não permita retratos de mulher no quarto do filho com receio de que ele se torne afeminado.

Talvez tenhamos nos perdido da pergunta inicial. O que há de errado em querermos que nosso filho seja exemplo de masculinidade? Nada, a menos, é claro, que ele não o seja.

Repulsa ao Gênero, Homossexualidade e Homofobia

Quaisquer que sejam as razões, cada vez mais mães estão criando meninos que se sentem confusos quanto à identidade de gênero, meninos que se preocupam em ser heterossexuais, homossexuais ou meios-termos. Por que se preocupam? Apesar da crescente aceitação da homossexualidade, a homofobia continua representando um problema. Não é à toa que os adolescentes costumam chamar de gay todas as pessoas que não apreciam ou querem ofender.

Em geral, os meninos se deparam com mais dificuldades para seguir seus sonhos do que as meninas.

O que é precisamente homofobia? É o medo de ser ou tornar-se homossexual. É o que faz os meninos se sentirem mal por nutrir algum tipo de amor por homens e outros meninos. É raro um adolescente que não viva essa experiência em algum nível. Até certo ponto, trata-se provavelmente de um catalisador psicológico para manter a criança na linha heterossexual. No entanto, quando exagerada – o que ocorre com freqüência –, a homofobia pode obstruir a capacidade de o menino se relacionar tanto com os homens como com as mulheres. Nos casos extremos, pode causar auto-rejeição.

O que leva à homofobia? Os meninos que jamais experimentam um amor saudável do pai são fortes candidatos a ela. Por mais que essa propensão mantenha-se oculta, reprimida, a qualquer momento ela pode vir à tona. Quando o menino ou adolescente se vê atraído por um amigo ou professor, por exemplo, ele pode se sentir confuso diante de seu desejo, pois carece do suporte de um amor paterno assexuado e protetor. "Será que sou gay?", o menino se pergunta, assustado com seu sentimento. Ele não percebe que o que almeja é o amor e a admiração do pai, e nada há de errado nisso. Mas isso não se aplica a todos os garotos. Há aqueles para quem a atração por outros homens têm outro significado, como ciúmes por uma irmã preferida, inveja da vida da irmã ou, é claro, herança biológica.

Neste último caso, os meninos não se tornaram homossexuais ou bissexuais por criação, mas por obra da natureza. Como ser mãe solteira e lidar com isso quando a cultura parece dizer a seu filho que carinho, afeto, contato físico e intimidade emocional com a mãe o tornam menos macho?

Não existe uma fórmula a seguir. Se você for uma boa mãe de todas as maneiras descritas neste livro e se ajudá-lo a ter bons relacionamentos com homens bons (tema que discutiremos mais adiante), terá feito muito para garantir que seu filho desenvolva uma identidade de gênero saudável e genuína auto-estima.

O amor materno saudável não gera covardes nem homossexuais. Ligação e afeto não significam masculinidade deficiente. Eles fornecem sustento para a futura opção sexual do menino.

Além disso, muitas pesquisas na área de desenvolvimento humano parecem dizer-nos que as crianças são mais saudáveis e se relacionam melhor com os outros quando são capazes de aceitar os aspectos andróginos de si mesmas, ou seja, as qualidades em geral associadas ao outro gênero. As meninas têm maior êxito quando conseguem utilizar suas potencialidades e

Nossos Adoráveis 'Vidiotas'

Ninguém poderia imaginar que o advento da televisão, do vídeo e do computador fosse ter o impacto que teve na vida familiar. Ainda não se sabe por que a tela atrai mais os meninos do que as meninas. O fato é que muitos meninos passam grande parte do tempo em que ficam acordados diante de uma tela. Jogam videogames, assistem à TV e a filmes no cinema ou navegam na Internet.

Qual o mal nisso, pergunta-se.

Para começar, assistir à televisão ou a filmes em geral envolve pouco ou nenhum pensamento crítico. O cérebro mantém-se passivo. (Não é à toa que empregamos o termo 'vidiota'!) A Academia Americana de Pediatria recomendou *nada* – sim, é isso mesmo, nada – de televisão nos dois primeiros anos de vida.

Argumenta-se que assistir à televisão, principalmente antes de dormir, perturba o sono das crianças pequenas e pode causar-lhes dificuldade para adormecer. Os videogames dão a essas crianças uma imagem irreal da violência e da guerra. Afinal, se os personagens na tela podem receber quatro tiros e continuar de pé, por que não as pessoas da vida real? Além de que o tempo passado na frente da tela implica ausência de atividade física. É incontestável que os casos de obesidade infantil vêm crescendo assustadoramente, em razão, sobretudo, de elas permanecerem muito tempo sentadas imóveis comendo 'porcarias'.

O que a mãe pode fazer? Estabelecer limites razoáveis para o tempo de ficar diante da tela. Você pode chegar à conclusão, por exemplo, de que bastam duas horas por dia de tela, e é esse o máximo de tempo que ele vai ter para TV, videogames e microcomputador, a menos que se trate de trabalho para a escola. Esgotado esse tempo, ele vai ter de buscar outra coisa para fazer, algo que envolva criatividade e imaginação, relacionamento com outras pessoas e atividade física. É compreensível que muitas mães sozinhas, bem como muitos pais casados, contem com a televisão como se fosse uma babá depois de um longo dia de labuta. Desligá-la pode significar trabalho e esforço adicional de sua parte. Por mais difícil que seja, todos os especialistas concordam que vale a pena o esforço, pois melhora a saúde, o desenvolvimento intelectual e o desempenho social da criança.

confiança inerentes e os meninos, quando se valem de suas qualidades emocionais e maternais.

Ser boa mãe não quer dizer feminizar o filho; quer dizer, isto sim, ensiná-lo a equilibrar força, competitividade e agressividade com compaixão, gentileza e até mesmo sensibilidade. Também ajuda muito se você se sentir bem com o próprio gênero. Viver com uma mãe satisfeita com o corpo que tem, que aprecia a feminilidade, mas não a impõe ao filho, pode solidificar o sentimento de masculinidade do menino.

Ajudar o filho a saber o que ele realmente quer costuma dar-lhe muita segurança. Leve-o a sério. Se ele desejar, convide-o a conversar com um profissional capaz de ajudá-lo a conhecer os próprios sentimentos e a aliviar qualquer sofrimento indevido e imerecido. Isso também pode auxiliá-lo a encontrar recursos, como grupos de ajuda mútua, para evitar o isolamento por vergonha e culpas infundadas e daninhas. Até as mães sozinhas mais conservadoras podem avaliar o risco psicológico que o menino homossexual enfrenta. O ódio a si mesmo é a força mais destrutiva que a criança pode confrontar.

Além disso, muitas pesquisas na área de desenvolvimento humano parecem dizer-nos que as crianças são mais saudáveis e se relacionam melhor com os outros quando são capazes de aceitar os aspectos andróginos de si mesmas, ou seja, as qualidades em geral associadas ao outro gênero. As meninas têm maior êxito quando conseguem utilizar suas potencialidades e confiança inerentes e os meninos, quando se valem de suas qualidades emocionais e maternais.

Como acontece com todas as outras formas de ódio e intolerância, incluindo-se aqui a intolerância racial e a sexual, a homofobia da sociedade nasce do medo de quem é diferente de nós. Não escapam nem nossas instituições mais tradicionais: os Escoteiros-Mirins dos Estados Unidos recentemente andaram envolvidos em uma controvérsia sobre a admissão de membros e líderes homossexuais. Nossos ideais tradicionais de masculinidade, por mais distorcidos que às vezes sejam, são familiares. O advento da Aids e do movimento do Orgulho Gay geraram confusão e fortes emoções. Nossos meninos estão vulneráveis a pressões emocionais e políticas largamente disseminadas atualmente.

Nem a mãe mais dedicada consegue 'consertar' as dúvidas e a confusão sexual do filho, mas ela pode e deve ouvi-lo. Ouça as palavras de seu filho, atente para suas mensagens não ditas e para seu comportamento. Não tenha medo de lhe perguntar como se sente e de lhe oferecer suporte e encorajamento.

Os seres humanos geralmente não são bons em relação ao amor incondicional, mas seu filho precisa de algo próximo a isso. Ajude-o a descobrir seu verdadeiro eu e faça tudo para amá-lo e aceitá-lo como ele é.

Você deve ter reparado que não é fácil ser uma mulher forte, saudável e amorosa nestes tempos. Tampouco é fácil ser um homem forte, saudável e amoroso. Apesar das diferenças de gênero e dos problemas que essas diferenças criam, seu filho precisa da sua aceitação e do seu interesse e amor de mãe para que possa enfrentar a difícil e complicada tarefa de se tornar um homem.

Barbies e Caminhões Basculantes

O que significa um menino pequeno querer brincar de boneca e não de soldado? A primeira resposta que você deve se dar é que não há uma única explicação lógica. Alguns meninos dispõem de um lado protetor, maternal, que implora expressão. Eles querem fingir que as bonecas são seus nenéns de verdade, a quem precisam alimentar, assim como as meninas o fazem. Nossa prática clínica mostrou exaustivamente que são os meninos – inclusive os machos atletas – que mais curtem e usam a casa de bonecas durante a terapia recreativa. Se esses meninos possuem interesses variados e saudáveis tanto nos brinquedos e nas atividades masculinos quanto nos femininos e parecem ajustados e felizes, não há motivo para se preocupar. Motivo há, sim, para sentir orgulho e satisfação.

Se, no entanto, o menino parece buscar compulsivamente os brinquedos de menina, sem muito prazer; se costuma vestir-se como menina ou se fazer de menina; se se afasta do convívio social; se se mostra infeliz; se, como às vezes acontece, odeia a si mesmo (ou odeia os homens ou partes do corpo) ou manifesta vontade de ser mulher, os pais devem abrir os olhos: o filho está em perigo.

Essa criança e sua mãe necessitam de uma boa terapia para poderem compreender suas fantasias e frustrações. Embora os pais precisem encontrar um profissional que siga uma linha em que acreditam, em geral recomendamos um terapeuta com experiência em questões de identidade de gênero e bom senso – leia-se, aquele que não defende que se force a heterossexualidade nem o oposto, que se festeje e estimule a identidade homossexual.

A infância é um período de desenvolvimento. As crianças precisam que a terapia lhes dê espaço para explorar e questionar todos os seus sentimentos e certezas. Uma boa terapia provavelmente vai apostar na possibilidade de recuperação da identidade heterossexual e auxiliar os pais nas questões difíceis, tais como o quanto incentivar o lado masculino e o quanto desencorajar ou tolerar o lado feminino do filho.

Em geral, o conflito de gênero nascido de problemas psicológicos e familiares se soluciona; o biologicamente herdado não. Contudo, mesmo nos casos em que o menino parece claramente propenso a uma identidade homossexual ou bissexual, a terapia pode ajudá-lo a aceitar-se como é e desenvolver um ego forte e coerente.

Acima de tudo, a boa terapia que começa cedo não só tem maior chance de ajudar a criança a resolver problemas de identidade como também pode impedir que ela venha a odiar-se por ser menino, e não menina. A terapia também pode desenvolver na criança compaixão por sua porção decepcionante na vida e sabedoria para que ela encontre maneiras de lidar com o possível estigma imposto pela comunidade, pela igreja, pela família e, infelizmente, por ela mesma.

CAPÍTULO 10

De Casanova a Príncipe Encantado

Encorajando Atitudes Saudáveis em Relação às Mulheres e ao Sexo

Você já foi a uma reunião de pais e filhos dos Escoteiros-Mirins? Olhe em volta no saguão da igreja. Um menino com o uniforme mais formal do mundo espera a mãe como quem espera uma rainha. Outro menino, que se recusou a vestir a camisa de escoteiro, quase joga uma tigela na direção da mãe. Se muitos dos pares mãe-filho parecem curtir um ao outro, existem exceções. Um garoto está praticamente sentado no colo da mãe, outra mãe e filho trocam carinhos sem nenhum pudor. Uma minoria de mães e filhos passa todo o tempo provocando um ao outro, como se fossem irmãos. Certos pais e filhos parecem dois estranhos, outros, dois amigões de infância.

Um garoto pergunta educadamente à mãe se pode pegar um lenço de papel no bolso do casaco dela. Uma segunda criança cisma de bisbilhotar a bolsa da mãe e exibir uma foto constrangedora dela, a despeito de seus protestos.

Como medalhas de mérito, alguns meninos aceitam os beijos das mães. Muitos os rejeitam.

Esse primeiro relacionamento com a mãe pode ajudar o filho a estabelecer intimidade com outras pessoas. Pode ajudar a induzi-lo a uma sexualidade madura e responsável. Pode contribuir para que ele conquiste um casamento estável e satisfatório ou deixá-lo vulnerável a eternos relacionamentos desastrosos.

A diversidade de atitudes não surpreende. Existem meninos e mães de todos os tipos. Seus relacionamentos são variados e complexos como qualquer relacionamento íntimo e longo. Trata-se de pessoas que partilham histórias e lembranças, pessoas que se amam e se magoam. Mas muitos aspectos do relacionamento entre mãe e filho o tornam mais especial e digno de atenção.

Diferentemente do casamento, por exemplo, que se espera que dure "até que a morte os separe", a mãe sabe que seu relacionamento com o filho vai culminar um dia com a saída dele de casa. Os filhos dependem da mãe como suporte tanto físico como emocional durante boa parte da infância. O que a mãe faz ou deixa de fazer pelo filho vai afetar profundamente a maneira como ele vai enfrentar a vida. E a experiência em si do relacionamento mãe-filho vai tornar-se modelo, ou, no mínimo, concorrer para formar o modelo que ele vai seguir no futuro com suas namoradas e esposa.

Esse primeiro relacionamento com a mãe pode ajudar o filho a estabelecer intimidade com outras pessoas. Pode ajudar a induzi-lo a uma sexualidade madura e responsável. Pode contribuir para que ele conquiste um casamento estável e satisfatório ou deixá-lo vulnerável a eternos relacionamentos desastrosos. Para evitar perigos, precisamos ficar atentos e dedicar tempo para entender os meios sutis pelos quais a mãe influencia a maneira como o filho vê as mulheres, os relacionamentos, o sexo e a si mesmo.

Diferentes Estilos de Mãe

As mães podem colaborar para que os filhos desenvolvam uma personalidade autêntica, bom senso e auto-estima. No entanto, mesmo empregando esses princípios universais, as mães sozinhas, como todas as mães, possuem personalidades e experiências singulares que as levam a relacionar-se com os filhos de maneira pessoal e habitual. A mãe sozinha é o único adulto da casa, fato que lhe aumenta a autoridade. Na maioria das famílias esses estilos dominam e afetam quase todas as decisões parentais. Analisemos esses estilos com o foco voltado para sua influência no relacionamento futuro do filho com as mulheres.

Babá de Bebê

Se muitas mães rezam para chegar o fim do tempo das fraldas e da comida na boca dos filhos, outras querem que esse tempo não acabe nunca. Elas temem o que as espera no final da linha do desenvolvimento deles. *Crescimento* é um termo que elas preferem esquecer. Fazendo o possível para retardar a passagem do tempo, elas alimentam, celebram e recompensam as atitudes dos filhos mais retrógradas e dependentes. Talvez elas acreditem que, uma vez crescidos, maduros e independentes, eles não vão mais precisar delas. E esse pensamento é difícil de suportar.

A supermãe fica mais triste do que empolgada quando vê o filho dirigir-se por conta própria à pia para lavar as mãos. Ela sente cada passo à frente que ele dá como um soco no estômago que a impede de qualquer satisfação ou orgulho pelo amadurecimento do filho. A formatura do segundo grau representa para ela uma perda. Como também é uma perda que ele tenha tirado boas notas e passado com louvor no vestibular.

Essa infantilização – termo ideal para a atitude da mãe que trata o filho como se fosse bem mais novo do que é – afeta a criança de muitas formas, tanto óbvias como sutis. A criança infantilizada provavelmente vai ficar atrás de seus companheiros. Ela será menos capaz de tolerar frustração, assumir responsabilidade e interagir socialmente. Ela pode vir a ressentir-se das exigências da vida que outras crianças da sua idade tiram de letra. A mãe que mima o filho naturalmente o faz por amor, mas, sem querer, acaba diminuindo-lhe a resistência. A superproteção às vezes priva a criança de experiências construtivas. Esse tipo de mãe ensina o filho, por assim dizer, mais a permanecer criança do que a crescer e tornar-se um garoto saudável e depois um homem saudável.

Porque tendem a ser socialmente imaturos, os filhos mimados podem passar a adolescência à margem da sociedade.

Enquanto seus colegas se empenham para entender as meninas, esses garotos costumam recuar e ficar observando os amigos brincar e dançar com elas. À medida que crescem, os meninos muito mimados podem seguir dois caminhos: entregar-se ao berço, ou seja, nunca crescer e nunca largar da saia da mãe – em outras palavras, nunca encontrar uma mulher para si; ou dar uma guinada de 180 graus, se libertar da mãe e procurar meninas totalmente diferentes dela. No início é provável que se sinta atraído pelas mulheres que nada lhe cobram, que respeitam a sua autonomia e masculinidade. Mas uma coisa curiosa se dá com o passar do tempo. Esse filho, não tendo jamais crescido, pode vir a considerar a companheira muito indulgente em uma hora e nada indulgente na hora seguinte, e em ambos os casos ele não se sentirá amado. Os bebês se saem melhor como crianças de fraldas do que como adultos de 32 anos de terno.

Melhor Amiga

Enquanto as eternas supermães lutam para impedir que os filhos cresçam, outras dedicam-se mais a impedir o próprio crescimento. Não nos referimos às presentes e responsáveis, mas àquelas que rejeitam o papel tradicional de mães. Essas mães preferem ser amigas de seus filhos, e não mães. Quase o oposto das mães que mimam os filhos, essas mulheres tendem a desfrutar mais da companhia dos filhos depois que eles crescem e adquirem domínio da linguagem e do próprio corpo.

Essa mãe em geral não gosta de disciplinar o filho. Prefere ir com ele e os amigos ao cinema a dizer-lhe que não pode sair porque tem aula. As artimanhas dele a fazem rir, mesmo quando ele extrapola. Com efeito, às vezes ela própria incentiva esses ardis. Talvez não ligue para as advertências na escola nem para aquele pequeno incidente com a polícia; para ela o que importa é a felicidade do filho, sobretudo quando se trata de ele ser feliz ao lado dela.

A mãe 'melhor-amiga' e seu filho gostam de rir juntos e levar a vida na 'flauta'. Ela vê sua situação de mãe sozinha como uma aventura excitante, à qual precisa sobreviver, e não governar; conselhos de mãe são irrelevantes para ela. Não resta dúvida de que este tipo de mãe deve ser a melhor companheira do mundo quando se trata de diversão. Ela brinca de pique e *mountain bike*, mostrando-lhe o mundo e ensinando-lhe os prazeres da vida.

Quais as implicações dessa atitude para o filho e suas futuras crenças sobre as mulheres e seu relacionamento com elas? A curto prazo, talvez, esta mãe se regozije com o fato de o filho ser aquele tipo de cara que todas as moças cobiçam. Em vez de sentir ciúmes, ela não vive a própria vida, mas a vida dele, e se orgulha das tantas mulheres que querem namorá-lo. Talvez ela ensine o filho a ver como uma virtude a dificuldade dele de se comprometer.

Mais importante de tudo, crescer sem objetivos e limites definidos pode retardar o desenvolvimento da criança. Ela pode demorar mais que as outras a tornar-se um indivíduo competente e maduro. Um ambiente demasiado liberal, embora seja 'o maior barato', pode deixar a criança despreparada para as responsabilidades da vida e para relacionamentos íntimos e duradouros.

A amizade também pode impedir certas mudanças naturais, como crescer, se libertar da mãe e procurar outras mulheres.

Esposa Obediente

Embora feministas, mesmo no século XXI, e sem interesse em casar, muitas mulheres sozinhas fazem para os filhos papel de esposa aplicada. Essa mãe sai correndo do trabalho para casa para quando ele chegar encontrar a comida predileta na mesa, quentinha, esperando por ele. Atende a todas às suas exigências com medo de que ele deixe de gostar dela. Os desejos dele são uma ordem. O que ela precisa e quer fazer não importa. Se ele disser que precisa de um tênis novo no dia seguinte, na mesma hora ela se veste e vai a um shopping comprá-lo. Até os pedidos mais banais, como "Me deu vontade de comer goiabada com queijo", ela cumpre de imediato, como se se tratasse de necessidades básicas, vitais. Ela engana a si mesma alegando que às vezes exige que ele diga obrigado, portanto não o está estragando coisa nenhuma! No entanto, qualquer um de fora percebe que seu senso de prioridade está deixando muito a desejar, pois quem define as prioridades é o filho – o filho que só enxerga o umbigo.

Como você pode deduzir, o amor cego pelo filho não é garantia de uma boa educação. Na verdade, amar 'demais' pode levar as mães a só verem as necessidades do momento e perderem uma visão mais ampla da complexa (e demorada) tarefa de educar um indivíduo. A mãe que faz tudo pelo filho, compra o que ele quer e satisfaz todas as vontades dele pode parecer, à primeira vista, excelente mãe, mas o que essa atitude gera no coração e na mente da criança? Que tipo de caráter está sendo formado?

O maior perigo da indulgência excessiva é que fazer demais por alguém capaz pode revelar-se a maneira mais garantida de aleijar-lhe a auto-estima. Ora, se a mãe precisa fazer tudo por ele, é sinal de que ele não consegue fazer nada sozinho.

Esse estilo nada contribui para a formação da criança. Como afirmamos anteriormente, a indulgência excessiva enfraquece o caráter do menino e o torna mais suscetível a uma existência infeliz. Ele pode vir a ter problemas de insubordinação com professores e outros adultos. Afinal, ele cresceu acostumado a receber, não a dar. Portanto, ele dificilmente vai desenvolver respeito pelas necessidades e pelos sentimentos dos outros ou se tornar um homem compassivo e generoso. No mundo dessas crianças só existe uma pessoa, elas mesmas. O maior perigo da indulgência excessiva é que fazer demais por alguém capaz pode revelar-se a maneira mais garantida de aleijar-lhe a auto-estima. Ora, se a mãe precisa fazer tudo por ele, é sinal de que ele não consegue fazer nada sozinho.

Evidentemente, esse modelo pode oferecer as bases para problemas mais sérios com as mulheres. Ele pode deduzir que as moças, e as mulheres em geral, nasceram para servir os homens, sobretudo ele mesmo. É possível que não nutra expectativa nenhuma de si próprio e *muita* expectativa das mulheres.

Seu ideal de esposa vai ser a mulher subserviente e escrava dos desejos do marido, que se deixa anular, exatamente como a mãe. Ele? Ele não tem obrigação nenhuma, só ela.

Não é bem a fórmula para um casamento feliz, concorda?

Abelha Rainha

A abelha rainha é o oposto da esposa obediente e provavelmente não está lendo este livro. O filho existe para atender às necessidades *dela*. Ele está lá para dizer-lhe o quanto ela é bonita, que sapatos combinam com a saia nova e massagear seu ombro para aliviar as tensões. Ele cozinha para ela e faz quase todo o trabalho doméstico, uma verdadeira Cinderela pós-moderna.

Essa abelha rainha se preocupa consigo mesma. O filho fala que torceu o tornozelo, ela lembra que está com uma dor de cabeça horrível. No fim do recital de piano dele ela comenta o supershow que ela deu no ginásio. Às vezes faz um esforço e pergunta-lhe quem ganhou o jogo. Infelizmente, o esforço não dura até terminar a resposta (que ela aliás não ouve): ela se lembra do patrão que a tratou mal naquele dia e interrompe o filho para se lamentar.

Incapaz de apreciar e incentivar o ponto de vista do filho, essa 'rainha' confunde suas necessidades com as dele. "Ei, você não quer ir lá preparar um lanche para você, não?", pergunta quando está com raiva. "Por que você não aumenta esse ar-condicionado de uma vez?", sugere morrendo de calor. Pouco lhe interessam os interesses do filho. Só valoriza as conquistas do garoto quando servem para promovê-la. Afinal, se ele se dá bem e é amoroso com ela, isso só pode querer dizer que ela é boa mãe, não é? A comunicação emocional dos dois é uma via de mão única, em que cabe a ele a responsabilidade de satisfazer as necessidades dela. Com efeito, os filhos dessas mães absorventes e carentes aprendem a reprimir os sentimentos e as palavras. Que adianta pedir ajuda ou compartilhar vitórias se a única pessoa que importa é a mamãe?

O filho da abelha rainha corre sério risco de perder contato consigo mesmo. A fim de satisfazer e bajular a mãe, ele abre mão dos próprios interesses e sentimentos. Se se decepciona ou se ofende, ele disfarça, pois não quer irritar a mãe, muito menos prejudicar sua imagem perante ela. Quando esse garoto levar seu falso eu para o mundo, vai encontrar dificuldade de relacionar-se intimamente com as garotas e depois com as mulheres. Ele provavelmente vai achar que todas as mulheres são tão carentes como a mãe e temer que elas, também, só o queiram usar em benefício próprio.

Esse tipo de mãe priva o filho da indispensável experiência da mutualidade, ou seja, do relacionamento em que há troca, ambos dão e recebem, cuidam e são cuidados. O hábito de estar sempre tão ao sabor das emoções da mãe levam-no a uma sensibilidade excessiva aos humores da mulher. Assim, um simples cansaço ou uma palavra meio ríspida por parte dela pode melindrá-lo e fazê-lo achar que de alguma forma tem culpa. Outras vezes acontece de ele carregar consigo uma raiva sufocada da mãe – a raiva que ele tanto se esforçava para esconder dela. No fim quem paga é a esposa – definitivamente, não é o que se espera de um casamento feliz.

Amante Infeliz

Admitimos que parece provocação e incesto referir-se à mãe como amante infeliz. Não queremos de jeito nenhum ofender as mães. Só não podemos negligenciar uma dinâmica muito comum entre mães solteiras e seus 'hominhos', na maioria das vezes filhos únicos ou caçulas.

Essas mães amam os filhos intensamente – elas talvez diriam *muito* intensamente. Morrem de paixão pelos filhos e sua atitude costuma parecer mais com a de uma namorada ou amante do que de uma mãe. O contato físico é grande, dá-se entre eles uma espécie de simbiose.

Limites ou sua ausência podem frustrar esses dois. Estamos falando de mãe e filho que estão sempre se pegando, se tocando, sempre 'grudados' um no outro. Um sempre invade a privacidade do outro, entra no banheiro e no quarto do outro como se fosse seu. Intromissão, eis a palavra. Cada um quer saber o que o outro está pensando.

Esses casais mãe-filho – que mais parecem marido e mulher – costumam sentir amor e ódio alternadamente, como um pêndulo oscilando entre extremos. Amigos do peito agora, daqui a um minuto inimigos mortais. Essa ligação extremada faz com que vivam com medo de perder um ao outro. A mãe vê nas namoradas rivais que vêm para lhe roubar o filho. Inveja e ciúmes não faltam: nenhum quer dividir com outrem a pessoa amada. Um inocente suspiro pode transformar-se em palco de guerra. Se preciso, são cruéis, mesquinhos, falam exatamente aquilo que sabem que vai arrasar com o outro. Noutros momentos mostram-se o supra-sumo da paixão – carinhos e sedução por todos os lados. Como amantes tumultuados e esposas histéricas, esses dois têm terríveis bons e maus momentos.

Como pode esse filho conseguir se relacionar bem com as mulheres? Toda a sua experiência demonstra que as mulheres só querem saber de dar ordens, controlar os outros (e, se tomar consciência, vai ver que ele próprio também acabou adotando essa atitude). Haverá grandes chances de viver relacionamentos amorosos tempestuosos, repletos de sadomasoquismo, portas batendo, brigas violentas, pazes idílicas – que duram, pelo menos, até a próxima briga. Certo ou errado, ele tenderá a achar que a mulher quer destruir-lhe a virilidade e o poder. Na pior das hipóteses esse filho torna-se um homem que, por causa de sua eterna mania de perseguição, acaba maltratando a mulher.

Tendo descrito esses tipos, precisamos esclarecer uma coisa. Oferecemos exemplos extremos, retratos grotescos dos efeitos da ausência materna. A maior parte dos relacionamentos entre mães e filhos não se mostra tão deletéria e preocupante quanto descrevemos. O relacionamento saudável entre mãe e filho é flexível e variado. Na maioria dos casos os papéis de babá de bebê, melhor amiga, esposa obediente, abelha rainha e amante infeliz se alternam – só para citar um exemplo possível. E não existe uma maneira certa de criar os filhos, não existe fórmula nem regra de relacionamento saudável que se aplique a todos. O que importa é a dedicação da mãe e o que ela ensina ao filho sobre as mulheres.

Sempre vale a pena dar uma examinada na sua conduta como mãe. Até porque costumamos agir automaticamente, sem nos questionar, durante anos a fio – ou até detonar uma crise. Se você permite que seu filho a insulte com palavras e atitudes grosseiras, ele vai achar que o comportamento é apropriado para as mulheres que vier a encontrar na vida.

Se você se gaba de que seu filho conquista muitas mulheres, ele vai aprender que bom é colecionar conquistas, e não vai lutar por um relacionamento sólido, de lealdade, compromisso e respeito mútuo. Se, no entanto, você valoriza e conquista seu respeito – além de dar-lhe o amor e respeito de que ele precisa –, vai contribuir para que venha a ser um homem bom e capaz de relacionamentos maduros com as garotas e as mulheres que elas se tornarão.

Sexualidade Saudável

A sexualidade é muito mais que o mero ato sexual. Os pais começam a ensinar os filhos a gozar de uma sexualidade saudável desde seus primeiros minutos de vida. Todas as dicas para criar bem os filhos descritas neste livro servem para que seu filho desenvolva um comportamento sexual saudável e seguro. Como em vários outros aspectos da vida do menino, seu conhecimento acerca da sexualidade progride à medida que ele cresce e aprende.

Do Nascimento ao Segundo Ano

A boa mãe toca o filho com amor, por isso ele sabe que tanto ele quanto o seu corpo são especiais e dignos de amor. Sua educação diligente e confiável o convenceu de que o mundo é um lugar seguro, a base para bons relacionamentos. Os bons tratos que você lhe dedicou tornaram-se parte dele, de maneira que acredita que merece ser bem tratado.

Essas primeiras crenças formam a base para a autopreservação e cuidado de si. Isso aumenta a possibilidade de seu filho não querer se arriscar a fazer coisas que podem causar-lhe danos físicos (por exemplo, praticar sexo inseguro ao longo de anos). As boas sensações que ele experimenta quando você faz carinho nele vão fazê-lo associar o corpo aos prazeres. E ouvi-la referir-se às partes de seu corpo da maneira mais natural do mundo (ou seja, chamar pênis de pênis) vai ajudá-lo a entender que nada há de mau em seu corpo, não existe motivo para segredos e vergonhas.

Crianças da Pré-Escola

Essas crianças sabem e vêem mais. Curiosas, vivem imaginando como são os homens, as mulheres, os meninos e as meninas à sua volta. Elas reparam e analisam as diferenças entre meninos e meninas. Nesta idade você vai ensiná-las mais sobre seus corpos, vai oferecer-lhes mais informações, com abertura e naturalidade. E, é claro, respeito a sua idade e capacidade. Existe uma boa piada para ilustrar isso diante da pergunta: "Mãe, de onde vim?", a mãe desfia uma verdadeira aula de anatomia. No final, a criança responde: "Puxa, achava que vinha da Bahia!".

É importante prover a criança de informação, mas apenas o tanto que ela seja capaz de apreender e compreender; informação demais pode sobrecarregar o menino. Sua aceitação e admiração pelo caráter *e* pelo corpo de seu filho vai ajudá-lo a desenvolver uma identidade saudável.

Como descrito no Capítulo 4, os limites vão naturalmente fazer crescer na criança o desejo de privacidade.

Segundo Debra Haffner[1], é o período em que os meninos devem aprender a nunca abrir uma porta sem bater antes, bem como que tocar o próprio corpo é algo que só se deve fazer em privacidade. ("Não tem nada demais você brincar com seu corpo quando está sozinho no quarto. Só não pode é na sala de jantar da vovó!") Como todos os pais, as mães devem esforçar-se para definir limites coerentes, com compaixão e paciência. Se você não sabe ao certo quais os limites apropriados, que tal consultar o pediatra ou um profissional especializado em crianças e famílias? O ideal é infundir um senso positivo de privacidade, evitando culpas, humilhações e rejeição.

Crianças em Fase Escolar

Mais uma vez, a sua boa educação (que você deu sem sequer pensar em sexo) vai concorrer para a sexualidade saudável de seu filho. Ele aprendeu a respeitar o modo de ver dos outros e a controlar-se. Você o fez desejar ser um homem bom e dar sua contribuição para o mundo. Se você se empenhar para que possa desenvolver o autoconhecimento e a consciência das próprias potencialidades e fraquezas, conseguirá incutir-lhe flexibilidade para lidar com as diversas dificuldades da vida. Isso reduz as chances de vir a se tornar um adulto sexualmente compulsivo que encara o sexo como um antídoto para suas frustrações, raiva ou depressão.

Na fase escolar, de crescimento intelectual, a criança está apta a aprender sobre a biologia do sexo e de onde realmente vêm os bebês. Aqui também você deve procurar saber o que seu filho é capaz de aprender e compreender. Tome cuidado, no entanto, para não deixá-lo mal informado por dificuldade ou pudor seu, ou porque imagina que ele nunca estará preparado para ouvir essas coisas. Se você não ensinar, ele vai acabar aprendendo com outras pessoas, talvez colegas ou gente da rua – talvez informação distorcida. Não é bem melhor que ele aprenda os mistérios da vida no aconchego do lar e com alguém que saiba dizer a verdade com tato e sensibilidade?

O relacionamento saudável entre mãe e filho é flexível e variado. Na maioria dos casos os papéis de babá de bebê, melhor amiga, esposa obediente, abelha rainha e amante infeliz se alternam – só para citar um exemplo possível.

Nessa idade a criança brinca com outras crianças e sua sexualidade começa a se manifestar. A que tipo de mídia expomos nossos filhos? A mãe que percebe que o filho está interessado demais em sexo para a sua idade, talvez esteja certa e deva tomar providências. Igualmente, se o menino se mostra hostil às meninas, uma hostilidade que ultrapassa os limites da rivalidade natural dos gêneros, ela precisa estar atenta e agir. Abuso sexual é coisa séria, não se apaga. Uma pesquisa realizada em 2001 pela Harvard School of Public Health revelou que uma em cinco meninas adolescentes sofreu abuso físico e/ou sexual por parte do namorado. Esses pequenos malfeitores costumam tornar-se grandes malfeitores. Por mais que admitamos não ser fácil distinguir a experimentação inocente do comportamento preocupante, sabemos que não tentar é pior. Trata-se de uma questão que merece toda a nossa atenção e empenho para observar, questionar e, quando necessário, agir.

Crescido em tamanho e independência, seu menino agora mais sociável também está mais 'solto' no mundo, ou seja, mais fora de seu controle. É triste, mas acontecem coisas ruins. Procure conhecer as casas que seu filho freqüenta. Há quem possa tomar conta dele? Há crianças que podem levá-lo para o mau caminho? Ele fica exposto a bebida e drogas? Lá as crianças são livres para ver o que quiserem na televisão? Hoje, é melhor os pais pecarem por excesso de zelo do que o contrário.

Pré-adolescentes

Nesta fase o menino está se preparando para a adolescência. O corpo começa a mudar, e o interesse pelas meninas começa a manifestar-se. Nesse ponto seu filho está apto para entender melhor a puberdade e as transformações que a biologia opera em seu corpo.

Embora parte da educação venha da escola, a mãe precisa mostrar seu ponto de vista. Esse tipo de conversa alcança melhor êxito se você enfatizar mais a capacidade dele de cuidar do próprio corpo do que o ato sexual em si. Não deixe de preveni-lo do risco de uma gravidez indesejada nem da dificuldade de agir conforme a própria vontade em um mundo que associa 'atletismo' sexual à virilidade.

Faz-se também imprescindível neste ponto conversar abertamente sobre os perigos das drogas e do álcool. Nesta idade, muitos jovens 'fazem besteira' quando estão bêbados e sem controle. Nesta fase, mais do que nunca seu filho precisa de disciplina para se comportar bem e respeitar os outros. Fica muito mais difícil para o garoto intimidar uma menina ou abusar sexualmente dela se ele sabe perfeitamente o mal que essa atitude faz a ela.

Você não quer reprimir a sexualidade de seu filho nem despertá-la antes da hora. Não cobre dele uma namorada nem exija que seja mais sociável. Algumas mães já nessa idade temem que o filho seja daqueles que, nas festas, ficam encolhidos em um canto e não tiram ninguém para dançar.

Estudantes de Ensino Médio

Neste estágio a diversidade surpreende. Visite um pátio do curso de ensino médio e você verá jovens homões de voz grossa e pêlos faciais andando com meninos franzinos que falam fino. Certos meninos nessa idade ainda parecem criança, comportam-se como criança e sentem como criança. Outros já parecem, agem e vêem a si mesmos como indivíduos púberes em vias de atingir a maioridade e maturidade. A maioria fica no espaço desconfortável entre ambos os casos. Há os garotos que ainda apreciam carrinhos de brinquedo, outros só querem saber de beijar as meninas e se possível ir mais longe. Há também aqueles que fazem as duas coisas.

Estas crianças requerem boa educação, e muita! Nesta fase faz-se necessário aconselhar-lhes abstinência e autopreservação. Seu filho precisa de constante supervisão e orientação. Ao contrário do que se acredita, os meninos desta idade não precisam *menos* da mãe. Só precisam de um tratamento diferente, que respeite mais a personalidade que começa a manifestar-se. Se os deixarmos agirem por conta própria, há grandes chances de se meterem em situações difíceis e adquirirem maus hábitos, ou algo próximo. Procure conhecer as pessoas com quem seu filho anda. Conheça as famílias. Não lhe dê carta branca para dormir fora (principalmente nas férias, quando, se você deixa, ele dorme cada dia em uma casa). Ao longo do dia, peça-lhe para mantê-la sempre informada do que ele está fazendo. Estabeleça horários e exija o seu cumprimento.

Infelizmente, são nesses anos que se iniciam os problemas sérios, quando as mães são pegas de surpresa, pois ainda estão iludidas pensando que o perigo só vem mais tarde, na faculdade. Nessa ilusão, as mães acabam permitindo muita liberdade, com poucos limites e más conseqüências. Não solte a rédea. Quanto mais liberdade você dá, mais liberdade ele quer, e nesta idade liberdade demais faz mal.

Universitários

Embora prevenção seja a chave, nunca é tarde. O filho universitário exige tratamento firme e respeitoso. Agora é bem provável que ele viva alguma experiência sexual. A maioria dos pais temem a noite, acham-na traiçoeira para um adolescente. Nestes tempos, porém, em que boa parte dos pais, pai e mãe juntos, trabalha fora, o maior perigo está no dia: os filhos, sabendo que os pais estão no trabalho, ficam soltos no mundo. É impossível controlar o filho 24 horas por dia, ainda mais depois que ele começa a dirigir ou arruma emprego. Nesta idade não há substituto para um relacionamento franco, de confiança e respeito, que você vem construindo desde a época das fraldas. Continue

A Internet

A WWW – World Wide Web, rede de alcance mundial – chegou para ficar. Ainda que você não tenha computador em casa ou conexão com a Internet, seu filho vai travar contato com ela na escola, na biblioteca, na casa dos amigos. Sabemos que o ciberespaço é repleto de imagens que, embora curiosas, podem dar a seu filho uma idéia distorcida das mulheres, da sexualidade e da violência. O melhor que você pode fazer é ensiná-lo a usar o recurso de modo inteligente.

Ensine e compartilhe. Chame seu filho quando você estiver ao computador, o quanto mais cedo, melhor. Assim como com todas as coisas, é melhor prevenir do que remediar o vício da Internet. Ensine a ele como navegar com sabedoria e prudência e a não revelar seus dados pessoais nem freqüentar salas de chat e afins. Mostre como usar de modo construtivo o computador. Ensine-o a tomar conta de si mesmo e consultá-la quando encontrar algo suspeito.

Monitore o uso que seu filho faz do computador. Conheça os sites que ele freqüenta. Não o deixe ficar o tempo que quiser diante da tela, proíba as navegações às altas da madrugada. Não faça do computador uma babá. Somente permita que ele se conecte quando você estiver presente. Ponha o computador num cômodo compartilhado por você ou alguém que possa ver por onde seu filho anda. Evidentemente, quanto mais tomar conta de seu filho e quanto melhor o orientar, menores serão as chances de ele se meter em encrenca.com.br.

Adote a tecnologia. Entre nos sites que seu filho visita (clique no botão Histórico do Internet Explorer). Use os filtros do computador para bloquear palavras e imagens questionáveis. Estimule seu filho a usar programas de pesquisa, como o google.com.br. Consulte os sites que dão dicas detalhadas dos melhores meios de educar os filhos, além de outros sites instrutivos ali indicados. Tire proveito você também do que a tecnologia pode oferecer: não é difícil e é a melhor arma que pode dispor para evitar que seu filho abuse da Web.

Seja firme. Não dá para culpar seu filho de querer ver tudo o que a Internet oferece. É natural que os meninos sintam curiosidade por sexo. Mesmo sabendo que seu filho não tem culpa de existirem tantas coisas à mão, cabe a você lembrá-lo de que, depois que começa, o vício da pornografia se torna um perigo. Se você está perdendo o controle do uso que seu filho faz do computador, seja rigorosa, estabeleça limites e exija obediência. Se necessário, corte a conexão (ainda que mais tarde ele volte a navegar).

Procure ajuda. O vício da Internet é como outro qualquer. Se seu filho não larga o computador, ignora a família e os amigos, se sente mal longe de sua máquina querida, não faz o dever de casa, deixa de dormir para navegar e perde o interesse pelas pessoas e atividades reais, ele está no caminho do vício. Se falar com ele (ou seguir as dicas mencionadas) não resolver, procure ajuda profissional.

conversando abertamente com seu filho – troque idéias sobre relacionamentos, sentimentos e sobre a vida em geral. Continue conversando também sobre sexualidade. Nunca se renda acreditando que algo seja impossível.

Muitos adolescentes acabam descobrindo o perigo de uma vida sexual promíscua, o quanto ela causa de destruição e perdas. Ao quebrar a cara, ele vai aprender a valorizar o sexo seguro e ponderado.

Vimos meninos nada seletivos mudando, passando a desejar um relacionamento mais maduro com uma namorada que lhe ofereça suporte emocional. Em vez de se orgulhar do fato de seu filho estar andando com o pessoal mais animado da turma, procure conhecer melhor esse pessoal. Procure conhecer sua namorada, preste atenção se não é ela, e não ele – acontece –, que está fazendo pressão para um envolvimento sexual.

E, lembre-se, cuidado para que ele não faça uso de drogas e álcool. Os meninos bebem mais quando acompanhados das meninas, quando têm companhia para beber, quando não são vigiados. As pesquisas mostram que bons pais evitam que o filho se envolva com drogas, álcool e problemas ligados a sexo. Hoje em quase todas as escolas há oferta dessas coisas. Fechar os olhos e dizer "Essas coisas não acontecem com meu filho" não ajuda em nada. Mantenha abertos os canais de comunicação e faça seu filho saber que você está presente, zelando por ele, ouvindo e prestando atenção.

Ensinar a sexualidade saudável é tarefa para a infância inteira. Não basta uma boa conversa explicando com exemplos de passarinhos e abelhas de onde vêm os bebês e mencionando também a Aids e a necessidade da camisinha (indispensável, admitimos). Tampouco sexualidade se restringe a pênis e vagina. Desenvolver a boa sexualidade do filho se faz a cada dia, a conta-gotas, passo a passo, palavra a palavra. Assim se cria um rapaz, e depois um homem, que goza de uma sexualidade madura, segura e integrada ao contexto de um relacionamento sadio, respeitoso e amoroso.

CAPÍTULO 11

Estudantes

Promovendo o Sucesso Educacional e Profissional

Se há poucas coisas certas na vida, o êxito na escola é a maior garantia de uma vida boa. O bom desempenho escolar costuma gerar melhores salários, maior segurança e satisfação pessoal. As pessoas mais cultas também desfrutam de mais saúde e de mais cuidados com a saúde e têm menos chances de cometer crimes e terminar seus dias vendo o 'sol nascer quadrado'. Resumindo, a instrução dota a criança e o adulto em que ela se torna de maior liberdade e mais oportunidades.

Embora difícil de aceitar, as estatísticas provam que os filhos de pais sozinhos, mães ou pais, costumam apresentar rendimento mais baixo e maior incidência de abandono dos estudos.[1] Diante desse triste quadro, a mãe solteira deve redobrar os esforços para que seu filho tenha uma vida escolar saudável.

Como motivar o filho a dar o melhor de si na escola, a valorizar os estudos e a ser um bom aluno?

Cérebro Azul e Cérebro Rosa

As recentes descobertas da neurociência e da análise dos gêneros são surpreendentes. Elas revelam que, sem sombra de dúvida, homens e mulheres aprendem de modo diferente.

Embora difícil de aceitar, as estatísticas provam que os filhos de pais sozinhos, mães ou pais, costumam apresentar rendimento mais baixo e maior incidência de abandono dos estudos.

As meninas começam a falar mais cedo, possuem vocabulário mais rico e maior habilidade para a comunicação. Lêem e ouvem melhor e realizam funções motoras delicadas, como escrever a lápis, melhor. Sabemos também que são mais desenvolvidas em termos emocionais e sociais.

Os meninos são melhores nas funções motoras brutas (arremesso de bolinha de papel, por exemplo) e mais curiosos. Tendem à dissimulação, não costumam verbalizar seus sentimentos. Mas podem ler bem mapas e sobressair nas atividades que exigem manipulação audiovisual.

Falemos em bom português. As meninas têm letra bonita, sabem traduzir os sentimentos em palavras, resolvem os problemas com os colegas pacificamente, sabem articular idéias e ficam sentadas quietas na escrivaninha. Os meninos não conseguem entender os próprios garranchos, rejeitam seus sentimentos e os conflitos interpessoais, sentem necessidade de sair de casa e gastar a energia excessiva e caem da cadeira com a maior facilidade.

Comparando essas duas listas, quem você acha que vai ter mais sucesso na escola, principalmente nos primeiros anos?

Isso até os meninos sabem responder.

O que você pode fazer para evitar o insucesso escolar de seu filho? Primeiro, procure saber o quanto isso se aplica a ele. Se você não sabe ao certo como seu filho se comporta na escola, peça para assistir a algumas de suas aulas. Você vai encontrar valiosas pistas. Comente com a professora dele suas preocupações. Em casa, ofereça-lhe apoio, e não críticas. Converse com ele sobre as diferenças entre meninos e meninas. Siga as estratégias propostas neste capítulo e faça o que puder para impedir que ele desenvolva uma visão de mau aluno dele próprio.

Estimule-o a Dar o Melhor de Si

Desde o mais cedo possível, estimule seu filho a dar o melhor de si. Celebre o fato de ele ter feito um bolo, mesmo quando há mais chocolate no chão do que no bolo. Encoraje-o a tomar iniciativa de lavar o carro, levar seu café da manhã na cama e contar-lhe histórias engraçadas. As crianças que aprendem as vantagens de dar o melhor de si acabam levando esse sentimento para a escola. São elas que ficam felizes quando apagam a lousa e fazem um bom trabalho, pois assim podem desfrutar do orgulho e da satisfação não só de suas conquistas mas também de seus esforços.

Infelizmente, a sociedade quase sistematicamente condicionou os meninos a não dar o melhor de si. Muitos se esforçam para não dar o melhor de si e, querendo desafiar a autoridade, prejudicam a eles mesmos. Renunciam à cultura e ao sucesso só pelo prazer de desagradar os adultos que os cercam. Quando esses meninos fazem alguma coisa bem feita, sentem-se como bons menininhos, e esse sentimento não lhes soa nada bem. Dar o melhor de si exige a aceitação do fato de que, apesar de toda a sua pose de macho, ele se importa com isso.

Crie um Aprendiz

Logo que seu filho adotivo, Matheo, aprendeu a andar, Wilma, em suas próprias palavras, "começou a prepará-lo para a vida". Tudo que era seguro, Wilma o estimulava a explorar, orgulhosa de sua curiosidade e de suas aventuras. Ela adorava ver seu pequeno geólogo, biólogo e médico realizar seus experimentos. E Matheo podia ver pelo brilho dos olhos da mãe o prazer que lhe proporcionavam seus estudos.

Às vezes Wilma se questionava se não era errado tentar 'comprar' o filho embrulhando, por exemplo, suas guloseimas preferidas quando era dia de visita à biblioteca. "Quero que ele goste dos livros e de aprender. Quero que para o resto da vida ele se lembre de mim sorrindo e sinta o sabor desses biscoitos sempre que botar os pés em uma biblioteca." Mas, no fundo do coração, ela sabia que estava fazendo a coisa certa. Saltava-lhe aos olhos. Matheo adorava estudar.

Wilma fez dos estudos prioridade em sua casa e descobriu uma fórmula para criar um eterno aprendiz. Há quem considere isso suborno, mas o que ela fez não é o mesmo que dar um doce ou biscoito para cada livro lido (embora reconheçamos que todos os tipos de estratégia deram certo em algum caso). Wilma aplicou o mesmo princípio válido para as mães que toda a noite lêem junto com os filhos. Sua presença calorosa, mais que qualquer livro, gerou no filho o amor pela leitura. Wilma não estava oferecendo um doce por página lida – isso diminuiria a motivação do filho. Ela só queria que, para ele, a visita à biblioteca fosse uma experiência positiva e memorável.

Evidentemente, mesmo sem um piquenique, uma das melhores maneiras de preparar seu filho para a escola, para incentivar os exercícios de linguagem e para passar o tempo juntos, é ler em voz alta para ele. Quando seu filho é bebê, você pode pegá-lo no colo e mostrar-lhe os livros. Aponte as figuras, diga os nomes dos objetos. Fale das cores, imite vozes de animais. O som da sua voz, o calor da proximidade de seu corpo e o brilho das cores das figuras seduzem até as crianças mais novas.

Faça da leitura antes de dormir parte de sua rotina. À medida que seu filho cresce, apresente a ele os clássicos da literatura infanto-juvenil. Peça na biblioteca ou nas livrarias recomendação de bons livros para seu filho. Comece com um livro pequeno por noite e depois passe para um capítulo de livros maiores por noite. Leia para ele os clássicos que mais lhe agradaram na infância e conheça os livros que se publicam hoje. Muitas mães recordam com pesar o dia em que seus filhos pegaram de sua mão o livro e disseram, "Sei ler sozinho, mãe". Assim seu filho pode tornar-se um eterno amante de livros e cultura.

O que *não* funciona? Se você repetidas vezes ignorar o desejo de seu filho de que você se interesse pelo que ele está aprendendo, pelas experiências que faz e pelas palavras que quer conhecer. Se você não responde, não se interessa nem demonstra que se importa, ele logo vai parar de insistir, deduzindo que estudar não é importante.

Da mesma forma, recompensa excessiva pode retardar o desenvolvimento de uma motivação interior saudável para aprender. O escritor e educador Alfie Kohn escreveu com bons argumentos sobre os perigos de recompensar à toa o aprendizado do filho. Às vezes os pais forçam os filhos a estudar *somente* em troca de prêmios, impedindo deste modo que a criança desenvolva genuíno desejo de aprender. As crianças, sobretudo as pequenas, adoram ganhar prêmios e admiração. Mas prêmios demais podem fazê-las perder contato com suas motivações naturais e inerentes para estudar e aprender.

Os pais devem buscar o equilíbrio. Observe. A criança que odeia leitura vai precisar de mais estímulo externo para ler mais e melhor. Mas, a partir do dia em que você o vir tomando a iniciativa de ler, rindo do que lê ou ficando acordada até tarde para ler mais uma pagininha só, é sinal de que agora a motivação para a leitura vem de dentro, não de fora.

Crie um Trabalhador

Você se lembra de Wilma, a mãe que aproveitava cada minuto do dia para fazer do filho um aprendiz? Agora aplique sua filosofia para ensinar seu filho a ser um trabalhador. O que queremos dizer com isso? Faça de cada tarefa doméstica uma oportunidade para ensinar a seu filho o valor do trabalho. Ensine-o a ligar a luz, a esvaziar a lixeira e a montar a mesa nova do computador. Desde cedo o convide para ir trabalhar com você e aprender a realizar tarefas significativas que estejam a seu alcance. É pedir demais que um menino de 8 anos saiba estender a roupa no varal? Afinal, quando se trata de sua camiseta predileta, ele não se importa de lidar com a máquina de lavar roupa.

É impressionante como tem adolescente cobrando caro para trabalhar de babá. O que esses jovens esperam de seus futuros esforços na vida? Que decepção terão quando conhecerem a realidade do mundo e quanto se paga por esse tipo de trabalho. São poucos os patrões dispostos a pagar caro para um marmanjo ficar diante da TV, comendo pipoca, enquanto os filhos dormem no andar de cima.

Exija algum serviço simples como parte do privilégio de morar na sua casa. Se você quiser pagar o trabalho extra, vá devagar. Comece com uma quantia bem baixa por hora. Uma tarefa que seja para você uma grande ajuda

Dinheiro Economizado

Embora possa parecer menos nobre do que alimentar o crescimento moral, ensinar ao filho o valor do dinheiro é fundamental. As crianças que não sabem avaliar o valor do dinheiro tendem a negar-se ao trabalho árduo e a viver a vida com uma atitude distorcida e insaciável.

A mesada é um meio fácil e consagrado pelo tempo de começar a ensinar o filho a administrar o dinheiro.

Aqui estão algumas dicas:

- *Comece cedo.* Até a criança que dá os primeiros passos é capaz de aprender a cuidar do dinheiro, se você a orientar direito.
- *Dê-lhe uma quantia razoável.* Certos pais aumentam a mesada a cada ano de idade (resista às súplicas para igualar a mesada à do vizinho), outros estabelecem seu valor em função da necessidade de cobrir determinadas despesas. Em nenhuma circunstância, porém, dar grandes quantias às crianças as faz aprender alguma coisa, só mesmo a serem indulgentes, como você.
- *Dê as diretrizes.* Alguns pais exigem que os filhos dividam a mesada: uma quantia para gastar e outra para depositar no banco (ou mesmo para doar a uma instituição de caridade da escolha de seu filho).

(ou uma grande economia, pois um profissional cobraria caro) não é desculpa para pagar salário mínimo por 15 minutos de trabalho!

Demonstre que para você os deveres de casa são tão valiosos – ou mais – quanto os trabalhos que ele faz por dinheiro. Crie para ele um bom ambiente para estudar e escrever. Mantenha-o longe daquilo que o distrai. Não o

- *Pague pontualmente.* A pontualidade da mesada ajuda a criança a entender mais sobre como administrar o dinheiro. É também importante decidir se você vai permitir adiantamentos. Se permitir, diga-lhe com educação e firmeza que espera logo o ressarcimento. É sempre mais eficaz quando você estimula seu filho a fazer economia para poder comprar aquilo que deseja do que quando você simplesmente o deixa comprar e "pôr na sua conta".
- *Não use o dinheiro como punição nem como recompensa por bom comportamento.* O objetivo da mesada é dar oportunidade ao seu filho para que ele aprenda mais sobre dinheiro, e não ajudar a discipliná-lo; ele deve ajudar no serviço doméstico como parte das regras da casa, independentemente da mesada.
- *Deixe-o aprender.* As crianças aprendem com a mesada cometendo os mesmos erros dos adultos (por exemplo, gastam todo o dinheiro em doces e depois não sobra nada para coisas mais importantes). Deixe seu filho usar o dinheiro para satisfação de desejos imediatos, mas também o estimule a economizá-lo para compras maiores e mais duradouras. Tente não o livrar das conseqüências de gastar demais, senão todo o processo de aprendizado vai por água abaixo.

convide para assistir à TV ou sair com você para lhe fazer companhia quando ele tem alguma tarefa a cumprir.

Ofereça ajuda quando ele pedir. Se ele valoriza o próprio trabalho a ponto de lhe pedir opinião, leia-o e faça exaustivos comentários. Dizer apenas "Ótimo" pode evitar que você chegue atrasada ao teatro, mas o que seu filho vai aprender com isso?

Aprender a trabalhar talvez seja o requisito mais importante para o sucesso na escola e na vida.

Crie Futuristas

Não, não estamos falando de estações espaciais nem de espadas a *laser*. Estamos falando dos meninos que podem estudar hoje visando a recompensas que só virão mais tarde. Muitos meninos perguntam qual a importância de estudar, para que servem esses estúpidos deveres de casa. Muitos jovens têm mentalidade *fast-food*: se não podem ter o querem agora, então não vale a pena lutar e esperar. O sucesso que demora anos para chegar é algo impalpável demais para esses meninos. Eles querem recompensa imediata.

Não é de surpreender que esses garotos tenham muitos problemas na escola. Eles não têm nenhuma tolerância pela maratona diária de leituras e apostilas que se transformam em testes e provas. E, quando se esforçam um pouco, esperam uma recompensa grande e rápida. Esses meninos são aqueles que fazem o trabalho de maneira desleixada e depois reclamam que tiraram nota baixa.

Como tudo o mais na criação de filhos, prevenir é a melhor solução. Como ensinar seu filho a tolerar o trabalho e até gostar dele? Exigindo, sem pedidos de desculpas, que ele faça seus deveres e estabelecendo recompensas criteriosas. Só existe uma maneira de ensinar a criança a aprender a adiar sua gratificação: fazendo-a esperar. Ele precisa experimentar a frustração para aprender a tolerá-la; precisa viver um fracasso para saber administrá-lo.

De fato, contrariando a crença popular, o fracasso não é fatal e em geral costuma revelar-se uma excelente oportunidade para aprender. Algumas mães correm para a escola quando o filho tira nota baixa, e, alegando culpa do professor, pedem uma segunda chance ou reclamam que a prova estava difícil demais. É muito mais sábio sentar com a criança e procurar saber o que houve, como ela se sente e o que fazer para melhorar seu desempenho futuro.

Crie Respeitadores

Bruce não ligava a mínima para ninguém. O terror da sétima série, ficava de castigo quando já estava de castigo – porque não tinha modos, porque mascava chiclete, porque xingava a professora. Ele ouviu desde os pedidos mais educados às ordens mais ríspidas dos professores. "Ninguém manda em mim", ousou dizer para o diretor. Ele estava ocupado demais em desobedecer e quebrar as regras, não lhe sobrava tempo para estudar e aprender.

Bruce cresceu sendo o homem da casa. O que dizia era lei. A mãe temia seus ataques quando ele era pequeno, e não temia sua agressividade, seu tamanho e seus insultos. Tendo crescido sem nenhum respeito por autoridade, achava que nada devia aos professores e aos administradores da escola. Sua insegurança fazia com que considerasse uma ameaça a obediência às exigências da vida escolar. Acabou expulso daquela escola, depois de outra e de um colégio particular para o qual sua mãe precisou tomar emprestada boa quantia. Tudo em vão. Bruce não tinha respeito por si próprio, pela mãe, pelos professores nem pelos estudos.

Muitos jovens consideram a escola frustrante, uma decoreba chatíssima que só os faz sentirem-se incompetentes e envergonhados. Seu sonho dourado passa a ser 'cair fora', sonho que em geral realizam comportando-se mal, cabulando aula, chegando à escola bêbados ou drogados.

As mães precisam começar cedo a ensinar aos filhos o respeito não só às pessoas, como também ao processo de aprender.

As mães precisam começar cedo a ensinar aos filhos o respeito não só às pessoas, como também ao processo de aprender. Ironicamente, dar muita importância ao sucesso escolar pode prejudicar. O Josephson Institute of Ethics realiza uma pesquisa anual sobre as crenças e condutas éticas dos adolescentes. Nos últimos anos a pesquisa revelou tendências perturbadoras. Dos adolescentes consultados, 75% confessaram 'colar' nas provas para obter notas mais altas; 65% disseram que não consideravam errado colar em um exame importante. A razão? Eles sabem que boas notas são importantes para o futuro sucesso profissional. Aparentemente, *como* eles conseguem aquelas notas boas não importa. Esses jovens realmente acham que os meios justificam os fins. E essas são as crianças que permanecem na escola. Jovens como Bruce talvez nunca atinjam nem mesmo esse discutível sucesso.

O que pode fazer a mãe solteira? Pode acompanhar de perto o desempenho escolar do filho. Pode mostrar interesse por seus deveres de casa, mas sem tomar para si a responsabilidade de fazê-los.

E pode demonstrar com palavras e ações que para ela caráter e integridade são tão ou mais importantes que boas notas.

Crie Homens Que Saibam Pedir Ajuda

Bob tinha uma inteligência acima da média. Mas também tinha uma deficiência de aprendizado comprovada que lhe afetava a escrita. À medida que as exigências de escrita recrudesciam, seu trabalho se deteriorava. A professora ofereceu aulas particulares, mas ele se sentia envergonhado e frustrado por sua incapacidade de fazer o que os outros garotos faziam com facilidade. Ele se retraiu e passou a xingar os professores que o perseguiam. Terminou o ano com nota baixa e declarou que nunca mais voltaria para a escola.

A mãe de Bob resolveu procurar um terapeuta. Descobriu que ele, como muitos meninos, costumava entender a ajuda do professor como sinal de que era de alguma forma deficiente ou estúpido. Embora a vulnerabilidade de determinados jovens nasça do fato de terem sido alvo de críticas e ridicularização desde cedo na vida, ou por terem mães bem-sucedidas em tudo que faziam, esse não foi o caso de Bob. Sua mãe sempre o tratou com carinho, sensibilidade e paciência.

Sabendo disso, a mãe de Bob o ajudou a sentir-se menos envergonhado e o incentivou a expressar a inadequação que sentia por causa de sua dificuldade. Só o fato de poder desabafar sua frustração lhe deu alívio suficiente para recuperar o otimismo. Ele também aceitou a oferta da mãe de ir conversar com os professores do ano seguinte para mostrar-lhes seus pontos fortes e fracos.

Dever de Casa: Dever de Quem?

Talvez nada cause tanto problema nem consuma tanto o tempo com a família que o dever de casa. Os professores acreditam na eficácia do dever de casa e por isso os oferecem generosamente... Mas os meninos se ressentem e, muitas vezes, deixam de fazê-los. Acabam os pais assumindo a responsabilidade pelo dever do filho. Em certas famílias, acompanhar e corrigir os deveres de casa pode exigir horas por criança e por noite. E, assim, quase não sobra tempo para conversas, brincadeiras e outras atividades. Tudo isso só faz promover brigas entre pais e filhos, entre a família e a escola. A seguir estão algumas sugestões para que você possa ajudar seu filho a se responsabilizar pelos seus deveres de casa.

Mantenha-se a par da agenda de seu filho. Muitos colégios exigem de seus alunos a relação diária de seus deveres. Alguns exigem a assinatura diária dos pais. Dedique tempo para perguntar-lhe o que ele tem de fazer e para incentivá-lo a traçar um esquema de execução das tarefas, a fim de cumpri-las a contento. As perguntas começadas com *qual*, *o que* e *como* em geral são as mais eficazes, muito mais que reprimendas e discursos. "Qual é o dever de hoje?" "O que você precisa para fazê-lo?" "Como planeja fazê-lo?" Se rotineiramente seu filho lhe diz que não tem dever para fazer, talvez não custasse ter uma palavrinha com seu(sua) professor(a).

Crie uma rotina para o dever de casa. A maioria dos meninos considera muito difícil suportar uma jornada de seis horas por dia na sala de aula. Quando a aula termina, eles precisam de uma ou duas horas para correr, brincar e bater papo com os amigos. Sente-se junto a seu filho e tracem um plano para que ele faça o dever de casa. 'A hora do dever de casa' pode ser logo depois da escola, antes ou depois do jantar, não importa – o importante é a regularidade. Descubra o que funciona melhor com seu filho e o incentive a dar o melhor de si – e cobre. Isso pode representar um desafio para as mães que trabalham fora. Peça a seu filho idéia para elaborar um plano de trabalho, e depois o siga.

Lembre-se de quem é o dever. A menos que esteja enganada, você provavelmente já concluiu o terceiro grau. O dever de seu filho é responsabilidade dele e deveria ser uma questão para ele resolver junto com o professor. Você pode orientá-lo e incentivá-lo, mas não fazer o dever para ele. Se você faz muita coisa do departamento de dever de casa, seu filho vai permitir com satisfação e assim perder a oportunidade de estudar por conta própria. Com quase toda a certeza ele vai aprender muito mais com uma nota baixa recebida pelo dever que deixou de fazer do que a nota boa que recebeu pelo dever que você fez para ele.

Acompanhe o processo escolar. Freqüente a escola e as reuniões de pais e professores. Procure conhecer os professores de seu filho e os administradores da escola. Isso vai ajudá-la a saber o que está acontecendo – e o que não está.

No ano letivo, a mãe de Bob dedicou atenção especial aos trabalhos que envolviam escrita. Por exemplo, preparando sua comida predileta, ela lhe dava algo com que sonhar nas sofridas tardes em que ele passava escrevendo.

A admissão da própria dificuldade também ajudou Bob a ver a necessidade de agir. Como não precisava mais perder tempo tentando negar o problema, pôde admitir sua deficiência. Ele agora pesquisa na Internet para descobrir o que outros jovens com o mesmo problema fizeram para contorná-lo. Bob aprendeu estratégias para atenuar o efeito do problema e agora vê a escrita como algo por que se esforçar, e não mais como um obstáculo intransponível. Ele já não vê mais nos professores inimigos; eles se tornaram

Problemas de Aprendizado

Embora os velhos tempos de colégio tenham suas vantagens, o atual conhecimento de como as crianças aprendem e não aprendem (e o que às vezes complica o processo) é uma bênção de Deus. Se você suspeita que seu filho tenha algum problema de aprendizado, converse com os professores dele.

Examine o comportamento de seu filho ao longo do dia. Talvez a razão para ele não se dar bem nas leituras no colégio se deva a problemas sociais com os colegas. Talvez ele não consiga acompanhar direito as conversas e com freqüência entende errado o que os outros querem dizer (nesse caso, o problema é de linguagem). Ou talvez sua total desorganização na escola reflita a criança bagunceira e aparentemente indócil com quem você vive em guerra (nesse caso, deficiência organizacional).

Se você está preocupada, não hesite em pedir que a escola lhe aplique os testes psicológicos apropriados para detectar esse tipo de problema. Não permita que a timidez e a crença de que ele vai superar isso sozinho a detenham. Há muitas providências a serem tomadas, na escola e em casa, a fim de ajudar a criança a obter êxito a despeito de sua dificuldade. Quando se trata de problemas de aprendizado, quanto mais cedo você agir, melhor.

um recurso desejado e necessário. Reconhecer nossas limitações – o que todos nós deveríamos fazer – é sempre o melhor caminho para superá-las.

Saber pedir ajuda é uma virtude que todos deveríamos desenvolver. As crianças capazes de pedir a ajuda necessária e de usá-la quando recebida têm grande chance de prosperar nos estudos. Com freqüência, os garotos adotam a visão distorcida de que ser forte é nunca pedir ajuda, que os homens de verdade não têm seus pontos fracos. O encorajamento, a empatia e a valorização do empenho da criança em aprender e crescer vão ensinar-lhe que às vezes a pessoa mais forte é a que pede ajuda.

Saber pedir ajuda é uma virtude que todos deveríamos desenvolver. As crianças capazes de pedir a ajuda necessária e de usá-la quando recebida têm grande chance de prosperar nos estudos.

Crie Auto-analistas

Muitos meninos não têm paciência nem energia para passar a limpo os rascunhos de seus deveres. Eles fazem o teste de matemática como quem aposta corrida, mesmo quando lhes dão 20 minutos para conferi-lo. Em geral, suas notas abaixam por mero descuido, eles cometem erros bobos em assuntos que dominam. Suas cadernetas vêm cheias de notas vermelhas, com comentários lamentosos dos professores de que foi falta de atenção, e não falta de conhecimento, o motivo de notas tão ruins.

Uma virtude intimamente relacionada à habilidade para pedir ajuda é a capacidade e a vontade de monitorar o próprio trabalho. Escrever este livro, por exemplo, exigiu muitos rascunhos que mutuamente editamos e reescrevemos. A criança capaz de avaliar o próprio trabalho vai aprender mais, fazer melhor e, acima de tudo, vai saber dar o melhor de si em qualquer atividade a que se proponha.

Felizmente, cada vez mais professores estão levando esse hábito para as salas de aula. Hoje se solicita até que as crianças dos primeiros anos do ensino fundamental façam esse tipo de planejamento pelo qual se definem etapas a serem cumpridas. Ajude seu filho a entrar nessa onda. Interesse-se. Elogie quando seu filho faz 'hora extra' do dever de casa. Se no meio do caminho ele sentir que precisa de mais recurso, ajude-o; leve-o à biblioteca. (Sim, é chato você ter de interromper o que está fazendo, mas vale a pena o esforço.)

Essas são pequenas coisas que, mais que a retórica, revelam seus verdadeiros valores para a criança.

Se seu filho continuar apresentando trabalhos malfeitos, evite os 'sermões-ladainha'. Em vez disso, permita-se comiserar-se, valide a frustração dele e o ajude a descobrir como obter resultado diferente. "Deve ser decepcionante tirar nota baixa quando você estudou e sabia tudo." "Você quer dizer que, se tivesse podido usar o corretor de texto, teria tirado a nota máxima?" Seu filho só vai passar a rever o trabalho dele quando achar que vale a pena o trabalho pesado extra.

Meninos Malcomportados

Quando éramos crianças, nossos pais em geral ficavam do lado do professor. "O que *você* fez de errado?" Mesmo quando reclamávamos que havíamos sido maltratados, que haviam gritado conosco ou que nos haviam insultado, nossos pais tendiam a perguntar: "O que você fez?". Como crianças, detestávamos isso, é claro. De fato, queríamos que nossos pais culpassem a escola. Ao mesmo tempo, era bom saber que nossos pais valorizavam e apoiavam nosso segundo lar, a escola. Eles acreditavam que aprender a trabalhar e a relacionar-se com diferentes professores seria bom para nós, nos ensinaria sobre a vida. Uma nota baixa era motivo para estudar mais, não para chamar o diretor ou o advogado.

Lamentavelmente, hoje as escolas estão repletas de meninos malcomportados, crianças violentas, rancorosas e preocupantes, meninos que trapaceiam, roubam e ofendem quem quer que cruze seu caminho, principalmente quando se trata de crianças mais fracas e desprotegidas. As brigas tornaram-se tão comuns nos pátios das escolas, que foi preciso que se desenvolvesse um regulamento inteiro exclusivamente dedicado a apartar brigas, resolver conflitos e evitar agressões.

As brigas tornaram-se tão comuns nos pátios das escolas, que foi preciso que se desenvolvesse um regulamento inteiro exclusivamente dedicado a apartar brigas, resolver conflitos e evitar agressões.

Mais do que nunca, nossas escolas e professores precisam de nossa lealdade e de nosso apoio, à moda dos velhos tempos. Em vez de aparecer na escola furiosa porque nunca dão ao seu filho chance de ser o primeiro da turma, apareça lá furiosa porque seu filho foi rude com a professora. Quer dizer que ele tirou 93 quando merecia 95? O que ele vai aprender vendo-a importunar a professora por algo tão irrelevante, comparado a você explicar-lhe calmamente que não importa, que você jamais aborreceria o assoberbado e confiável professor com uma banalidade dessas? (Desnecessário dizer, essa resposta vai surtir menos efeito quanto mais o professor se mostrar indigno de confiança.)

Nunca, absolutamente nunca é certo defender um mau comportamento do filho, desculpar-se por ele ou poupá-lo das merecidas conseqüências. Se ele estiver se roçando nas meninas do colégio, você precisa deixar bem claro que não está brincando. Se seu filho estiver desafiando o diretor, é melhor apoiar a escola a suspendê-lo. Cuidado, porém, pois castigos adicionais em casa, para as conseqüências da escola, podem só aumentar o ressentimento e a insubordinação dele. Em geral, é melhor que as questões da escola se resolvam na escola, com o apoio dos pais.

Nunca é saudável seu filho ouvi-la falar mal dos professores e dos funcionários da escola, mesmo quando você desaprova a atitude deles. Aprender a viver com regras faz parte da vida, bem como aprender a conviver com professores imperfeitos. Temos o compromisso com nossos filhos de sermos os mais fortes aliados de seus professores e de sua escola, especialmente em tempos difíceis.

Grandes Expectativas para o Futuro

Vimos os dois casos: mães que esperam que seus filhos, que mal conseguiam passar de ano, estudem na Sorbonne e mães que nada esperam dos filhos, apesar de seus talentos e conquistas.

Como nutrir as expectativas certas em relação a seu filho? Com reflexão e bom senso. Você mora com seu filho. Ninguém o conhece tanto – seus altos e baixos – quanto você. Decerto você participou de sua vida educacional e conhece de certa forma suas potencialidades e motivação intelectual, bem

Quando Seu Filho Definitivamente Não Se Entende com a Professora

Como deve ser triste para a mãe dedicada saber que a professora de seu filho não o entende, admira ou aprecia. O que ela pode fazer para tentar aproximar os dois?

Ouça seu filho. Não se satisfaça com vagas reclamações. Pergunte a seu filho exatamente o que ela não gosta nele? E pergunte o que ele faz para melhorar essa situação. Se disser "nada", talvez ele não esteja sendo justo com ela.

Ouça o professor. Convide o professor a abrir-se com você e dizer o que gosta e não gosta em seu filho. Tente não ficar na defensiva. Quanto mais receptiva você estiver, mais o professor vai se sentir à vontade para falar.

Ouça a si mesma. O que você vê em seu filho? Será que a professora viu o que você se recusa a ver? Ou você sabe o que está por trás desse comportamento, por exemplo, que seu filho sente saudade da professora querida do ano passado?

Seja gentil. Brigar com a professora é a reação natural da mãe dedicada. No entanto, isso pode acabar afastando ainda mais a professora de seu filho. Se for verdade, diga a ela que enfrenta os mesmos problemas em casa. Procure ser enfática, simpática e construtiva.

Mantenha uma visão equilibrada. Quando a mãe sabe que seu filho está tendo problemas na escola, ela vai logo querer saber o que a professora está fazendo com ele. Dê um tempo. Em vez disso, ajude seu filho a ver o que *ele* pode fazer para se dar bem com a professora.

Procure ajuda. Se seus esforços não surtirem efeito, vá se aconselhar com o diretor ou com alguém qualificado da escola.

Brigue somente em último caso. Empenhar-se para um bom entendimento, em geral, é a melhor atitude, mas nem sempre possível. Nessas infelizes circunstâncias, seu filho merece uma professora que lhe trate com justiça.

como seus interesses. Você pode ouvir seus desejos e ajudá-lo a fazer suas escolhas. Mas talvez ele preferisse ser um piloto em vez de vendedor. Certas mães zelosas querem ver os filhos seguirem carreiras altruísticas. Os filhos, porém, preferem o mundo dos negócios. Certifique-se de que ele incorporou a bondade, a compaixão, os valores morais e o cuidado com o mundo que você infundiu nele no dia-a-dia, e que ele os carregará consigo em qualquer profissão que abraçar. O caráter, quando arraigado no coração, vai se manifestar em todas as ações de seu filho, grandes ou pequenas, sem exceção.

Cuidado para não criar expectativas rígidas ou singulares demais. Se você sonha que ele estude Direito na melhor universidade, talvez lhe atraia mais onde ele vai estudar do que a realidade de um advogado (que provavelmente você desconheça por completo). Existem boas universidades, e não é justo que jovens brilhantes sofram porque não conseguiram entrar nessa ou naquela universidade, que talvez seja o sonho dos pais, mas não o deles. O que importa é o desejo de aprender e ter sucesso. Sem isso, não importa onde ele vai estudar.

Enfim, como profissionais de saúde mental, vimos muitas crianças que, após concluírem o curso profissionalizante, optaram por cursos baratos dentro da mesma profissão. Parece-nos que os Estados Unidos têm um problema em relação ao ensino técnico que só faz prejudicar nossos filhos. Muitos jovens seriam mais felizes e mais produtivos se aprendessem um ofício simples que fosse bem remunerado, fosse importante para a comunidade e lhes desse satisfação. Os pais que têm sorte de poder pagar uma universidade devem considerar a possibilidade de guardar esse dinheiro para que um dia o filho possa abrir um negócio ou comprar uma casa quando constituir família.

Alimentando Talentos

Quase toda comunidade reconhece quando uma criança é muito talentosa e lhe dá oportunidade para sobressair. Mas os meninos com talento em outras áreas são esquecidos, a ponto de, às vezes, sentirem vergonha de seus interesses. Cobre da escola para que esta ofereça a seu filho o estímulo de que ele precisa. E ajude-o a lutar para realizar suas potencialidades, sejam elas musicais, artísticas ou intelectuais. Como nossas escolas em geral não dispõem de recursos para desenvolver adequadamente essas virtudes, talvez você terá de pesquisar quem e o que pode suprir as necessidades de seu filho.

A faculdade é o sonho de muitos jovens; para outros não passa de mais quatro anos de aborrecimento, frustração e perda de tempo.

Aprender é importante? Muito importante. Mas o aprendizado pode assumir as mais variadas formas à medida que seu filho cresce e se torna adulto. Ele pode aprender com amigos, com a experiência própria, com um bom livro e com você, e também, é claro, com as escolas e universidades. Se você ouve de coração o que ele diz, se presta atenção, se sabe bem quem ele está se tornando e se lhe dá a devida orientação, o devido estímulo para seu desenvolvimento pessoal e acadêmico, você assim terá traçado o caminho para uma vida genuinamente bem-sucedida.

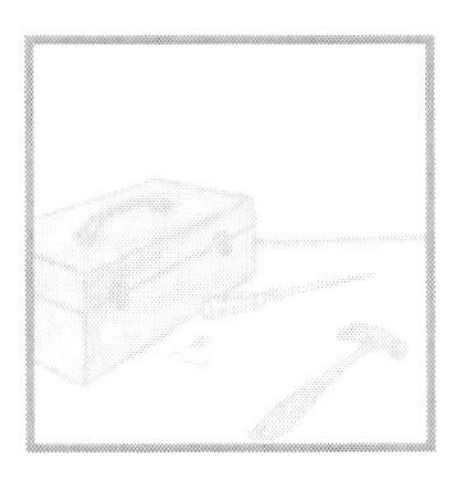

CAPÍTULO 12

Um Homem em Casa

Aproveitando a Influência de Ex-maridos, Namorados e Outros Modelos de Comportamento Masculino

Por mais carinhosa, dedicada e eficiente que seja a mãe que cria seu filho sozinha, ele sempre buscará uma referência masculina em sua vida. O filho de pais divorciados normalmente mantém alguma relação com o pai, boa ou ruim, que continuará tendo grande importância para ele. E pode ter uma relação com o namorado da mãe. Até mesmo o menino que nunca conheceu o pai e cuja mãe normalmente não tem namorado tem grande interesse na figura masculina. Como poderia não ser assim? Ele é homem!

Não estamos discutindo se o menino precisa ou não de uma figura masculina em sua vida. Concordamos com o pensamento predominante de que ele precisa sim. O foco de nossa questão, contudo, é descobrir maneiras de ajudá-lo a tirar partido da influência masculina de que ele precisa sem que isso abale a maneira como vê o estilo de vida que você adotou nem as opções a que você dá valor. Neste capítulo, vamos analisar o papel do homem em sua vida e na de seu filho: o ex-marido carinhoso, o pai divorciado e irresponsável, um novo interesse romântico, o treinador de futebol, o avô ou o vizinho do andar debaixo. Esses homens existem na vida de quase todo menino. De que maneira você pode contribuir para que o impacto por eles exercido sobre seu filho seja positivo?

Manter uma Atitude de Colaboração com Ex-maridos e Bons Pais Que Não Moram em Casa

Certas raras e felizardas mulheres são divorciadas de maridos e pais impecáveis. Muito mais mulheres, divorciadas ou separadas, viveram um dia e ainda lidam com homens que, apesar de seus problemas conjugais, são boas pessoas ou, pelo menos, pais razoáveis, que continuam a amar e a sustentar os filhos. O número de mulheres que teve filhos com homens com quem nunca se casaram nem conviveram é cada dia maior.

A criação compartilhada – desafio dos casais felizes que vivem sob o mesmo teto – pode ser difícil quando o homem mora em outra casa ou apartamento e você tem por ele sentimentos complexos e sofridos. Trata-se de uma responsabilidade que precisa ser encarada. A mãe divorciada sabe que o divórcio pode provocar um rompimento nas relações. Ela não precisa ler em nenhum livro que a saúde psicológica do filho depende intensamente de sua habilidade em conduzir e negociar a vida da família depois do divórcio. O que ela pode fazer para impedir que o divórcio comprometa a relação entre pai e filho?

Compartimentalizar

O que queremos dizer com esse termo estranho é que você precisa separar seus próprios sentimentos dos sentimentos de seu filho em relação ao pai. Isso é infinitamente mais fácil de dizer do que de fazer. Como você pode admirar e valorizar o amor que seu ex-companheiro dedica a seu filho quando ele a trata tão mal? Como é possível discutir com calma as férias que ele está planejando tirar com o filho na Europa quando você não tem condições de passar um único fim de semana com o menino em um hotel-fazenda? Como reforçar e colaborar com sua atitude de pai se ele só vivia criticando-a como mãe?

Para poder dar apoio ao relacionamento saudável do menino com o pai talvez você precise deixar seu orgulho e sua mágoa de lado. Não é necessário nem realista oferecer a outra face ou fazer de conta que nada aconteceu durante o tempo que passou com seu ex-marido. Compartimentalizar significa criar espaço em sua psique e em sua vida de mãe para a sua experiência *e* para a de seu filho. Significa aceitar o fato de que, apesar de você não gostar mais do pai do seu filho, ou de não concordar com as opções dele, seu filho possui um relacionamento à parte com ele, o qual é um aspecto poderoso e importante da vida do menino.

Tenha uma Visão Mais Objetiva

Embora todos nós vejamos o mundo com subjetividade, a mãe pode – e freqüentemente deve – tentar ver o pai do filho dela da maneira mais clara e objetiva possível. O relacionamento entre homem e mulher é muito complexo e, muitas vezes, o rancor e a amargura formam entre os dois uma ligação tão forte quanto o amor formava. Enquanto estiver cega e consumida pelos próprios sentimentos em relação ao pai do seu filho, você provavelmente não conseguirá aquilatar o que ele realmente está fazendo. Sua própria mágoa e frustração a levarão a deturpar o significado das ações e intenções dele.

A mãe divorciada sabe que o divórcio pode provocar um rompimento nas relações. Ela não precisa ler em nenhum livro que a saúde psicológica do filho depende intensamente de sua habilidade em conduzir e negociar a vida da família depois do divórcio.

Vamos citar um exemplo: é possível que seu ex-marido esteja realmente dando dinheiro para o menino gastar no fim de semana só para enfraquecê-la diante dele ou esteja querendo sinceramente agradá-lo? Pode ser que ele esteja até querendo ensinar o menino a administrar as próprias finanças. Procure ser honesta consigo mesma. Você realmente não se importa que seu filho faça todo o trabalho de história com a ajuda do pai e que não a deixe se aproximar um milímetro das tarefas escolares que traz para casa? Quem sabe se seu filho seja tão aberto com o pai não por aquilo que você alega ser uma atitude indulgente do pai, mas porque o pai realmente tem mais paciência para ouvi-lo do que você.

É claro que algumas suspeitas e suposições menos generosas podem ser verdadeiras e podem exigir sua intervenção. Muitas preocupações, porém, poderão perder o sentido se você souber elaborar outras possibilidades. Nada impede necessariamente que um homem que foi um marido relapso seja um pai carinhoso, mesmo quando seu estilo de exercer a paternidade difira radicalmente do seu. Admitir diante de si mesma seus ressentimentos e rancores levantará a bruma dos seus olhos e a deixará enxergar com maior objetividade a atuação de seu ex-marido como pai, permitindo-lhe reconhecer quando sua intervenção é realmente necessária.

Seja Flexível

É compreensível que uma mãe que cria um filho sozinha, sobrecarregada e cansada de tantas responsabilidades, se sinta indignada quando o pai não age como deve – quando, por exemplo, traz o filho de volta da visita de fim de semana uma hora mais tarde do que o combinado. Mais uma vez, porém, procure enxergar com o coração: você realmente acha que a atitude dele lhe causou um grande inconveniente ou você fica ressentida por ele não acatar obedientemente seus pedidos? Você tem medo de que ele esteja tentando roubar o afeto do menino? Poucas coisas, e poucas pessoas, são completamente boas ou completamente más. O mesmo ex-marido que está sempre atrasado pode ao mesmo tempo colaborar com o seu desejo de voltar a estudar ou ser excepcionalmente generoso na pensão que dá ao filho.

No melhor dos mundos, pais parceiros se complementam. Você pode ser mais confiável ou eficiente a respeito de um aspecto da vida de seu filho, mas ser menos em outro, ou naquilo em que seu ex-marido se destaca. Sabemos que existem pais impossíveis e vamos deixá-los para outra discussão. O pai médio e que pode ser considerado razoável dentro das circunstâncias é um pai que tem pontos fortes e pontos fracos que complementam os da ex-esposa, a mãe que pode ser considerada razoável dentro das circunstâncias.

Grande parte das mães solteiras admite temer que o filho prefira ficar com o pai, que acabe perdendo o menino que tanto significa para elas. A insegurança dessas mães pode levá-las a interpretar todas as atitudes do ex-marido sob a luz mais negra possível e a criar no filho vínculos perniciosos e dolorosos. A mãe que deseja que tudo aconteça do jeito dela pode acabar não vendo o que o filho realmente quer e precisa. Sua inflexibilidade pode não só introduzir tensão no relacionamento que precisa construir com o ex-marido, como também mostrar ao filho que ela é rígida e, como resultado, ensiná-lo a ser assim também. A colaboração exige cooperação e concessão, atitudes que podem ser excessivamente pesadas para uma mãe sozinha estressada.

Dê Crédito Quando Ele For Merecido

Sabemos muito bem. Seu ex-marido nunca a fez sentir-se amada. Ele pode ter dificuldade em reconhecer tudo o que você faz e, pior ainda, pode ser extremamente crítico. Mesmo assim, o relacionamento entre você e seu filho será melhor se você tiver a liberdade de fazer o que julga ser o certo e melhor para ele. Se você sabe que seu ex-marido gosta do filho que é de vocês dois, não questione nem condene sua dedicação por estar aborrecida com outra coisa, inclusive com o que ele lhe diz. Isso é um golpe baixo e injusto. Se ele estiver lidando bem com as questões que envolvem sexo, mostre-lhe que você respeita e valoriza a tarefa difícil que ele está empreendendo. Dar-lhe crédito não tira nada de você nem enfraquece sua condição e sua posição. Na verdade, dar valor ao relacionamento do filho com um pai presente e carinhoso contribui para aumentar o respeito e a confiança que a criança sente por você. Se preza a boa atitude paterna, você aumenta a probabilidade de ela se preservar.

Pense e trabalhe com otimismo, encarando cada dia como um novo começo. Cônjuges divorciados freqüentemente conservam rancores e vivem trazendo-os à tona, processo que muito raramente é o melhor uso que você pode fazer de sua energia emocional já limitada. Se você não consegue se livrar das queixas do passado para seu próprio bem, procure livrar-se delas pelo bem-estar de seu filho.

Ajuda muito também reconhecer que seu filho e o pai dele precisam trabalhar o próprio relacionamento. Quem sabe seu marido tenha um histórico de muita expectativa de sucesso acadêmico em relação ao filho. É sempre mais eficaz ajudar o filho a encontrar maneiras de falar dos próprios sentimentos com o pai do que fazer sermões ou criticar o ex-marido. É altamente improvável que você mude seu ex-marido (se fosse possível, talvez vocês ainda estivessem juntos, não é?), mas pode certamente fazer com que ele saiba que você fica extremamente agradecida com o empenho dele em ser um bom pai.

Considerar-se como a mãe perfeita implica colocar seu ex-marido em uma posição abaixo. Caso ele admita para você que cometeu um erro em sua função de pai, mostre-lhe que você também luta para acertar e que também se sente muito mal quando erra. Dê ênfase à procura de uma solução para o problema, sem apontar culpados. A recompensa por essa generosidade de espírito volta para você sob a forma de maior tranqüilidade, proporcionada pela certeza de que ele cuida bem do filho que vocês dois adoram. A mãe que adota essa estratégia descobre que ela os libera e que ambos se orgulham de fazer o que é melhor para o filho, não o que é mais fácil ou parece ser melhor no momento.

Deixe a Lealdade para a Realeza

Muitos pais e mães que foram casados conheceram a agonia de se sentirem relegados a segundo plano e o êxtase de serem o número um. A última situação é muito mais divertida e a primeira chega a ser insuportável. Chegar em segundo lugar ainda é mais difícil para a mãe solteira.

A mãe sozinha, em maior medida, sacrifica a vida pelo filho e emprega toda a sua energia cuidando dele e educando-o. Pelo menos é o que parece. E faz ainda todo o trabalho pesado: ela é a disciplinadora, aquela que fica martelando em casa a importância de estudar e de praticar música, que insiste na criação de hábitos pelos quais sabe que o filho não lhe vai propriamente agradecer por incutir nele. É ela que se preocupa em supervisionar as fitas de vídeo que ele assiste, mesmo quando isso exige que ela deixe de assistir aos programas de que gosta, porque sabe que nem tudo serve para os olhos inexperientes do filho.

Enquanto isso, cabe ao ex-marido o papel de bom moço – ele é o policial bonzinho e ela o malvado. Ele serve pizza em frente à televisão e deixa o filho ficar acordado até meia-noite em tempo de aula e aluga um monte de fitas de vídeo para o filho todo sábado. Como ela pode competir com tudo isso e como ousaria querer que o filho a preferisse? Além de tudo o que ela faz, seria demais pedir isso?

O desejo da mãe de ser o progenitor preferido é natural, humano, mas pode criar problemas para o filho que ela tanto adora. Esse filho tem também o pai que ele adora e que também o adora e é assim que as coisas devem permanecer depois do divórcio. Muito poucas serão as mães que racionalmente não concordarão com essa idéia. Porém, respeitar o amor do filho pelo pai na vida real chega a ser muito ameaçador para a mãe sozinha.

Rob, de 9 anos, sentou-se no sofá do consultório do terapeuta, torcendo a bainha da camiseta entre os dedos. "Eu meio que menti para a minha mãe", confessou constrangido. "Passei o fim de semana com meu pai e foi muito bom. Ficamos mexendo na moto dele e assistimos um filme com a namorada dele. Ela é muito legal. Só que quando cheguei em casa, eu falei pra minha mãe que foi mais ou menos."

O menino suspirou: "Eu sou tudo o que ela tem e não quero chateá-la. Não quero que ela pense que gosto mais do meu pai do que dela. Gosto dos dois, mas às vezes fica tudo tão complicado!".

Os meninos passam por fases de desenvolvimento em que idealizam a figura do pai e essa adoração revela mais as necessidades psicológicas da criança do que propriamente as qualidades do pai. Muitas vezes, esses períodos são acompanhados de uma desvalorização da mãe e fazem parte da luta do menino contra a dependência de sua mãe e de seu desejo natural de se sentir mais adulto e independente. Filhos de pais divorciados costumam tratar melhor o pai que está fora de casa do que a mãe que está o dia inteiro em casa. No entanto, esse é um consolo muito pequeno para a mãe que se sente colocada de lado e vista como uma presença apenas normal, sem grande valor. Por mais que a mãe entenda essa situação, não é nada agradável ocupar essa posição secundária, atrás do maioral que é o pai. Em meio a toda essa mágoa, por que ela não tentaria descobrir qual é o verdadeiro sentido dessa situação?

Não é justo também esperar que seu filho compartilhe seu ponto de vista e suas lutas com seu ex-marido. A psicologia social tem mostrado que mais do que querer que as pessoas de quem gostamos gostem de quem gostamos, queremos também que elas odeiem as que odiamos. Partilhar inimigos é uma ligação muito poderosa, mas esperar ou exigir esse tipo de lealdade de um filho pode ser extremamente destrutivo. As mães que tentam fazer os filhos se voltarem contra os pais quase sempre perdem. A 'vitória' tem um preço terrível para o menino, e, caso a mãe consiga persuadir o filho a ver 'maldade' em um pai que é bom, ela estará provocando nele um dano muito maior do que apenas privá-lo de um bom pai; como o menino geralmente internaliza o que sente e se identifica com o pai, ela acaba convencendo o filho de que ele também é mau e que também nunca o amou.

A criança demonstra a capacidade de amar os adultos e de entender o papel de cada um. O que ela não gosta é de ter de optar entre adultos que ela gosta, e pais sensatos jamais pedem isso ao filho.

Mantenha a Paz

Rick, de 12 anos, sofria de uma terrível enxaqueca que remédio nenhum curava. Apesar de excelente aluno, desinteressara-se pelos estudos, e de ser um excelente atleta, abandonara os esportes. E sabia exatamente por quê. Os pais se haviam divorciado dois anos antes, mas ainda travavam brigas violentas, como quando ainda eram casados. Discutiam a respeito de tudo, a cada transição entre as duas casas, sem se importarem se Rick e a irmã ouviam todo aquele palavreado grosseiro e acusações agressivas. Várias vezes foi recomendada para eles a terapia familiar, mas os dois pais divorciados não conseguiam baixar suas espadas para por em prática qualquer trabalho construtivo.

Foi necessário que Rick tentasse o suicídio para chamar a atenção deles, mas infelizmente a trégua durou pouco. Logo que o menino deixou o hospital, os pais retomaram a batalha.

Qualquer pessoa que tenha estudado um pouco de história ou que tenha televisão em casa entende o que uma guerra civil faz com um país e seu povo. Rick e a irmã eram praticamente reféns da guerra permanente entre os pais. E *guerra* não é uma palavra forte demais aqui. Em virtude de sua própria personalidade e egocentrismo, eles não mostravam nenhuma disposição ou capacidade de parar de brigar. O desejo de proteger Rick, mesmo quando viram a dor do menino, não era suficiente para calar aquela mágoa profunda que sentiam um do outro e a necessidade de brigar. É óbvio que a separação física e mesmo o divórcio haviam tido muito pouco poder de desfazer o nó psíquico que ainda os vinculava.

Partilhar inimigos é uma ligação muito poderosa, mas esperar ou exigir esse tipo de lealdade de um filho pode ser extremamente destrutivo. As mães que tentam fazer os filhos se voltarem contra os pais quase sempre perdem.

Submeter uma criança a um trauma desses, embora muito comum, é uma atitude indefensável. Guarde suas frustrações para mais tarde. Recuse-se a brigar. Quando um não quer, dois não brigam. Deixe seu ex-marido ficar com a última palavra, enquanto você secretamente se regozija por seu amadurecimento e discernimento. Prepare-se para ouvir a frase provocativa que sempre a tira do sério e, quando a ouvir, ignore-a. Faça o possível para não ser a instigadora ou a pessoa que derrama gasolina sobre uma discussão que já está esfriando. Pense em seu filho e tenha uma fotografia dele à mão para poder olhá-la em momentos inflamados, para que a lembre que você precisa se controlar e parar de discutir. Por mais duro que pareça, pense em seu filho quando adulto, arrasado por essas brigas. Se você não conseguir pôr fim à guerra, procure ajuda profissional.

Tenha em mente que essas estratégias são dirigidas para você, mãe *sozinha*. Entendemos sua frustração ao ser solicitada a fazer mais ainda, sobretudo se o pai do seu filho é o causador dos problemas. Mas a quem mais podemos apelar? Quem mais precisa ouvir tudo isso provavelmente não está lendo este livro.

É possível que você tenha tentado em vão mudar o homem de sua vida durante vários anos e talvez pense que você não precisa mudar porque é ele, seu ex-marido, que contribui com 90% para o problema. Nesse caso, você está prestando a si mesma um desserviço, pois sempre vale a pena prestar atenção nos seus 10%: você pode ter uma surpresa agradável, não apenas para si, mas para ele – e principalmente para seu filho. Não há dúvida de que, se você considera isso injusto demais ou está determinada a esperar que *ele* mude primeiro, essa discussão não lhe trará proveito algum.

Brigando com Maus Pais

Se quiser, você poderá ajudar a cultivar a relação de seu filho com o pai dele. Quando os pais se sentem validados como dignos de mérito e do prestígio do filho, eles em geral respondem e melhoram. Infelizmente, porém, alguns pais são tóxicos demais, negligentes demais ou grosseiros demais para agüentar ou merecer atenção – por exemplo, pais que não respeitam os acordos de custódia dos filhos e que não pagam a pensão deles. Há os que bebem seu salário. Outros batem nos filhos ou os molestam, outros se drogam com os filhos ou compram bebida para eles e para os amigos deles. São situações tão extremas que a mãe precisa proteger o filho, mesmo sob o protesto dele.

Há também os casos menos dramáticos: pais que deliberadamente minam o esforço da mãe em criar filhos decentes e amorosos. Certos pais saem para tratar dos próprios negócios ou da própria vida social e deixam os filhos pequenos aos cuidados de gente desconhecida ou pouco confiável. Outros cancelam a visita aos filhos no fim de semana para se divertirem em companhia de amigos e namoradas, ou dão mau exemplo, ensinando os filhos a enganar e a mentir. Alguns pais, depois de começar uma família nova com uma mulher mais nova, relegam os filhos do primeiro casamento a um segundo plano, passando a tratá-los como cidadãos de segunda classe que só lhes trazem inconvenientes. Há também aqueles que, incapazes de se manter em um emprego, incentivam a indisciplina dos filhos no colégio, desculpam suas atitudes de provocação em relação aos professores e ignoram as obrigações dos deveres de casa e dos trabalhos dos filhos perante a escola. Outros, ainda, simplesmente desaparecem da vida dos filhos.

Este assunto pode render um livro inteiro. Se colaborar com um homem bom e bem-intencionado como pai já é tão difícil, quanto mais lidar com esses outros problemas. Esses tipos de maus pais precisam de mais do que apenas 'entrar no eixo', portanto, faça o que puder para proteger seu filho: busque apoio e ajuda da família, dos amigos, de um pastor ou sacerdote ou de profissionais. Caso a saúde ou a segurança de seu filho estejam correndo risco, chame as autoridades competentes de proteção à criança. Faça alguma coisa e faça hoje.

Namorados

A mãe *sozinha* que tem seus namorados costuma preocupar-se com os efeitos dessa sua escolha sobre seus filhos, pois não quer magoá-los ou prejudicá-los, mas também não tem vontade de se privar de ter um companheiro ou uma relação amorosa em sua vida. Afinal de contas, não é porque a mulher é mãe que ela precisa abrir mão do relacionamento amoroso adulto. No entanto, quais são as repercussões de quando um homem 'cai de pára-quedas' na vida de seu filho? Eis alguns passos que podem contribuir para que seu namorado se torne um valor a mais e não um inconveniente para seu filho.

Vá com Calma

O conselho mais antigo costuma ser ao mesmo tempo o mais sábio e o mais difícil de seguir, principalmente se você está sozinha e estressada, mas a presença de um modelo impróprio de homem pode ser pior do que a ausência de um modelo masculino. De fato, as estatísticas mostram que o risco de molestamento sexual ou de agressão infantil aumenta quando homens não aparentados moram em casa com uma mulher e seus filhos. O homem que se aproveita de você, que a agride física ou verbalmente ou se mostra incapaz de tratar você e seu filho com respeito e educação em nada contribuirá para a felicidade de seu filho ou de sua casa. Vale mais a pena ter seu tempo só para você, manter sua sanidade e procurar confiança e respeito mútuos.

Mergulhar de cabeça em um novo relacionamento romântico pode ser inicialmente reconfortante e encerrar suas próprias tensões, mas pode acarretar mais sofrimento e sensação de fracasso. Para o bem de seu filho, tome cuidado para não se precipitar na busca de uma figura de pai para ele. As coisas que valem a pena na vida – e isso serve também para namorados ou relacionamentos amorosos – são aquelas que sabem esperar e duram.

Coloque na Balança os Seus Interesses e os de Seu Filho

Certas mães *sozinhas* têm a felicidade de escolher namorados que são bons com seus filhos e bem-aceitos por eles. Outras, com menos sorte, se vêem em um constante dilema. Embora estejamos certos de que nenhuma mãe escolhe ou fica com um namorado que é mau para o filho, sabemos que escolher um homem tomando-se por base apenas o critério de ele ser um bom 'pai' pode ter seu lado negativo também. Suportar um relacionamento insatisfatório em nome do filho priva a mulher de suas necessidades. A falta de apoio e de amor de que precisa pode acabar por prejudicar a maneira como ela lida com o filho e favorecer o acúmulo de ressentimento em relação ao menino pela tristeza e sacrifício que precisa sofrer por ele. Procure alguém de quem você goste, que a trate bem e que também seja boa pessoa e disposta a exercer uma influência positiva sobre seu filho.

Não Se Esqueça de Seu Filho

Um namorado pode dar trabalho. Relacionamentos conturbados e emocionalmente desgastantes muitas vezes consomem a atenção da mãe *sozinha*, até mesmo quando o namorado está longe, roubando-lhe a energia que ela dedicaria ao filho. O mesmo se dá com relacionamentos novos e positivos, que também podem ser igualmente preocupantes. Embora a mãe *sozinha* também precise de espaço em seus relacionamentos e de tempo para entender e avaliar com sinceridade sua própria reação diante deles, ela, às vezes, precisa observar esses efeitos sobre o filho.

Será que o ciúme e o ressentimento que seu filho demonstra estão só na cabeça dele ou são justificados? Você está sempre com seu namorado e, quando não está, está falando ao telefone com ele ou sobre ele? Se seu namorado demonstra pouca tolerância a respeito de seu relacionamento com seu filho, talvez isso seja um sinal de complicações pela frente.

Quando você começa um novo relacionamento, algo que normalmente ajuda muito é criar oportunidades para ouvir seu filho, ou seja, ouvir o que ele tem a dizer com palavras e por intermédio de seu comportamento. Passar um tempo só com ele regularmente é uma maneira de mostrar a ele que ainda tem o seu amor e atenção, além de fazer você enxergar o que precisa ser feito para fortalecer essa relação entre vocês. Para a criança, atenção e tempo são medidas fortes de amor e de acolhimento. Dê a seu filho a parcela do seu amor e da sua atenção que o impedirão de se ressentir indevidamente com a presença do novo homem de sua vida.

Tenha Paciência Quanto à Ligação entre Seu Namorado e Seu Filho

Seu filho não precisa conhecer e aprovar todo candidato a namorado seu. Procure planejar seus encontros ou saídas de modo que não atrapalhe a programação de seu filho nem sua maneira de educá-lo. Apresente seu namorado a ele quando souber que aquele relacionamento irá além de uma ou duas noites de diversão. À medida que esse relacionamento for se solidificando, procure promover o entrosamento gradual entre eles. Por mais entusiasmada que você esteja, não é justo convidar uma criança a se ligar a um homem que pode muito bem sair de cena dentro de pouco tempo.

[...] a presença de um modelo impróprio de homem pode ser pior do que a ausência de um modelo masculino. De fato, as estatísticas mostram que o risco de molestamento sexual ou de agressão infantil aumenta quando homens não aparentados moram em casa com uma mulher e seus filhos.

Leve em conta que, se uma mulher tem um namorado novo a cada seis meses, seu filho pode perder mais do que cem figuras de pai ao longo de sua infância. E não deixe de respeitar os desejos de seu filho: se ele ainda não quer conhecer seu namorado, não o obrigue, pois, em geral, é muito melhor preservar uma relação de respeito e afeto com ele do que insistir no estabelecimento de uma ligação de amor e afeto entre seu filho e seu novo parceiro.

Seja Discreta

Você não precisa ser dissimulada e subserviente, características que não têm lugar nos bons relacionamentos, mas a mãe *solteira* que namora precisa ter uma atitude que proteja o bem-estar do filho e, simultaneamente, administrar bem o tempo que fica com o namorado. Evite trazer para dormir em casa parceiros diferentes com muita freqüência, assim como poupe seu filho de assistir a muitas cenas de intimidade no sofá da sala, pois isso tudo pode ser excitante, confuso e destrutivo demais para ele. Tenha sempre em mente que seu próprio comportamento é um professor extremamente convincente. Se você gosta de relacionamentos informais, é injusto e pouco razoável esperar que seu filho os evite.

Marque seus encontros longe da vista de seu filho, sobretudo no início de um relacionamento. Não se engane convencendo-se de que apenas porque ele não a pegou em flagrante não esteja percebendo o que está acontecendo. Só faça do seu namorado parte de sua casa – isto é, somente o convide para se mudar para sua casa – quando o conhecer bem, acreditar que o relacionamento tem futuro e tiver certeza de que ele a trata bem, assim como a seu filho, e de que seu filho se sente bem com ele. E nunca deixe de pensar no exemplo que suas opções de vida representam para seu filho.

Ouça Seu Filho

Propicie oportunidades para seu filho opinar a respeito de seus namorados e de sua vida amorosa. Ouça com atenção e respeite o que ele tem a dizer. Isso não significa usar seu filho como consultor romântico. Esse artifício funciona muito bem nos filmes, mas não é um papel nada apropriado para seu filho na vida real.

Ouça atentamente se seu filho disser que não gosta daquele homem ou achar que ele a trata mal. Faça o possível para entender de onde vem a aflição de seu filho. O ciúme bobo dele seria pela presença de mais um homem em sua vida ou pela sensação de deslealdade para com seu pai biológico? Ou porque ele realmente esteja vendo alguma coisa que sua proximidade ou a cegueira do amor a impeçam de enxergar? Faça dos sentimentos e das impressões de seu filho elementos da equação, mas deixe claro que ele não tem necessariamente poder de veto.

Estabeleça e Mantenha Sua Autoridade

Não permita que um novo namorado perturbe o equilíbrio que você estabeleceu. Mesmo que você cultive uma vida social, mantenha os mesmos limites, a mesma confiabilidade e a mesma disponibilidade que lhe têm servido tão bem. Deixe claro para seus namorados que é você quem manda na sua casa. Se você não deixa seu filho de 12 anos assistir a filmes impróprios para essa idade, não recue porque um namorado insiste em assistir tudo que lhe agrada, esteja ou não seu filho na sala.

A mãe *solteira* acredita às vezes que um homem, qualquer homem, automaticamente entenda mais de disciplina do que ela, e acaba cedendo com facilidade à opinião do recém-chegado em relação ao comportamento do filho. Não deveria causar surpresa o fato de a maior parte dos meninos se ressentir profundamente da tentativa de gente nova ou estranha em sua vida querer disciplinar seu comportamento. Como conseqüência, quando um novo parceiro da mãe se coloca em casa como pai, mesmo com a melhor das intenções, seu filho pode responder com atitudes de provocação, ressentimento e mais desobediência.

Você é a responsável por seu filho. Enquanto o relacionamento entre você e seu namorado e o relacionamento entre seu namorado e seu filho não forem estáveis e saudáveis, o melhor, provavelmente, é que você continue a estabelecer limites e a exigir que sejam respeitados. Sua observação contínua e seus instintos lhe mostrarão se seu namorado é uma pessoa confiável e capaz e se merece ter o privilégio e o direito de exercer alguma autoridade paternal.

Se seu namorado for uma boa pessoa, inevitavelmente surgirão situações em que ele terá pontos de vista a oferecer que beneficiarão seu filho e que até mesmo contribuirão para você exercer melhor seu papel de mãe. No entanto, não é justo esperar que ele siga suas regras e desejos no que se refere a seu filho, pois, afinal de contas, você não é a pessoa que o conhece melhor?

Vá com Cuidado

Você teve muito trabalho para chegar aonde você e seu filho estão agora. Tome muito cuidado ao resolver deixar seu namorado mudar a direção da família. Preserve seus recursos e contenha seu impulso de emprestar dinheiro a ele quando já é difícil viver com o que você tem. Não espere que um namorado mude por sua causa. Se você se vir tendo de cuidar de um namorado como se fosse um outro filho, é melhor ficar alerta. Não despreze nenhuma suspeita ou motivo de preocupação em torno dele, por mais apaixonada que esteja. Se tiver medo de fazer perguntas a um namorado sobre a vida dele ou se ele não permitir que você o faça, é sinal de que está com o homem errado. Se ele a maltrata, você precisa, por si mesma e por seu filho, se afastar dele.

Pense Duas Vezes Antes de Se Casar de Novo

Você acha alto um índice de divórcio superior a 50% para o primeiro casamento? Pois é melhor que um índice superior a 70% de fracasso no segundo casamento. Quer você goste ou não, a sorte não está a seu favor quando se casa de novo. A maioria dos homens e mulheres divorciados não aprende o suficiente com o primeiro casamento, a ponto de satisfazer-se com o segundo. Se você está admitindo a possibilidade de se casar de novo, aceite estes três conselhos: (1) vá com calma, (2) vá com mais calma e (3) vá com mais calma ainda.

Quer você goste ou não, a sorte não está a seu favor quando se casa de novo. A maioria dos homens e mulheres divorciados não aprende o suficiente com o primeiro casamento, a ponto de satisfazer-se com o segundo.

Lembre-se de que você não vai mudar seu namorado. Se ele está longe daquilo que você quer e precisa, se ele não é bom para seu filho, as coisas só vão piorar, pois apesar de todas as teorias psicológicas e de todo o seu otimismo, a história continua sendo a melhor profetisa do comportamento. O homem que se encontra com você às escondidas da esposa pode fazer o mesmo com você. Tome cuidado com um homem que cobre você e seu filho de atenção ao mesmo tempo em que abandona os três filhos do casamento anterior. Quem se afasta a todo momento dos filhos e da esposa tem tendência a repetir o padrão.

Sim, as pessoas podem mudar. Deixe seu namorado provar isso para você com o tempo antes de colocar sua vida e sua família nas mãos dele. E não se esqueça de se olhar no espelho. O que você fez, em que você amadureceu para alimentar a esperança de que desta vez vai dar certo? É difícil e pouco alentador admitir, mas quanto mais a mãe *sozinha* for capaz de ser sincera consigo mesma nesse ponto, maior será sua chance de sucesso – e de seu filho.

Então, surge a pergunta: as novas combinações familiares e novos casamentos jamais dão certo? Claro que sim. No entanto, a maioria dos casais 'recasados' se defronta com dificuldades em aprender a lidar pacificamente com diferentes estilos de criação dos filhos e em manter um relacionamento normal com ex-parceiros, com diferentes maneiras de lidar com dinheiro, de decidir onde morar e de resolver as inúmeros questões que surgem quando crianças de diferentes famílias são obrigadas a conviver e aceitar novos pais e a si mesmas. Se você estiver pensando em se casar de novo, consulte um terapeuta experiente, acostumado a lidar com as questões das novas estruturas familiares, leia livros sobre o assunto, pesquise na Internet (o site da *Stepfamily Association of America* – associação americana voltada para as novas estruturas familiares – é uma fonte muito rica de informações e dados) e pense bastante antes de decidir-se.

Mentores e Modelos

Mesmo quando um menino cresce com um bom pai ele aprecia a presença de outros homens em sua vida – avôs, tios, professores, treinadores, o bombeiro aposentado que mora no andar debaixo ou na casa ao lado. Trata-se de uma disposição natural e benéfica. Então por que não aconteceria o mesmo com aquele menino cujo pai se divorciou da mãe, morreu, é desconhecido ou é ausente?

A figura de um bom pai, ou seja, um 'modelo', tem grande reflexo na vida do menino. Toda menina sabe da importância de ter alguém para poder conversar bastante, com quem contar e se identificar, alguém que acredite nela. Com o menino ocorre o mesmo, além do fato de que o filho de mãe que não

Como Criar uma Parceria Eficaz

Quer você esteja lidando com um ex-parceiro, quer esteja construindo um relacionamento com um novo namorado, os pontos a seguir são questões que freqüentemente se transformam em conflitos na criação dos filhos. Sente-se com seu parceiro ou ex-parceiro e, se necessário, um mediador, e reflitam a respeito destes pontos: um plano bem elaborado poupará você e seu filho de enormes desgastes.

- *Visitas.* Como seu filho gasta o tempo dele? Quando? Um plano consistente facilita a vida de todos.
- *Disciplina.* Quem estabelece limites, atribui obrigações e exige seu cumprimento?

tem companheiro precisa do exemplo de homens bem-sucedidos na vida para lhe apontar o caminho e lhe mostrar que é bom ser homem.

Muitos meninos acabam encontrando sozinhos esses modelos ao longo de sua vida e, nesses casos, basta que a mãe respeite, valorize o significado desses relacionamentos e os cultive. Outros meninos, porém, não têm essa facilidade de encontrar modelos. O menino que não pratica esporte ou é tímido pode ter menos oportunidades de se entrosar com homens saudáveis. Embora a mãe não possa engendrar amizades para o filho, com certeza pode criar oportunidades para que elas aconteçam.

Se falta a seu filho a presença de um homem saudável em sua vida, estude maneiras de ele se integrar a uma comunidade ou grupo religioso, de praticar esporte, xadrez ou freqüentar um clube. Você pode incutir no seu filho o prazer de fazer passeios com os amigos e os pais deles, como pode ainda inscrevê-lo em organizações de apoio. Nem a melhor mãe do mundo pode saber bem o que é ser um menino e um homem. É claro que você não tem culpa, mas isso pode motivá-la a arranjar tempo e espaço para seu filho explorar relaciona-

- *Férias.* Você ou seu ex-marido podem viajar com a criança para fora do Estado sem acordo prévio?
- *Atividades.* Quem decide as atividades das quais a criança vai participar? Quem a levará e arcará com as despesas dela?
- *Instrução religiosa.* Dentro de que fé a criança será educada?
- *Colégio.* Quem terá acesso aos boletins escolares? Quem supervisionará os deveres de casa e as notas?
- *Cuidados diários.* Quem decide onde e quando a criança recebe atendimento? Quem pode levar e buscar a criança? Quem escolhe a babá? Quando ela poderá ficar sozinha em casa?
- *Plano de saúde.* Quem será o responsável pelo plano médico da criança? Quando ela tiver idade para adquirir a carteira de habilitação, quem providenciará e pagará o seguro do carro dela?

mentos com outros homens, que não apenas o beneficiarão como também fornecerão a você idéias, energia e apoio quando você mais precisar desses recursos.

O relacionamento com o homem errado – seu ou de seu filho – pode fazer mal tanto a um quanto ao outro e vale a pena agir com prudência. No entanto, um relacionamento saudável com um homem bom pode fazer um bem enorme a um garoto, assim como um relacionamento de amor e respeito com o parceiro certo pode fazer muito bem a uma mulher. Ajudar seu filho a encontrar esse tipo de relacionamento e alimentá-lo, incentivá-lo, é um esforço salutar e um investimento que vale a pena para a mãe *sozinha*, pois contribuirá para estabilizar o caminho que ele vai percorrer até chegar à vida adulta, assim como estreitará sua própria relação com ele.

CAPÍTULO 13

Visão de Mãe

Conheça a Si Mesma, Conheça Seus Pontos Cegos

Tudo o que dizemos é colorido pelos nossos pensamentos e sentimentos. Os psicólogos baseiam-se nesse princípio ao interpretar aquele teste do borrão de tinta de Rorschach. Cada um olha para a mesma imagem e vê algo diferente: leões saltitantes e bailarinas desoladas. Fragmentos de uma tulipa despedaçada e um castelo em ruínas. Um monstro, um bebê, um morcego. O fato de as pessoas verem praticamente qualquer objeto ou todos os objetos naqueles borrões vagos e difusos prova que as imagens devem vir de dentro de quem observa. De onde mais poderia vir?

Experimente agora outra coisa. Feche os olhos. *Não* pense em um urso polar. A maioria das pessoas revela que, por mais que se esforce, o urso polar insiste em passear pela mente delas. Nossos sentimentos e pensamentos realmente modelam grande parte do modo como vemos o mundo ao nosso redor e deixam transparecer muito a maneira como sentimos o mundo e a nós mesmos. Essas diferentes experiências e pontos de vista, que muitas vezes são chamados de percepção, exercem uma influência bastante forte sobre como nos sentimos, em que acreditamos e como escolhemos nos portar. De fato, já se disse que duas pessoas jamais interpretaram igualmente o mesmo livro, tiveram a mesma percepção ao assistir ao mesmo filme ou vivenciaram o mesmo relacionamento da mesma forma. O motivo? A percepção singular de cada pessoa é modelada por seus próprios sentimentos, pensamentos, crenças e decisões. A dificuldade surge quando passamos a acreditar – e não há quem não o faça de vez em quando – que a percepção dos outros é igualzinha à nossa.

Quando você se sente contente, vê com otimismo o mesmo jardim abandonado que, uma semana atrás, quando você estava totalmente sem ânimo, parecia irreversivelmente árido. É mais do que uma simples questão de atitude. O pessimista realmente *vê* um copo mais vazio do que cheio, enquanto o otimista vê o mesmo copo e enxerga o oposto – e tanto um quanto o outro têm certeza de estar vendo a verdade, a pura realidade.

Cada ser humano possui o que poderia ser chamado de realidade à parte e isso vale para todas as pessoas, estejam elas fazendo ou não terapia, sejam elas mães ou pais, sejam elas casadas ou solteiras. E isso é verdade, também, quando o objeto de nossa atenção é o objeto de nossa afeição – o filho que amamos.

Vamos examinar as maneiras pelas quais sua *Visão de Mãe*, a percepção singular que você tem do seu filho e de si mesma, pode se fazer conhecida.

Quem É Seu Filho?

Trace o retrato falado de seu filho. Faça-o devagar, com um lápis bem fino.

Agora recue um pouco e observe com atenção sua criação. É o menino que você vê todo dia? Ou é sua pintura idealizada, o menino que você gostaria de ter tido ou, quem sabe, uma imagem triste, sem graça e muito negativa dele, que não mostra as qualidades que ele tem, talvez qualidades que só você não valoriza. Quem é seu filho, na verdade?

Robert era muito bom aluno, muito esforçado. Jogava futebol e lacrosse (jogo semelhante ao hóquei) e fazia parte de várias associações escolares, como a do jornalzinho da escola e a de debates sobre a sociedade. Exercia ainda a função de secretário da classe. Apesar de aparentemente ele estar superengajado, os professores notavam que faltava um certo brilho em seus olhos, não viam entusiasmo especial pelas atividades que ele praticava.

Ainda assim, a mãe de Robert acreditava que o menino era tudo que um filho devia ser. Tendo sido sempre tímida, ela nunca havia participado de atividades extras no colégio e se lamentava disso. Para sua grande alegria, o filho estava fazendo tudo o que ela gostaria de ter feito nos anos do ensino médio.

Ela vivia tão obcecada pelo filho – pois precisava encontrar nele o aluno ativo e feliz que ela queria ter sido – que não enxergava o vazio e a falta de ânimo que os outros viam no menino. Muito menos ela via que o superenvolvimento dele era a maneira que Robert havia encontrado de agradá-la e trazê-la à vida.

A garrafa vazia de *vodca* no porta-malas do carro foi o sinal que a obrigou a enfrentar o que estava realmente acontecendo. O resultado foi que Robert descobriu a liberdade de não ter de fazer tanta coisa e de poder buscar as atividades que de fato o interessavam, às quais passou a se dedicar com mais prazer e vontade. E a mãe se libertou da corrente que a prendia ao passado, parou de contar com o filho para compensar suas frustrações e acabou encontrando energia para começar a praticar *hobbies* e a estudar, coisas que antes acreditava ser tarde demais para começar.

Amar o filho significa amar a pessoa que ele realmente é, e não uma imagem que só existe em sua imaginação.

Essa experiência exemplifica bem o caso da mãe que conseguiu mudar o foco da Visão de Mãe e enxergar o filho como é pela primeira vez. Se você tiver essa coragem, não haverá maneira melhor de se aproximar dele. Amar o filho significa amar a pessoa que ele realmente é, e não uma imagem que só existe em sua imaginação. O menino de verdade, de carne e osso, tem qualidades e defeitos; são parecidos com a mãe em vários aspectos e muito diferentes dela em outros. A mãe que sabe enxergar com clareza vê quem o filho *é*, não apenas o que ele faz.

Uma Leitura Deturpada do Comportamento

Francis fora sempre um menino caladão, que parecia se sentir melhor quando podia ficar simplesmente observando as coisas de soslaio. Os colegas gostavam dele, mas, apesar de conservar algumas amizades antigas, praticamente não tinha vida social.

A mãe queria mais para ele. Sandra via como Francis era solitário e como ficava chateado, sem ter o que fazer de noite e nos fins de semana. Via o telefone tocar toda hora para a filha, nunca para ele e isso partia seu coração. Resolveu então insistir para que começasse a fazer esportes de equipe, colocou-o em um grupo de escoteiros e em programas comunitários de jovens. Apesar de ele não gostar dessas atividades e de nenhuma delas contribuir para que se tornasse mais sociável, a mãe insistia para ele continuar. Sandra acreditava que ele acabaria se envolvendo com mais gente e que isso seria bom para o menino.

Foi preciso que Francis 'estourasse' um dia para que a mãe entendesse melhor o filho e seu comportamento. "Eu gosto de ficar sozinho", ele gritou. "Eu gosto da minha companhia e de poder ficar pensando só no que me interessa. Só porque você precisa estar sempre com alguém não significa que eu também precise. E ser assim não faz de mim uma pessoa pior que as outras!"

As palavras de Francis chocaram a mãe, mas, pelo menos, teve a humildade de aprender com elas. Não tendo jamais suportado ficar um minuto sem companhia, Sandra não conseguia entender que o filho era diferente. O que para ela era solidão, algo que precisava ser mudado, era, em vez disso, uma capacidade saudável de ficar sozinho e um tipo de comportamento que ele precisava ter para se desenvolver, e devia ser respeitado.

Seu filho adotado de 3 anos a estaria rejeitando, ou seria somente a maneira como você vê a necessidade cada vez maior de ele explorar o mundo? Ele tem mesmo o gênio explosivo que você vê ou seu medo coloca uma lente de aumento naquilo que não passa de uma demonstração justificável de raiva? Com toda certeza, pode lhe fazer bem olhar e pensar duas vezes antes de acreditar que sabe o que um comportamento significa.

Naturalmente nenhuma mãe, por mais atenta e carinhosa que seja, é uma vidente. Um sólido conhecimento tanto do desenvolvimento quanto do temperamento do filho a ajudará a decifrar o comportamento dele. E, para se tranqüilizar, também é uma boa idéia conversar de vez em quando com seu filho para ter certeza de que entende a percepção que ele tem do próprio comportamento.

Embora às vezes o menino apenas não queira falar, principalmente sobre sentimentos, mostrar que você nota o comportamento dele (e perguntar com sutil curiosidade que significado esse comportamento tem para ele) pode ser uma maneira de fazê-lo notar que você se preocupa e que presta atenção nele. Se ele disser que está bem assim, em geral é mais prudente acreditar nele, a menos que apareça algum outro indício contrário.

Os Comportamentos Não São Todos Iguais

Os pais têm a propensão de equalizar os comportamentos. No entanto, mesmo que eles pareçam iguais, comportamentos similares são raramente idênticos, pois assumem diferentes significados dependendo do contexto, como, por exemplo, quando seu filho desfere impropérios por você não comprar um tênis de marca para ele ou quando blasfema contra você por chamá-lo de preguiçoso, contra o locutor esportivo por noticiar a derrota do time dele, contra um amigo que jogou água nele, contra o vento depois de fechar a janela no próprio dedo.

Seu filho pode dar de ombros quando está com raiva de você. Mas pode também ficar calado quando está cansado, preocupado ou concentrado. Mesmo comportamento, causas diferentes. Se fizer suposições a respeito do que ele está sentindo com base apenas em comportamentos não verbais, como expressões faciais ou atitudes – revirar os olhos, por exemplo –, você quase sempre se enganará. Basta lançar mão da escuta ativa para saber o que realmente está acontecendo com seu filho (por exemplo, "Você está parecendo preocupado".).

Nossos Ouvidos São Apenas Humanos

A visão não é o único sentido sujeito à distorção: a audição é igualmente precária. Pense no número de vezes que acusamos os outros de manifestarem irritação, crítica ou impaciência contra nós. Quase todos o fazemos com alguma regularidade e considerável imprecisão, colocando os outros em posição desnecessariamente defensiva. Em alguns casos, as pessoas de quem mais gostamos podem evitar falar conosco por temerem incompreensão de nossa parte.

Experimente perguntar a seu filho o que ele está querendo dizer, em vez de tirar logo conclusões precipitadas. Muitas vezes, por exemplo, você pode pensar que seu filho está sendo grosseiro ou mal-educado quando não está. De fato, se tiver oportunidade para isso, ele pode exprimir sua surpresa por dar essa impressão e até mesmo pedir sua ajuda para evitar que atitudes do gênero aconteçam.

Seus ouvidos também podem não captar as mensagens que seu filho quer que você ouça e responda. Pode ser que ele lhe conte que está chateado por não ter conseguido classificar o time para as finais. "No ano que vem vocês conseguem. Isso é tão importante assim, você só tem 10 anos", você replica. Ou "Mas você é um ótimo jogador. Deve ter alguma coisa errada com aqueles treinadores." ou "Pare de choramingar. Isso faz parte da vida." Ou ainda, "Você já estudou piano hoje?". Quantas vezes respondemos impensadamente, ignorando por completo os apelos tão sentidos da criança? Tudo o que ela quer e precisa é ser ouvida com empatia, sentir que você entende o que ela está sentindo, ver a própria tristeza refletida nos seus olhos, sentir sua cumplicidade em relação ao que ela está pensando e sentindo. E talvez um simples comentário do tipo "Você deve estar muito decepcionado mesmo, porque queria tanto jogar as finais" seja o melhor conforto que você pode dar a seu filho nessa hora.

Os pais têm a propensão de equalizar os comportamentos. No entanto, mesmo que eles pareçam iguais, comportamentos similares são raramente idênticos.

Um velho ditado diz que o que as pessoas mais precisam é ser ouvidas com atenção. Não é fácil ouvir a tristeza e a angústia de seu filho. Mas ser ouvido e entendido de verdade é incontestavelmente uma das mais fortes experiências humanas. Seu filho sabe, mesmo sendo pequeno, que você não vai colocá-lo nas finais do campeonato, nem ele quer isso. Nem quer que você o anime, pois não está com espírito para isso.

A verdade é que muitas mães têm um enorme e perfeitamente compreensível ponto cego em sua Visão de Mãe. Adoram tanto os filhos que querem corrigir as emoções difíceis deles, na esperança de que se sintam melhor. O único problema é que os sentimentos não podem ser corrigidos por ninguém, senão pela própria pessoa.

Muitas mães se sentaram na beira da cama do filho para ouvi-lo chorar de saudade do pai, para ajudá-lo a entender por que não foi convidado para a festa do melhor amigo ou para ouvi-lo contar, com o corpo tremendo, que a primeira namorada o trocou por outro. A irresistível tentação é de oferecer 'band-aids' verbais, dar conselhos ou tentar encontrar as palavras que vão fazer a tristeza desaparecer em um passe de mágica. O que a maioria das mães aprende pela experiência, porém, é que simplesmente essas palavras não existem.

A melhor resposta para a dor do filho – do mesmo jeito que para sua alegria, frustração e ansiedade – é a empatia. Pergunte a si mesma o que ele está sentindo e depois lhe mostre que você o entende. Às vezes, um abraço ou um afago no ombro faz mais efeito do que as palavras mais elaboradas. Há muito tempo pela frente para lembrá-lo de suas conquistas passadas e de todas as coisas boas que podem acontecer amanhã. O que ele quer agora é saber que você, possivelmente a pessoa de quem mais goste no mundo, o entende, que você sabe o quanto está chateado; não há nada de mais íntimo do que duas pessoas que possam compartilhar.

Como Criar um Demônio

Ouvindo Naomi falar de seu filho, era difícil acreditar que uma criança de 7 anos pudesse ser tão maldosa. E não era tanto seu mau comportamento, que nos meninos não é tão incomum assim. Ela falava de crueldade mesmo: "Não há nada que ele mais goste do que me irritar". E Naomi contou como Phillip declarou que a odiava e como ela retrucara dizendo que se arrependia amargamente do dia em que resolveu adotá-lo. "Foi um erro enorme", disse ela, "Um erro enorme".

Naomi não odiava Phillip mais do que odiava a si mesma. Os dois estavam aprisionados em uma situação extremamente angustiante e dolorosa. É claro que Phillip era muito difícil, mas o problema estava mais na percepção que a mãe tinha do comportamento dele. Ela interpretava sua mania de cavar a terra para procurar minhoca como um desejo sádico de destruir o seu jardim, não como uma curiosidade natural. As tentativas dele de preparar o almoço eram vistas como pretexto para desarrumar a cozinha que ela havia levado a manhã toda para deixar em ordem. Sua dificuldade no colégio – mais tarde demonstrada como relacionada a uma dificuldade de aprendizado – ela acreditava ser premeditada para constrangê-la diante da professora.

Poderíamos chamar Naomi de paranóica. Mas não era, pelo menos nesse sentido. Ela via de maneira egocêntrica o comportamento de Phillip, que era até razoavelmente próprio de um menino ativo de sua idade. Confinada nessa perspectiva, Naomi interpretava o comportamento do filho como, de alguma forma, dirigido a ela. Quando conseguiu ver que a intenção dele não era contrariá-la e que tinha outras motivações, passou a enxergá-lo como menos malicioso e, às vezes, até bem-intencionado.

Colocar seu filho em categorias estanques, por mais simples que sejam, faz com que você se torne uma mãe demasiadamente rígida e insensível. Ver seu filho como uma criança de má índole e tratá-lo dessa maneira pode levá-lo a se tornar a criança má que originalmente pensou que ele fosse. Mesmo que você acredite que seu filho seja um anjo – o que é melhor do que pensar que tenha um demônio em casa –, perderá a capacidade de vê-lo e de criá-lo como a pessoa complexa que ele é.

Vendo Aquilo Que Queremos Ver

É trágico, mas, ao mesmo tempo, extremamente comum: pais que não vêem os sinais de depressão e vontade de morrer espalhados por todo lugar. Ou que menosprezam os boletins repletos de notas baixas e os avisos do colégio, considerando que se trata apenas de uma fase passageira. Ou que acreditam quando os filhos repetem que estavam só segurando o cigarro do amigo. Sem dúvida esses casos são extremos, mas é aí que o ponto cego causa mais estragos.

Os psicanalistas o chamam de negação. Os cientistas cognitivos chamam de tenção seletiva. Nossos avós chamavam de brincar de avestruz. Não importa o nome, recusar-se a ver que os filhos ou nós mesmos estamos com problemas é um grande perigo. Por mais compreensível que seja nosso constrangimento e relutância em encarar a verdade, não há nunca uma boa desculpa para não encarar a situação de frente. A ajuda e a solução estão muitas vezes mais perto do que imaginamos.

Se você desconfia que seu filho tenha se envolvido em algum problema – se o comportamento dele se tornou agressivo ou isolado, se suas notas estão caindo, se ele arranjou amigos novos dos quais você sabe pouco ou se ele evita atividades que antes gostava de praticar –, não hesite em pedir ajuda. Converse com um bom terapeuta, com um pastor ou com amigos em quem você confie. Sim, seu filho vai relutar, mas você poderá evitar um sofrimento e um desgaste muito maior mais tarde.

Tecendo a Virtude

Muitos de nós, além de ver apenas o que queremos ver nos outros, vemos apenas os aspectos de nós mesmos que queremos. Não somos mesquinhos, estamos convencidos disso: somos frugais. Não sentimos medo de nossos filhos e de sua desaprovação: temos apenas boas razões para acreditar em uma criação tolerante. Não somos críticos, muito embora tanta gente diga o contrário: temos padrões elevados. Tal como os alquimistas que tentavam transformar chumbo em ouro, os pais, muitas vezes, tentam transformar suas próprias imperfeições em virtudes.

Linda ficava às vezes imaginando se Jamil já nascera atormentado. Apesar de ter tentado engravidar com o namorado por vários anos sem sucesso e ter adotado Jamil sozinha, o filho era tudo para ela. Sempre temerosa de perdê-lo, Linda girava em volta dele como uma bolha humana. Essa vigilância exagerada só servia para fazer de Jamil um menino de 5 anos extremamente ansioso, que vivia com medo de ser seqüestrado, de morrer dormindo, de engasgar comendo uva, de ser molestado, de pegar Aids, de comer veneno, apenas para citar uns poucos exemplos. Tendo aprendido a ler muito cedo, ele se valia de sua esperteza para ler os rótulos de todos os alimentos em busca de corantes e gorduras saturadas, o que reduzia seu cardápio a água mineral e a uns poucos legumes que considerava seguros.

Linda amava Jamil profundamente e de fato temia perdê-lo. Mas não via a si mesma como superprotetora, sufocante e inconveniente. Ao contrário, via-se como uma mãe sensível, dotada de uma preocupação inquietante com a segurança. Para ela, era prudente andar sempre de sapatos dentro de casa para evitar espetar o pé em algum grampinho caído no chão (e que poderia entrar na corrente sangüínea). Segundo ela, quem andava descalço em casa era idiota. Enquanto ela continuasse vendo o próprio comportamento como virtude e não como problema, nada mudaria.

Porém, um fim de semana fora com amigos e o filho trouxe o assunto à tona. Jamil não podia comer, brincar, dormir nem fazer nada que as crianças 'normais' com quem eles viajavam faziam. Abrindo-se com a amiga, Linda admitiu que *tudo* a apavorava. E perguntou: "Como você deixa seus filhos expostos a este mundo? Há tanto perigo em todo lugar!". A amiga confirmou que nem sempre era fácil, mas que lidar com a incerteza era inerente ao trabalho de se criar filhos.

Linda começou a ver que seu comportamento expressava a própria ansiedade e não era assim tão admirável como gostaria que fosse. Acabou percebendo que havia contaminado Jamil com seu próprio medo do mundo. De posse dessa nova percepção, ela conseguiu ver o filho com maior clareza e se deu conta de que ele era muito menos frágil e o mundo, muito menos catastrófico do que imaginava. E percebeu também que, ironicamente, seu amor protetor estava 'matando' Jamil em vez de preservá-lo, alijando sua capacidade de viver plenamente a vida.

Você pode, se fizer essa opção, usar sua Visão de Mãe para enxergar a si mesma com clareza. Ao notar padrões repetitivos no comportamento do seu filho, o melhor é perguntar a si mesma se você não está contribuindo para ele de alguma maneira. Se a resposta for afirmativa, reconheça que a mudança deve partir de você. Aprender a lidar com os próprios medos, com a própria raiva ou solidão dará a seu filho espaço para lidar com os próprios sentimentos difíceis.

Lógico *Versus* Psicológico

A distinção pode ser das mais sutis e difíceis de captar.

"Porque sou feio!" Peter, um aluno de sexta série que só recentemente conseguiu adotar uma atitude mais otimista e equilibrada diante da vida, colocou a culpa nas espinhas que tinha no rosto. "Sou burro e cheiro a bosta", acrescentou convencido do que falava.

"Como assim? Você é um gato!", contrapôs a mãe, optando por ignorar no momento seu linguajar grosseiro. "Você sempre está entre os melhores da classe" e disse rindo, "só cheira mal quando não toma banho, como todo o mundo".

"Você não entende nada, mesmo", berrou Peter e saiu porta afora, batendo-a com força.

A mãe estava certa; Peter era muito bonito, inteligente e limpo. Estava errada, contudo, em pensar que conseguiria racionalmente, pela conversa, levá-lo a gostar mais de si mesmo. A crise da puberdade, com suas espinhas, odores do corpo e expectativas, o estava afligindo. O que ele precisava no momento era de compreensão psicológica, não de argumentação lógica. Se tivesse dito: "Você deve estar mesmo se sentindo muito mal" ou simplesmente concordado com a cabeça, ou só ouvido, ela teria conseguido mais. Peter teria se sentido compreendido e talvez mais disposto a ouvir as razões concretas pelas quais não deveria sentir-se tão mal.

Se você desconfia que seu filho tenha se envolvido em algum problema – se o comportamento dele se tornou agressivo ou isolado, se suas notas estão caindo, se ele arranjou amigos novos dos quais você sabe pouco ou se ele evita atividades que antes gostava de praticar –, não hesite em pedir ajuda.

Poucas pessoas gostam de ouvir conselho ou argumentação lógica quando estão aborrecidas ou magoadas. Quando seu filho fizer uma afirmação que lhe pareça irracional, respire fundo e dê um tempo antes de tentar provar com 300 argumentos que ele está errado. Ouça e ofereça sua empatia. E, então, se o momento parecer apropriado, pergunte-lhe: "Você quer saber o que eu acho?". Pode ser que ele diga que sim, e, nesse caso, estará mais disposto a ouvir seu conselho ou a aceitar que você o reconforte. E pode ser que ele diga que não: nesse caso, sorria e diga: "Tenho certeza de que você conseguirá superar esse problema. Conte-me o que acontecer". E saia para dar uma volta, ligue para uma amiga ou tome um banho para relaxar. É mais ou menos como fazer uma comédia solo: ser mãe de menino às vezes exige senso de oportunidade: se você não tiver, seu filho não ouvirá o que você tem a dizer, por mais verdadeiro ou pertinente que seja.

Os Pais Perfeitos

"Você não passa de um garoto egoísta. Não merece ir ao circo." O choro e a tristeza do pequeno Bobby, de 5 anos, não arrefeceram o falatório da mãe. "Eu, eu, eu, é só isso que você pensa. Sua mãe está doente e você não faz outra coisa senão choramingar. Um bom menino se preocuparia com a mãe, não com o circo." Bobby e a mãe transtornada pelo mal-estar da gripe brigaram o dia inteiro.

A mãe de Bobby, que o criava sozinha, havia planejado esse passeio especial somente com ele vários meses atrás, como parte dos preparativos para a chegada de uma irmãzinha. Agora, frustrada por não poder cumprir o prometido e sentindo-se culpada pelo que dissera, estava com pena dele, achava que tinha sido impiedosa e sentia-se mal.

Acontece conosco também: às vezes nos sentimos tão mal de não poder manter o que foi combinado que não suportamos quando a criança vem reclamar da mesma coisa que nos está incomodando.

Sentindo-nos na obrigação de ser pais perfeitos, mas constrangidos por falharmos em um compromisso assumido, nossa capacidade de tirar partido e de aprender com os nossos erros acaba ficando obstruída.

Os erros, fala-se muito, são oportunidades de aprendizado. Rudolf Dreikurs, um dos pioneiros da terapia familiar, falou várias vezes sobre "ter coragem para ser imperfeito" – como, na verdade, todos somos. Se você comete um erro, falha de alguma maneira ou decepciona seu filho, provavelmente, o mais sensato e respeitoso a fazer é admitir o problema e pedir a compreensão dele. Com essa atitude de humildade, mostra a seu filho que está certo admitir os próprios erros e pedir ajuda, uma lição que pode ser benéfica tanto para você quanto para ele.

Jogar a Culpa nos Outros

No dia-a-dia, estamos sempre sujeitos a dar passos em falso. Muitos, porém, não aceitam esse fato com a devida naturalidade ou jogando limpo.

Apesar de todas as placas indicando o limite de velocidade, Sandy voava pela rua. Havia-se atrasado em uma reunião de trabalho e quando chegou para pegar o filho de 4 anos na escolinha para levá-lo à aula de beisebol, já o encontrou aos prantos. "Vou chegar atrasado de novo", ele reclamava. "Sou sempre o último a chegar." Sandy pisou ainda mais no acelerador e foi parada pela polícia, que lhe aplicou uma multa.

"Tá vendo o que você fez?", gritou ela. "Levei uma multa de cem dólares e meu seguro vai aumentar. Você me deu um prejuízo de uns quinhentos dólares. Pode esquecer sua luva nova de beisebol. Provavelmente vamos até ficar sem carro, e aí sim é que você nunca mais vai ter aula de beisebol!"

"Eu não preciso de luva nova", murmurou o menino em tom de desculpa, sentindo-se a última criatura do mundo.

"Ótimo, porque não vou comprar mesmo."

Dá pena só de imaginar como o filho de Sandy se sentiu e o conceito que fez de si mesmo enquanto ouvia a mãe frustrada. Sandy colocou a culpa no filho por ter sido multada e por todo o dinheiro que teria de pagar, que inclusive nem tinha. Ela preferiu culpá-lo a admitir que estava nervosa com o novo emprego, que já tinha levado duas outras multas por excesso de velocidade nos últimos quatro meses (quando ele não estava no carro) e que era ela quem dirigia o carro em alta velocidade. Além de puni-lo injustamente, a incapacidade dela de aceitar a responsabilidade pelo próprio comportamento a impedia de enxergar maneiras de conduzir melhor sua vida frenética.

Toda mãe enfrenta momentos como esse, momentos em que se sente tão frustrada, nervosa ou ansiosa que perde a lucidez. Muitas vezes o que dizemos nessas horas reverberam e ferem nosso próprio coração, mas, mesmo assim, por algum motivo, não conseguimos calar a boca. Esses momentos são um lembrete de que é preciso tomar cuidado consigo mesma para poder ter cuidado com os outros e de que manter a própria saúde e equilíbrio emocional é um aspecto vital da educação que você dá a seu filho. Investir tempo no próprio bem-estar não é egoísmo: é sabedoria.

Única e universal em sua existência, cada Visão de Mãe pode influenciar profundamente a maneira como a mãe vê o próprio filho. Nenhuma mãe tem uma Visão de Mãe perfeita, mas ela pode estabelecer a meta de procurar sempre ver o filho e a própria maneira de tratá-lo com clareza, para assim dar-lhe uma criação cada vez mais efetiva, genuína e sincera.

CAPÍTULO 14

Mãe-solo

Cuide de Si Mesma

Como aquela mulher se transformou em uma mãe solteira? Terá sido em virtude de tragédia, inconseqüência ou escolha consciente? Ela concebeu por opção ou por impulso? Foi na adolescência, depois dos 50 anos ou entre uma fase e outra de sua vida? Foi um ato de vontade ou engravidou por fraqueza, rebeldia ou passividade? O filho é biológico ou adotado? Ela recebeu o filho com alegria ou lamentou ter ficado grávida? Todas essas perguntas encerram um significado específico, mas, de maneira geral, são irrelevantes para a realidade que a mulher enfrenta atualmente. Apesar do que dizem todos os estudos avançados e toda a psicologia moderna, o que importa é que se trata de uma mulher solteira criando um filho e moldando a vida de um homem. Esse é o fato central de sua existência.

Sem questionar a nobreza da missão de mãe, vamos parar para pensar um instante em outros tipos de trabalho. Mesmo um eletricista ou carpinteiro qualificados, que já foram aprendizes e fizeram vários treinamentos, quase sempre trabalham juntos com um auxiliar para aquelas situações ocasionais em que precisam de ajuda para puxar um fio ou segurar uma trava no lugar. Todo executivo tem sua secretária, a professora tem sua monitora e suas auxiliares de classe e os lixeiros trabalham no mínimo em dupla, um ajudando o outro quando o lixo é muito volumoso ou pesado para ser jogado sozinho no caminhão. Dê uma olhada nos classificados de emprego do jornal de domingo e você verá oferta para todo tipo de trabalhadores assistentes: de padeiro, dentista, cozinheiro. E são empregos com determinado número de horas semanais, muito diferentes do regime superintegral de '24/7' que a mãe solteira tem de enfrentar, principalmente nos primeiros anos.

Esse é um dado importante. A mãe solteira cria um filho não apenas por um mês ou um ano, mas por toda a infância do filho. Muitos pais casados acham que passar várias horas por dia com os filhos é muita coisa. Sabe como é a verdadeira expressão do alívio? Basta observar o rosto de uma mãe que esteja com pressa de sair quando a babá finalmente aparece, ou então o do pai completamente estafado quando a mulher vem salvá-lo depois de uma tarde inteira de domingo em casa com os filhos.

Atividades-solo: o homem que conseguiu fazer um avião levantar vôo virou herói. Hoje, mesmo quando uma alma corajosa e solitária atravessa o Pacífico em um barquinho ou percorre a América do Sul de bicicleta ou escala o Everest e chega ao topo resistindo àquela atmosfera rarefeita, todos se admiram. Esses feitos grandiosos, que podem realmente sacrificar vidas, são merecidamente valorizados e reconhecidos por todos e revertidos para seu autor em forma de gratificação e orgulho.

Enquanto isso, milhões de mães solteiras trilham vários quilômetros por dia com bebês nas costas e as mãos carregadas de sacolas de compras e de fraldas, sem nunca dormir direito e ainda tendo de cozinhar, cuidar da casa e, freqüentemente, trabalhar fora, mesmo doentes, muitas vezes. Um grande número de mães solteiras vive na pobreza ou com muito menos recursos de que sua família precisa; muitas não contam com o apoio nem a compreensão de outros. Essas mães dedicadas se esforçam além dos limites humanos – não por uma expedição de uma semana, mas por meses e anos a fio –, sem contar toda a preocupação com o bem-estar de seu filho, provando a cada dia do que consistem a verdadeira essência e propósito do espírito humano. Somando-se a isso, é muito comum a mãe solteira ainda se ver obrigada a enfrentar desafios monumentais no trabalho, tais como lutar por uma causa desacreditada, tomar a frente da campanha eleitoral de um político renomado etc. Quem são os verdadeiros heróis? E quem merece um valor raramente reconhecido?

Fazendo Tudo Sozinha

Ser mãe solteira, sem dúvida alguma, envolve inúmeras dificuldades e limitações que, contudo, podem ser superadas e até mesmo transformadas em vantagens para ela. De fato, muitas mães solteiras se surpreendem ao descobrir que criar um filho sem parceiro pode lhes trazer benefícios e alegrias muito especiais. Para isso é preciso examinar abertamente as dificuldades e as armadilhas envolvidas, pois, somente quando as reconhecer, a mãe dará efetivamente o primeiro passo para superá-las.

A Trabalhadeira do Dia-a-dia

Há quem diga que é uma perda de tempo nos incomodarmos em dar destaque àquilo que não merece a mínima atenção. As famílias monolaterais carregam o trabalho diário dos dois, pai e mãe, o que implica, na melhor das hipóteses, o dobro de trabalho. Você sobrevive só com a sua renda. Você tem de dar conta de levar seu filho a todos os lugares, cozinhar e fazer todas as outras coisas da casa, sem falar de levar o carro ao mecânico e cuidar da manutenção da casa.

"Sou uma morta ambulante há séculos", disse Thereza, de 38 anos. "E a culpa é toda minha. Ninguém me mandou entrar nessa. Lino não tem culpa de eu ser só uma para tomar conta dele." Sem tempo nem para um simples corte de cabelo e carregada de sacos de compra, Thereza era a expressão da exaustão. "Eu sei..." E fez uma pausa, interrompida por uma série de bocejos, que ela lutava para conter. "Metade das coisas que faço, faço sem ter certeza do que estou fazendo. Já não lhe aconteceu de estar dirigindo em uma estrada e de repente se dar conta de que a saída que você tinha de pegar já havia ficado a vários quilômetros? É assim que crio meu filho." Engoliu mais um bocejo e riu: "No piloto automático." O pequeno Lino, de 3 anos, havia caído no sono em seu colo e ela não ousava se mexer com medo de acordá-lo. Thereza havia aprendido a descansar quando e onde pudesse.

Sem exagero algum, a mãe solteira está sempre com o sono atrasado e não tem como se livrar dele em um passe de mágica. Essa privação pode representar um grande risco, tanto para ela quanto para o filho. O cansaço extremo acaba comprometendo praticamente todos os aspectos da maternidade. Ela vai ficar menos paciente, alerta, previdente e resiliente. Vai ficar mais propensa a adotar maneiras padronizadas de agir só para sobreviver ao momento, em vez de assumir o controle da situação e procurar vê-la de uma perspectiva mais ampla para, então, lidar com ela da melhor maneira possível. O cansaço físico e prolongado também cobra seu preço na saúde da mãe solteira; essa é provavelmente uma das principais razões pelas quais a mãe solteira adoece com maior freqüência do que as mães casadas, estressando-as mais e alimentando esse triste ciclo vicioso.

Ter de manter o desempenho sob fadiga é preocupante, pois viver o tempo todo correndo daqui para ali e forçando os limites da própria resistência é uma porta aberta para a entrada de inimigos mais traiçoeiros.

"Não agüento mais. Simplesmente, não agüento mais." Nem mais resquício daquele espírito forte e vibrante de antes. Não adiantava mais reconfortá-la. "Michael não podia ter arranjado uma mãe pior", prosseguiu, soluçando e tremendo. "Eu era a última pessoa que podia ter tido um filho como ele. Ele merecia uma mãe que tivesse paciência." Daisy perdera de vista por completo aquela coragem que demonstrava diariamente ao cuidar de uma criança difícil que tivera com o ex-marido, um homem que, dizendo "não agüento isso", se mandou quando o filho tinha 1 ano. "Às vezes tenho vontade de pegar meu carro e sumir, não voltar mais." E enterrou a cabeça entre os braços. "E nunca mais", ela engasgava com as próprias palavras, "e nunca mais voltar". E passava a mão no cabelo em desespero. "Nunca mais."

É Preciso Cuidar do Equipamento: Sua Saúde Física

Todas as mães passam por momentos em que sentem que não vão agüentar mais um minuto sequer acordadas nem dar um único passo a mais nem suportar a mínima má-criação. Cuidar de si mesma envolve prestar tanto atenção à sua saúde física quanto à de seu filho.

Experimente:

Dormir o suficiente. Nos primeiros anos da vida de seu filho, dormir normalmente significa fazê-lo quando for possível. Se ele dormir três horas depois do almoço, permita-se fazer o mesmo. Limpar e cozinhar podem esperar. Se você não conseguir dormir bem de dia, tente se aninhar com uma xícara de chá em um canto quieto da casa e ouvir música ou ler um livro. Às vezes uma dormida de apenas 10 minutos já é suficiente para repor um pouco da energia e conferir-lhe uma nova disposição.

Coloque em prática a boa higiene do sono. Muitas mães vão se deitar, mas não conseguem pegar no sono: ficam rolando na cama, esperando pelo choro da meia-noite. A pesquisa diz, porém, que ficar acordada na cama (assim como ler e ver televisão na cama) induz à insônia. Se você tem dificuldade de pegar no sono ou tem propensão a ficar acordada, pensando nas suas preocupações, levante-se. Sente-se no sofá e leia, ou faça alguma atividade calma e somente volte para a cama quando estiver com sono. E não se torture olhando as horas o tempo todo, por saber que em três horas seu filho estará de pé, a mil por hora. Isso só contribui para angustiá-la.

Alimente-se bem. É muito comum as mães controlarem meticulosamente a alimentação do filho, mas elas mesmas só beliscam ou só comem as sobras que ficam pela cozinha. Você é a fundação da qual sua família depende. Alimente-se bem com comidas saudáveis (lembra-se dos grupos alimentares?). Evite beber cafeína e álcool tarde da noite, porque eles afetam o ciclo do sono. Observe-se, pois mudanças acentuadas no seu apetite e no padrão de sono podem ser indícios de depressão.

Exercite-se. A pesquisa mostra que o exercício moderado, como caminhar depois do jantar, aumenta a disposição e é um antidepressivo muito eficaz, capaz de fazer a pessoa dormir melhor. Você não precisa necessariamente tomar calmante nem freqüentar academia (embora não haja nada de errado em fazê-lo); pode fazer alguma coisa de que goste, como ioga, *tai chi* ou dança. Ou simplesmente coloque seu filho na garupa da bicicleta e saia para explorar as redondezas.

As palavras de Daisy podem soar desesperadas, mas não são necessariamente um sinal de perigo ou de possibilidade de negligência. Ela era uma ótima mãe, mas o alto nível de atividade e a impertinência de Michael a haviam deixado em estado de absoluto desânimo, esgotamento e intolerância. Poder falar dessa frustração com alguém que a ouvisse com empatia e neutralidade já era o suficiente para começar a injetar-lhe ânimo e a restaurar sua perspectiva. Daisy voltava a ser a mãe lúcida que sempre fora e com quem Michael estava acostumado.

Muitas mães que criam os filhos sozinhas vivem com a sensação permanente de esgotamento de tanto atender às demandas, às necessidades e aos desejos dos filhos. Mas exercer bem seu papel de mãe significa também não se deixar saturar. Uma das coisas que as mães mais fazem é segurar os filhos no colo, o que não implica simplesmente esforço físico. O colo envolve um sentido mais profundo, no que tange à criança, de ser ouvida e sossegada, protegida não apenas do mundo externo mas de suas próprias ansiedades e impulsos interiores.

[...] muitas mães solteiras se surpreendem ao descobrir que criar um filho sem parceiro pode lhes trazer benefícios e alegrias muito especiais. Para isso é preciso examinar abertamente as dificuldades e as armadilhas envolvidas, pois, somente quando as reconhecer, a mãe dará efetivamente o primeiro passo para superá-las.

Quando a mãe acalma a criança que está chorando, ela o faz absorvendo, de alguma maneira, sua melancolia ou sofrimento indiferenciado. E a criança percebe quando a mãe está falando da boca para fora ou está se expressando com sinceridade, em verdadeira sintonia com sua tristeza ou raiva. No entanto, nem mesmo a maior esponja do mundo consegue absorver tanta água; chega a um ponto que não comporta nem mais uma gotinha – pelo menos enquanto a esponja não for, no mínimo, parcialmente espremida. A mãe também é assim. Nenhuma mãe consegue dar, dar, dar de si sem começar a sentir paralelamente um certo ressentimento ou sem começar a se sentir meio improdutiva. Em outras palavras, cuidar de si mesma não é egoísmo nem luxo: indica sabedoria e prudência por parte de quem quer cumprir bem a sua missão de mãe.

Muitas mães, principalmente as que têm filho pequeno, relatam que uma de suas grandes batalhas é a luta contra a sensação de isolamento. No que concerne à mãe solteira, o problema pode chegar a ser muito mais grave. Todos precisam ser ouvidos, e essa é uma arma importante para evitar a saturação da mãe solteira. Procure alguém – uma amiga, uma pessoa da família, outras mães na mesma situação que a sua, ou até mesmo um terapeuta – que possa lhe oferecer o conforto de ouvir suas queixas e que não vá constrangê-la pelo que sente. Todos os pais, em um momento ou outro, se sentem desamparados e sem esperança. Muitos se vêem desejando poder voltar atrás e fazer tudo de novo, talvez sem filhos – e sentindo-se extremamente culpados por abrigarem esse tipo de pensamento no coração. Negar esses sentimentos não adianta nada e só contribui para nos deixar ainda mais tensos. Quando os pensamentos negativos são trazidos à luz do dia, acabam perdendo a força,

Maneiras de Se Reabastecer

Você não espera que um carro ande interminavelmente sem combustível. Você, também, às vezes se sente como se tivesse andando com o tanque vazio. Eis algumas maneiras de se energizar e de reabastecer-se em seu trajeto de mãe. Deixe sua imaginação e criatividade sugerir outras.

Mantenha contato com outras pessoas. É de suma importância contar com alguém para ouvi-la. Se você realmente não tiver quem lhe dê apoio, empenhe-se para encontrar. Procure grupos, como os de Mães de Crianças em Idade Pré-escolar ou de Pais Solteiros. Muitas igrejas também oferecem um maravilhoso apoio e senso de comunidade. O mais importante, arranje tempo para bater papo, encontrar-se com outras pessoas e trocar idéias com quem você valorize. Um simples telefonema no fim de um dia cansativo poderá injetar-lhe boa dose de ânimo.

Faça coisas de que você goste verdadeiramente. Dez minutos que sejam lendo uma poesia, tocando piano ou mexendo no jardim podem contribuir para lhe dar paciência e

deixando-nos mais leves e, de alguma forma, com mais ânimo para retomar a rédea da própria vida.

Apesar, porém, de tudo o que uma escuta generosa pode oferecer, a mãe solteira precisa de mais. Precisa de alimento, amor, colo e consolo, tanto quanto o filho que a puxa pela saia. Encontrar esse conforto é uma outra questão. Muitas mães solteiras procuram a família, os amigos e os acompanhantes, mas há aquelas que não têm ninguém para lhes oferecer apoio. É muito difícil encontrarmos tempo para nos divertir, mas qualquer coisa já ajuda. Comece a criar uma rede de amigos e de pessoas que podem ajudá-la, assista ao programa de televisão que você gosta e compre aquele chocolate especial para comer depois de colocar o Júnior na cama. A mãe solteira também tornar seu dia mais leve. Lembre-se, seu filho aprenderá muito sobre auto-respeito observando seu modo de agir. Fará muito bem a ele ver você manifestar alegria diante da vida.

Crie momentos de beleza. Procure maneiras de se cercar de coisas que lhe dão prazer. Pinte as paredes daquele tom de azul que você gosta. Compre flores para enfeitar a casa. Coloque suas fotos favoritas em porta-retratos e espalhe-os pela casa. São pequenos toques que não envolvem grandes gastos e podem fazer da sua casa um lugar em que você e seu filho se sintam bem em ficar juntos.

Aprenda a pedir ajuda. É impressionante como muitas pessoas capazes e competentes acreditam que se espera, de alguma forma, que elas saibam tudo. Quem é forte de verdade sabe quando precisa pedir ajuda aos outros. O individualismo descomedido não faz bem a ninguém, muito menos a uma mãe que cria sozinha um filho extremamente ativo. Talvez você fique contente e surpresa ao descobrir quanta gente está disposta a ajudar de várias maneiras – basta pedir.

precisa agradar a si mesma – com regularidade. Pense com carinho nesta sugestão: toda vez que você se pegar pensando em alguma coisa que vai agradar ou surpreender seu filho, faça-o para você (ou também para você). Trata-se de uma atitude saudável, que vai fortalecê-la e ajudá-la a enfrentar melhor seu dia-a-dia de mãe.

Decisões

A mãe solteira raramente se sente mais sozinha do que quando há uma decisão importante a ser tomada – e cabe a ela fazê-lo. Qual a melhor hora de colocar o filho na cama? Ela deve insistir com a escola para ajudá-lo na leitura? Ela deve intervir no conflito entre seu filho e o de Adrian, ou manter-se fora dele? Permitir que ele pare o *tae kwon do* vai deixá-lo mais relapso ou vai liberá-lo de praticar uma atividade que ele não curte? Ela deve dar-lhe a chave do carro às sextas-feiras à noite? E até que horas ele deve ficar acordado?

Os pais fazem continuamente escolhas em nome dos filhos, mesmo quando não têm consciência disso. O cardápio do jantar, o valor e a freqüência da mesada, quanto gastar com o presente de aniversário – tudo isso são decisões. E todas as decisões têm conseqüências.

Os pais fazem continuamente escolhas em nome dos filhos, mesmo quando não têm consciência disso [...] E todas as decisões têm conseqüências. Essa demanda contínua é uma pressão sobre a mãe solteira por sua inexorabilidade.

Essa demanda contínua é uma pressão sobre a mãe solteira por sua inexorabilidade. Mal ela acaba de arranjar uma solução para um dilema já tropeça em outro. Todos conhecemos a sensação de estar tão cansada e 'embotada' que não conseguimos nem decidir o que fazer para o jantar ou ao que assistir na televisão. Patético? Não. Trata-se de algo que todos sentimos. E, mesmo assim, a mãe solteira tem de estar a postos 24 horas por dia para lidar com toda espécie de problema, seja ele a luta contra a hora de ir para a cama, seja a timidez social do filho, sejam suas necessidades educativas especiais, seja uma simples dor de barriga. E, como qualquer um de nós é capaz de atestar, não é a escolha em si que mais nos oprime: é a responsabilidade.

"Eu pensei que, a essa altura, já estaria acostumada", disse Luisa, uma mãe solteira, por opção, de dois garotos em idade escolar. "Mas não. Eu olho para a minha irmã e meu cunhado, e fico vendo como os dois discutem só para resolver que bolo de aniversário fazer para as filhas. Não estou dizendo que isso é bom ou ruim, mas eles podem discutir tudo: pelo menos Celia e Tim podem dividir a culpa quando as coisas não dão certo com minhas sobrinhas. Já eu, ao tomar uma decisão importante, como a escola que Eric deve freqüentar, não discuto com ninguém e fico morrendo de medo de errar. Sou eu e ponto. A responsabilidade se resume a mim."

Não é para menos que as empresas bem-sucedidas possuem dezenas de diretores e vários comitês disso e daquilo. Apesar do risco de ter de administrar um excesso de palpites, contar com a opinião dos outros pode nos ajudar a ver as coisas com maior clareza. Os outros podem nos apontar alternativas que não havíamos considerado antes, podem ver furos naquilo que acreditamos ter elaborado com lógica impecável, assim como ouvir os motivos neuróticos e inconscientes que movem nossos planos supostamente racionais, além de ajudar-nos a colocar aquilo que nos parece ser uma situação urgente dentro de um contexto mais equilibrado e deliberado.

O peso que Luisa sentiu é o mesmo que a maioria de nós sente. Há pessoas que não pedem comida chinesa por medo de pedir os pratos errados. Quando o bem-estar de um filho está em jogo, as conseqüências do que escolhemos encerram implicações assombrosas – ou que assim parecem.

"E tenho medo", continuou Luisa, "de não ver o que deveria ver. Eric se queixa de não ter nada para fazer, mas não faz direito o que tem que fazer. Quando a professora cobra os trabalhos dele, ele diz que são difíceis demais. Ao mesmo tempo, fico pensando em colocá-lo no colégio particular em que o melhor amigo dele está, que tem programa de redação, pois Eric tem enorme talento para escrever. Não sei. Às vezes tenho medo de tomar decisões com base no que quero e não no que é melhor para ele." Luisa suspirou. "Nessas horas eu chego quase a lamentar não ter casado com Frank."

Sentir a perna bambear ou as convicções perderem a força diante desse dilema é natural. Porque comprar o tamanho errado de cortina para o banheiro é uma coisa, e escolher a escola errada é outra totalmente diferente. Como Luisa disse, dividir a culpa é um recurso natural, reconfortante e humano. "Eu sabia que você não tinha gostado da cozinha", o marido vai dizer, preferindo assumir o papel de protetor da esposa a admitir que estava tremendo na base diante da perspectiva de fechar a compra da primeira casa do casal. Mas ter alguém para dividir a culpa não deve ser o anseio da mãe solteira. Ela pode ir em busca de avenidas mais construtivas.

Aprenda a fazer consultas. Pense em você como se fosse um grande diretor ou presidente de uma empresa. Quem são as pessoas que você sabe que podem ajudá-la nessa situação? Procure pessoas capazes de informá-la, orientá-la e desafiá-la.

Converse com os outros. E é você quem pode decidir melhor quem devem ser essas pessoas – não apenas aquelas que vão concordar com você e que não vão deixar de gostar de você se não concordar, mas também aquelas pessoas em cuja sinceridade você acredite e que não deixarão de lhe apontar o que vêem. Por mais desanimadores que possam parecer no dia-a-dia, os negativos sistemáticos e os advogados do diabo podem nos fazer pensar, levando-nos a tomar decisões melhores e mais firmes. E se você estiver realmente sem saber o que fazer, fale de suas idéias com alguém, mesmo que seja uma pessoa sem conhecimento ou experiência no assunto, pois só o fato de falar a ajudará a organizar o pensamento e a ver as coisas com maior clareza.

Aprenda a fazer consultas. Pense em você como se fosse um grande diretor ou presidente de uma empresa. Quem são as pessoas que você sabe que podem ajudá-la nessa situação? Procure pessoas capazes de informá-la, orientá-la e desafiá-la. Se, por exemplo, você estiver diante de uma decisão no campo educativo (não tem certeza se coloca ou não seu filho em outra escola), converse com professores e outros profissionais da área e também com pais que já tiveram filhos nas duas escolas. Se não estiver certa de que deve seguir o conselho do pediatra, busque a opinião de outros médicos. Até mesmo livros, artigos e a Internet, apesar de não poderem tomar a decisão por você, podem apresentar informações úteis ou que a levem a encontrar conselhos mais pertinentes ou a formular perguntas mais objetivas. Além de imunizar contra o desamparo, analisar ativamente suas opções é o antídoto mais seguro contra decisões pouco convincentes, resignadas e insatisfatórias.

Depois de reunir os fatos e as opiniões, confie em seu instinto e no conhecimento que você tem do seu filho e, então, faça a melhor escolha que puder. No fim, você perceberá que foi o melhor que pôde fazer, e isso será suficiente.

Solitário à Beça

Em nosso trabalho terapêutico com mães que criam filhos sozinhas, temos visto que o que elas mais querem, entretanto, não é consulta nem opinião prática. O que querem é ser ouvidas e ter sua experiência validada.

Anita, mãe de um casal de filhos e divorciada, não falou nada durante quarenta minutos da sessão de terapia. "Você me fez desperdiçar uma hora por semana", acusou. Ela se mostrava realmente incomodada. Só várias semanas mais tarde é que revelou a mágoa que havia por trás de sua frustração. "Eu não quero seus conselhos. Só porque chamo atenção para certas coisas não significa que estou pedindo para você decifrá-las. Eu consigo arranjar ajuda e conselho fora daqui. O que eu preciso de você é uma coisa mais difícil de encontrar."

O protesto de Anita foi tão merecido quanto sentido. Mais do que conselho e sugestões bem-intencionadas, quase todos nós queremos compreensão e acolhimento. É por isso que Anita não gostou de ouvir as sugestões bem-intencionadas de como lidar com as manias do filho e com o mecânico que lhe passou a perna.

"Quando passamos o tempo falando das crianças e do que tenho que fazer", elaborou ela, "é como se perdesse o contato com você. Sei que soa meio mesquinho e egoísta: eu tenho de ser o centro das atenções. Já passo todos os minutos da minha vida em que estou acordada cuidando das crianças, e este é o único lugar que considero só pra mim, onde o que mais importa é o que eu sinto".

O que Anita queria era sentir da parte de quem a ouvia identificação e carinho em relação ao que ela passava. Um dos aspectos mais difíceis das mães que criam os filhos sozinhas é o fato de não contarem com ninguém para notar o que elas experimentam. É comum um casal se perguntar se estão sendo irracionais, se o que eles estão vendo realmente existe. "Estou sendo injusta por sentir tanta raiva? Sua grosseria comigo teve mesmo toda essa proporção?" Às mães solteiras falta esse luxo.

Anita queria também alguém com quem pudesse dividir seu orgulho e alegria que os filhos lhe davam. Qualquer pessoa pode comemorar o fato de o filho tirar primeiro lugar na premiação da feira de ciências. Quantas vezes, porém, grandes eventos, como esse, acontecem? As mães que não têm parceiro precisam que os outros notem as mudanças pequenas, mas importantes, que decidem colocar em prática quanto à maneira de criar os filhos e à maneira de os filhos responderem a elas. "Mark conseguiu se conter hoje quando pedi que repetisse o que havia dito." "Sam esperou 20 minutos depois da aula de futebol enquanto eu fazia umas compras." "Richard dormiu duas horas na própria cama na noite passada!" Esses aparentemente minúsculos triunfos fazem a diferença e nos dão ânimo e motivação nas horas mais difíceis.

Por fim, Anita precisava de um lugar – que significava uma pessoa – onde ela pudesse se desintegrar, perder o controle, deixar-se levar. A boa mãe, mesmo quando está sob a mais intensa tensão, faz o possível para evitar que os filhos percebam. A mãe solteira precisa de momentos – muitos deles – em que possa exprimir seus pensamentos mais negros e seus temores mais desesperançados sem ouvir "Eu te avisei" ou "Quem mandou?" – críticas com as quais ela mesma se fustiga. Mais uma vez, encontrar amigos, família, grupos de apoio ou terapeutas com quem possa dividir seus sentimentos deve ser uma prioridade absoluta para ela.

Lugares assim inevitavelmente se tornam o céu onde a mãe pode depositar seus sonhos e desejos mais profundos, escondidos a sete chaves, pelo medo de ser ridicularizada ou censurada.

"Sonhei essa noite que estávamos trinta anos atrás", contou Anita, gaguejando pelo constrangimento óbvio. "Mas eu e as crianças tínhamos a mesma idade de agora. As crianças tinham um pai que se parecia com Robert Young e eu era a mãe e esposa perfeitas." E desviou o olhar envergonhada.

A mãe solteira muito comumente nutre um enorme remorso por não ter feito dos filhos e da casa a perfeição que um dia imaginou ser capaz de fazer. Certas mães questionam se sua opção – de ser ou permanecer sozinha – não terá sido prejudicial ao filho. Até mesmo quem está sozinha por motivo de abandono ou viuvez pode se sentir responsável. Admitir isso e revelar a casa ideal com que ela às vezes – ou sempre – sonha podem ser um grande passo para acabar com o sofrimento pelo que não aconteceu, dando espaço ao surgimento de uma mãe mais realista e otimista que consegue ver os verdadeiros benefícios de criar a melhor família possível dentro das circunstâncias.

Assim como a aeromoça instrui a mãe para colocar a máscara de oxigênio em si mesma antes de colocá-la nos filhos, estimulamos a mãe que cria os filhos sozinha a fazer algo completamente contrário a seus instintos: primeiro, cuidar bem de si mesma.

A mãe que está se afogando pode fazer muito pouco para salvar os filhos. Assim como a aeromoça instrui a mãe para colocar a máscara de oxigênio em si mesma antes de colocá-la nos filhos, estimulamos a mãe que cria os filhos sozinha a fazer algo completamente contrário a seus instintos: primeiro, cuidar bem de si mesma. Não alimentamos a ilusão de que, ao ler isso, você vai imediatamente passar a ser a primeira da fila. Sabemos muito bem que é a fome do seu filho que você vai saciar antes da sua e que é o machucado dele que vai receber um curativo enquanto seus ferimentos sangram. É assim que a mãe é. Esperamos que você procure dar ao seu próprio bem-estar prioridade – se não para o seu bem, para o bem do seu filho.

CAPÍTULO 15

Deixar Partir

E Tirar o Melhor Partido Possível do Inevitável

Ia acontecer. Você sempre soube que ia acontecer, desde o dia que brincou pela primeira vez com os dedinhos dele. Quando ele adormeceu mamando no seu seio, você já sabia. Você sabia no primeiro dia de escola dele e no dia em que ele entrou para a faculdade. Em todas aquelas festas de aniversário e treinos de futebol, quando ele dormia preguiçosamente depois do almoço e quando passava a noite em claro; você sabia quando ele brincava com toda a segurança no chão, a seu lado, e você sabia quando ele saía à noite e não dava notícia e somente retornava de madrugada.

Grande parte do tempo você procurava olhar para o outro lado, preferindo não ver o que teria de enfrentar mais adiante. Quando as roupas dele já não serviam mais, você saía correndo para comprar outras e disfarçava aquele aperto no coração que sentia a cada centímetro que ele crescia. Você ficava contente no último dia de aula porque ele passaria mais tempo em casa, mas logo chegava o outono, e as estações se sucediam, e vinham os boletins escolares e a aprovação para um novo ano letivo.

Como a infância pode passar tão rápido? Para onde vão os dias? A infância abrange 6.570 dias, 4 mandatos presidenciais, quase 2 décadas e aproximadamente 1 bilhão de minutos – e durante cada um deles você nunca parou de amar aquele menino, nunca parou de dar o melhor de si para criá-lo e da melhor maneira possível. No entanto, isso tudo já passou. Ele está pronto para partir.

E você, está pronta para vê-lo partir?

O Significado de 'Preparar-se'

Divorciada com um ano de casamento, Natalie decidiu seguir a vida sozinha. Teve alguns relacionamentos breves, mas acabou chegando à conclusão de que tinha um espírito livre demais para se casar de novo. Criou então seu único filho sozinha. E agora se despedia dele. Ele estava saindo de casa para fazer faculdade longe dali.

Assim como outras mães nesta situação, Natalie sentia muito medo de ver o filho crescer, mas era uma mulher inteligente e talentosa, que não tinha dado as costas e se recusado a enxergar o que estava acontecendo. 'Ele não vai estar aqui para sempre', dizia a si mesma, por mais doloroso que fosse admitir isso. Sabendo que seria difícil vê-lo sair de casa, ela começou a preparar-se para o fato com bastante antecedência.

Nos primeiros anos de vida de Patrick, Natalie viveu muito isolada. Arrasada pelo divórcio, sentia-se indigna dos amigos e passava quase o tempo todo em casa com o filho. Foram tempos solitários e difíceis.

Seu amor pelo filho, no entanto, a impulsionou a fazer coisas que, se não fosse por ele, ela consideraria fora do seu alcance. Natalie se obrigou a procurar outras mães para que o filho tivesse companhia para brincar e para que ela aprendesse maneiras melhores de criá-lo. Com essa atitude teve a grata surpresa de fazer excelentes amizades.

Patrick e a mãe cresciam juntos. Ele fez, de fato, um esforço deliberado de crescer e aprender. Quando Patrick parou de estudar piano, por exemplo, ela resolveu ter aulas de música, reconhecendo seu interesse musical que, ao contrário do filho, era genuíno. Vê-lo jogar futebol e voleibol reacendeu nela sua paixão por esportes. Assim, cuidando de si mesma também, ela passou a fazer caminhadas, geralmente ao redor dos enormes campos em que o filho jogava. E ler para ele a levou a descobrir e dar valor a muitos livros que havia deliberadamente ignorado na própria adolescência conturbada.

Quando Patrick começou a estudar durante o dia inteiro, ela passou a se ocupar mais com amigos e novas atividades. Sentia falta dele, mas ainda o via pela manhã, à noite e nos fins de semana. Notava que ele se separava cada vez mais dela e cada vez menos partilhava seu mundo interior, mas sabia que ele precisava de espaço. Por sorte, Patrick tinha uma mãe que o entendia e apoiava. Apesar de entristecê-la, isso reforçava nela a certeza de que o havia criado da maneira certa, pois o filho estava onde devia estar, seguindo o curso de seu desenvolvimento.

Mais uma vez, o crescimento de Patrick despertou o de Natalie. Eles tinham conversas acaloradas sobre política, questões sociais e relacionamento entre pais e filhos. Ele achava que a criança era subjugada e escravizada; ela contra-argumentava que os pais cuidavam dos filhos e protegiam-nos. Embora raramente concordassem entre si, gostavam dessas discussões e era comum terem convidados em casa para jantar e debater também.

O idealismo jovem de Patrick sensibilizou o da mãe. Ela começou a se envolver com a comunidade. Liderou uma campanha bem-sucedida contra o uso de pesticidas perto das áreas de recreação das escolas e ajudou um político a se reeleger. Começou também a pensar em uma nova carreira. Havia muitos anos ela trabalhava como assistente jurídica em um pequeno escritório de advocacia e agora percebia que queria alguma coisa a mais.

Na semana em que Patrick começou a freqüentar o ensino médio, ela se inscreveu em uma escola de arte para fazer cursos noturnos de fotografia, um sonho antigo. Durante os anos do ensino médio do filho, enquanto ele tinha aulas de matemática e de inglês avançado, ela aprendia a arte da iluminação, da perspectiva e da composição. E também aprendia que era muito boa naquilo.

Na ocasião em que Patrick fez as malas, Natalie havia construído uma vida própria, que tinha significado real e preenchia o espaço antes ocupado pelo filho. Se chegaria a desenvolver uma carreira como fotógrafa, ela não sabia, mas isso não tinha tanta importância. Havia entendido que a vida é um processo que só termina no último suspiro, assim como sabia que ter sua própria vida fazia bem tanto a ela quanto ao filho.

Não é o Fim

Não dissemos tudo isso para fazer você se sentir melhor. Ver o filho partir não é o fim da linha. Na verdade, hoje a maioria dos filhos adultos volta a morar com os pais por muito mais tempo do que até mesmo muitos pais gostariam.

Atualmente, o filho mora na casa dos pais, em média, até os 30 anos. É isso mesmo, e se você não se sente particularmente atraída por essa idéia, eis um bom motivo para incentivá-lo a ter autoconfiança e o espírito de independência e de auto-suficiência.

Bom ou ruim, os primeiros anos da vida adulta se transformaram em um prolongamento da adolescência. É muito provável que seu filho demore bastante a se casar e a se estabelecer em uma carreira.

E que continue a contar com você, a pedir sua opinião, a indagar-se quem ele é e, talvez, a pedir-lhe dinheiro.

Manter Contato

O que digo às mães cujos filhos estão saindo de casa, para fazer faculdade fora, para entrar para o exército, para atravessar a África de mochila nas costas ou simplesmente para viver sozinho, é que tenham coragem, porque continuarão a ter notícias deles. Através do milagre do telefone celular, do cartão telefônico, do e-mail e de tantos outros recursos da tecnologia, vocês talvez passem a ter muito mais contato com eles do que qualquer geração anterior jamais imaginou.

Ver o filho partir não é o fim da linha. Na verdade, hoje a maioria dos filhos adultos volta a morar com os pais por muito mais tempo do que até mesmo muitos pais gostariam.

Se, porém, seu filho for do tipo que escapole e some de vista, não hesite em tomar a iniciativa de manter viva a conexão com ele. Naturalmente não estamos sugerindo que você adote uma atitude intrometida, irracional, mas não fique afastada demais. Certas mães sentem tanto medo de invadir a privacidade dos filhos que os deixam desaparecer na distância. Lembra-se do menino citado no começo, que não sabia bem o que sentia e que não conseguia pedir ajuda nem pedir o abraço de que ele precisava? Se você criou um filho homem, pode ser que ele seja um desses.

Converse com os colegas dele e com outros rapazes que vivam em situação parecida como a dele e pergunte tudo o que você quer saber: como é a escola ou a faculdade, como é o sistema de notas etc., para não sobrecarregar seu filho de perguntas nos telefonemas semanais. Fazer muitas perguntar pode acabar por aliená-lo em vez de estreitar o contato com ele. Se você quer mesmo saber de seu filho, pergunte menos e ouça mais.

Ligue regularmente para ele. Escreva para ele. Uma carta, escrita à mão, que ele seja capaz de segurar e carregar consigo, pode lhe transmitir amor e lhe dar aquela sensação de presença que um bilhete eletrônico não oferece. Leia as entrelinhas: o que ele fez na noite passada, o que almoçou hoje. Converse com os colegas dele e com outros rapazes que vivam em situação parecida com a dele e pergunte tudo o que você quer saber: como é a escola ou a faculdade, como é o sistema de notas etc., para não sobrecarregar seu filho de perguntas durante os telefonemas semanais. Fazer muitas perguntas pode acabar por afastá-lo em vez de estreitar o contato com ele. Se você quer mesmo saber de seu filho, pergunte menos e ouça mais.

Conte também a ele sobre sua vida. Algumas mães ficam com a vida paralisada, vivendo exclusivamente em função daquele telefonema de 15 minutos aos domingos. Isso pode levar alguns rapazes a sentirem-se culpados por terem abandonado a mãe. Embora esse sentimento seja compreensível, eles fazem tudo para evitá-lo. Seja objetiva. Fale do novo vizinho, das gracinhas do cachorro, do livro que você leu.

Seja franca e não omita fatos importantes. Se o gato dele está doente, mencione esse fato. Se a avó vai se submeter a uma cirurgia de retirada do seio, conte tudo a ele. Muitos pais acreditam que fazem um grande favor aos filhos poupando-os de tomar conhecimento de notícias desagradáveis para não perturbar seu trabalho ou seus estudos. Seu filho merece ficar a par das doenças, das tragédias e dos infortúnios que atinjam pessoas de seu relacionamento, porque, além de compartilhar, ele poderá querer manifestar-se de alguma forma, ou seja, enviando um cartão, telefonando, fazendo uma visita ou comparecendo ao enterro. Em outras palavras, ele precisa ser tratado como o adulto em que tão rapidamente está se transformando.

E mesmo que seu filho não possa responder com palavras ou não seja do tipo que telefona nem responde carta, ele ficará profundamente agradecido de contar com seus bilhetes, os quais reforçam o seu amor e o seu interesse por ele, onde quer que a viagem o leve.

Fique à Disposição

Mesmo que seu filho esteja vivendo separado de você, ele continuará precisando de sua presença. Quando ele vier visitá-la, tente estar presente. Tenha comida na geladeira e o biscoito que ele gosta no armário. Convide os amigos dele para entrar em casa. Pode ser que você o queira só para si, contudo procure saber com quem ele anda. Conheça suas namoradas. Convide-o para fazer uma viagem de férias, mesmo sabendo que ele não vai. Convide-o para jantar fora ou para assistir a um concerto de que ele goste. Não deixe de convidá-lo porque sabe que ele não vai aceitar. Deixar a porta aberta hoje sem insistir para que ele entre – e sem fazê-lo sentir-se culpado por ter interesses próprios – vai ajudá-la a mantê-la aberta nos anos que virão.

Seja uma Boa Conselheira

Os primeiros anos da vida adulta podem ser muito difíceis. Questões sobre identidade, carreira e namoro permeiam cada aspecto da existência do jovem. Mesmo quando está bebendo cerveja com os amigos ou jogando futebol na praia, a incerteza o atormenta. Vai conseguir passar em física? Vai passar no vestibular? Vai achar um emprego de que goste e no qual tenha boa atuação? Vai se destacar em algo?

Muitos pais acreditam que fazem um grande favor aos filhos poupando-os de tomar conhecimento de notícias desagradáveis para não perturbar seu trabalho ou seus estudos. Seu filho merece ficar a par das doenças, das tragédias e dos infortúnios que atinjam pessoas de seu relacionamento, porque, além de compartilhar, ele poderá querer manifestar-se de alguma forma, ou seja, enviando um cartão, telefonando, fazendo uma visita ou comparecendo ao enterro.

Por mais angustiante que seja ficar na posição de espectadora, esses anos são para ele um período muito confuso. Tome cuidado para não pressioná-lo a tomar decisões precipitadas ou a assumir responsabilidades para as quais ele não se sente preparado. A escolha de uma carreira ou opção pelo casamento pode proporcionar alívio imediato e dar a ilusão de que encontrou o rumo certo na vida, mas a decisão apressada ou sob pressão não o levará a lugar nenhum, pelo contrário, poderá trazer-lhe problemas, deixar ressentimentos e alijá-lo de oportunidades que até então estavam abertas para ele.

É claro que existem meninos que muito cedo já sabem exatamente o que querem – aquele que sempre quis ser veterinário, outro jogador de futebol profissional, outro violinista –, pois possuem aquela energia interior e direção que os levam a fazer os sonhos se concretizarem. Para a grande maioria dos meninos, porém, a vida não é tão simples assim. Ajude seu filho a lidar com as próprias aflições e incertezas. Diga a ele que essa é a hora de procurar, e não de saber exatamente o que quer fazer. Faça-o sentir que ele pode tentar uma especialização e depois mudar para outra. Que estará tudo bem se ele quiser ensinar inglês no Japão ou quiser fazer um curso de marcenaria e depois descobrir que quer outra profissão como meio de vida.

Aprenda a ouvir suas dúvidas quando fala com ele ao telefone ou se senta com ele para tomar um café. Ouça com os ouvidos e o coração bem abertos. Diga com bastante calma e firmeza que ele ainda é muito jovem, que tem muito tempo pela frente para saber o que quer.

A mãe lúcida, que mantém a fé no filho, será o porto seguro ao qual ele retornará de vez em quando, quando a tempestade ou a escuridão o impedirem de seguir viagem. Sua confiança nele transmitirá confiança em si mesmo e permitirá que parta em segurança novamente.

Ressentimentos

Para certas mães e filhos, a partida é uma libertação, no bom sentido, de ambas as partes. Muitas vezes, porém, a partida em bons termos não passa de uma encenação, por mais persuasiva que seja. E poucas mães e filhos – se é que existem alguns – se conformam em deixar a situação perante o outro mal resolvida. É um incômodo enorme para a mãe separar-se de quem ela mais gosta e que criou sozinha e ficar brigada com ela. Se ficaram mágoas e ressentimentos quando seu filho saiu de casa, não desista de tentar reverter essa situação. Tenha paciência.

Por mais angustiante que seja ficar na posição de espectadora, esses anos são para ele um período muito confuso. Tome cuidado para não pressioná-lo a tomar decisões precipitadas ou a assumir responsabilidades para as quais ele não se sente preparado.

Quando tiver uma oportunidade de ver ou de falar com ele, procure não ficar na defensiva. Se ele acusá-la disso e daquilo, tente entender o que está por trás de sua raiva. Sua reação natural provavelmente será a de se defender e de apontar os erros e defeitos dele, mas você construirá uma ponte de comunicação mais efetiva se ouvir o que ele tem a dizer, mesmo sabendo que ele está exagerando ou distorcendo os fatos. Não desligue o telefone na cara dele, não o rejeite, não esconda seu amor, não deixe de responder às cartas dele, não seja intransigente. O que você prefere: ter razão ou ter seu filho de volta?

Estamos assistindo à filmagem da festa de aniversário de 60 anos de um avô. Observe a atitude das mães e dos filhos da família:

O garotinho está sentado no colo da mãe, comendo a batata frita do prato dela, enquanto ela, inconscientemente, acaricia o cabelo do filho e conversa com a irmã. O avô se levanta para ir ao banheiro e o filho dele corre para sentar-se no lugar em que ele estava para ouvir o que a mãe (esposa do aniversariante) tem a dizer a respeito da dificuldade que o neto, filho dele, tem de dormir. Dois meninos maiores fazem cócegas no nariz da mãe com a língua-de-sogra que ganharam de lembrancinha da festa. O primo, que já está na faculdade, está sentado no sofá completamente apoiado na mãe, como se ela fosse uma almofada, e ela nem se incomoda. O neto mais velho discute a pena de morte com a mãe, professora de Direito. Uma das filhas está sentada no canto da sala, na maior felicidade por estar amamentando o filho, neto mais novo da família. O aniversariante volta e sua mãe de 82 anos o segura pelo braço, puxando-o para si para arrumar-lhe a gravata, puro pretexto para dar um abraço no filho. Todos aplaudem e vibram, como se fosse um beijo de recém-casados.

A coisa realmente não tem fim. Gerações e décadas se passam e o brilho nunca se apaga. Os filhos vão, mas voltam, várias e várias vezes, e nunca deixam de ser a menina dos olhos da mãe.

Você fez tudo que pôde. Agora precisa deixá-lo partir e acreditar que ele saberá se cuidar. Você tem de aceitar que ele vai cometer erros, sofrer, ter decepções, que vai aprender o que é a dor e também a alegria. E você tem de permitir que ele a deixe, tem de criar espaço para que ele abra seu próprio caminho, descubra quem ele é. Ao fazê-lo, ele provavelmente descubrirá em si uma grande identificação com a mãe que sempre esteve presente, que está agora e que sempre estará dentro dele. Você criou um menino para ser um homem.

Notas

Capítulo 1

1. Só nos resta imaginar quais de suas próprias questões emocionais motivaram a preocupação de Einstein com a passagem do tempo. Leitores curiosos - sobretudo mães que se fixam muito ao passado e sentem cada minuto passar - talvez gostem e se reconfortem com o pequeno mas penetrante romance de Alan Lichtman *Einstein's Dreams*. New York: Warner Books, 1994.
2. As perguntas e os resultados são adaptações de um levantamento conduzido pela Bruskin Research para a Women.com, relatado em sua página na Internet na segunda-feira, 21 de maio de 2001.

Capítulo 2

1. Consta de relatório do centro médico acadêmico University of Chicago Hospitals, 2001.
2. KINDLON, Daniel; THOMPSON, Michael. *Raising Cain*. Nova York: Ballantine, 2000.
3. *Dicionário de inglês Oxford.*
4. Acredita-se que, pelo menos aparentemente, a maior curiosidade demonstrada pelo menino também envolva influências culturais. O menino está mais associado ao desejo de exploração, que não é igualmente incentivado ou é sutilmente desestimulado na menina.
5. GILBERT, Susan. *A Field Guide to Boys and Girls.* Nova York: HarperCollins, 2000.
6. TANNEN, Deborah. *You Just Don't Understand: Women and Men in Conversation.* Nova York: Ballantine, 1990.
7. KINDLON; THOMPSON, op. cit.
8. GILBERT, op. cit., p. 73.
9. POLLACK, William. *Real Boys*. Nova York: Random House, 2000.

Capítulo 3

1. Contado no adorável livro infantil de Leo Lionni *Frederick*. Nova York: Knopf, 1990.
2. Montessori, Maria. *The Absorbent Mind*. Nova York: Henry Holt, 1995.

Capítulo 4

1. Sem dúvida, isso é verdadeiro na família em que a mãe passa bastante tempo com o filho, não se aplicando a mães que já dedicam muito pouco carinho e atenção ao filho.

Capítulo 5

1. GREENSPAN, Stanley. *The Challenging Child*. Cambridge, MA: Perseus Books, 1995. Os pais que consideram os filhos extremamente sensíveis, autocentrados, insubordinados, desatentos ou agressivos devem consultar esse livro, que oferece dicas muito úteis para lidar com o problema.

Capítulo 6

1. NELSEN, Jane, Ed.D.; ERWIN, Cheryl, M.A. *Parents Who Love Too Much*. Roseville, CA: Prima Publishing, 2000.

Capítulo 7

1. BUSHMAN, Brad J.; BAUMEISTER, Roy F. Threatened Egotism, Narcissism, Self-Esteem, and Direct and Misplaced Aggression: Does Self-Love or Self-Hate Lead to Violence? (Egoísmo, narcisismo, auto-estima e agressão mal direcionada: amor próprio ou auto-rejeição causam violência?) *Journal of Personality and Social Psychology* 75, n. 1, 1998.

Capítulo 8

1. HALLOWELL, Edward. *Connect*. Nova York: Pocket Books, 2001.

Capítulo 9

1. KINDLON, Daniel; THOMPSON, Michael. *Raising Cain*. Nova York: Ballantine, 2000.

Capítulo 10

1. Essa discussão é uma adaptação do livro de Debra Haffner *From Diapers to Dating: A Parent's Guide to Raising Sexually Healthy Children*. Nova York: Newmarket, 2000.

Capítulo 11

1. McLANAHAN, Sara; SANDEFUR, Gary. *Growing Up with a Single Parent*. Cambridge: Harvard University Press, 1994.

Índice Remissivo

N

O

P

Pais E Filhos

A FAMÍLIA EM 1º LUGAR

Pais Muito Especiais
ISBN: 85-89384-24-1
80 páginas
"Pais Muito Especiais" de Milton M. de Assumpção Filho e Natalia C. Mira de Assumpção apresenta 180 sugestões de ações que expressam amor e carinho e podem ser usadas no dia-a-dia. O livro reúne depoimentos e ricas histórias de vida de amigos que abriram seus corações e dividiram com os autores momentos inesquecíveis entre filhos e pais, bem como lembranças da infância. Como não obedecem a nenhuma regra ou ordem, as frases, dispostas aleatoriamente, permitem que o livro seja lido a partir de qualquer página.

Amar sem Mimar
ISBN: 85-89384-11-x
256 páginas
Este livro oferece 100 dicas para que os pais, livres de culpa e de maneira prática, possam criar seus filhos, estabelecendo limites com amor e carinho, porém sem mimar ou ser indulgente. Com estilo prático e divertido, a escritora Nancy Samalin compartilha suas 100 melhores dicas para criar filhos maravilhosos com amor incondicional sem ser um pai ou uma mãe que não sai "do pé" deles.

A Resposta é Não
ISBN: 85-89384-10-1
256 páginas
Se você tem dificuldade para dizer "não" aos seus filhos, pode contar agora com uma nova ajuda. O livro, de Cynthia Whitham, trata de 26 situações que afetam pais de crianças de 2 a 12 anos.
Neste livro, a autora fornece as ferramentas para os pais que têm dificuldades de dizer "não". Da hora de dormir aos animais de estimação, da maquiagem à música, da lição de casa às roupas de grife, e tudo aquilo que os filhos acham que precisam.

Livro de Referência para a Depressão Infantil
ISBN: 85-89384-09-8
280 páginas
Escrito pelo professor dr. Jeffrey A. Miller, este livro mostra como os pais podem diagnosticar os sintomas da depressão infantil e as conseqüências deste problema, como ansiedade e uso de drogas ilegais. A obra também aborda os métodos de tratamento, incluindo psicoterapia, remédios e mudanças de comportamento, além de estratégias para ajudar os pais a lidar com a questão.

A Vida Secreta da Criança com Dislexia

ISBN: 85-89384-12-8
232 páginas

Este livro, do psicólogo educacional Robert Frank, que é portador de dislexia, é um manual para os pais identificarem e aprenderem como a criança portadora desse distúrbio de aprendizagem pensa e sente e o que podem fazer para ajudar os filhos a se tornarem adultos bem-sucedidos. Hoje, casado e pai de dois filhos, argumenta que a criança com dislexia muitas vezes é confundida como uma criança pouco inteligente, preguiçosa e que finge não entender.

Soluções para Noites Sem Choro

ISBN: 85-89384-10-1
224 páginas

Desenvolvido pela orientadora educacional Elizabeth Pantley, este livro mostra ser perfeitamente possível acabar com o desespero dos pais que não dormem porque o bebê não pára de chorar. O livro apresenta programa inédito de 10 passos para os pais atingirem a meta de garantir uma boa noite de sono para toda a família. A autora mostra que é possível ajudar o bebê a adormecer e dormir tranqüilamente.

Sinais – A Linguagem do Bebê

ISBN: 85-89384-18-7
194 páginas

Você sabia que os bebês sabem muito mais sobre linguagem do que pensamos? E que muito antes de serem capazes de falar, eles podem comunicar-se por meios de sinais e gestos? Os Sinais Infantis são fáceis de aprender e ajudam muito a entender a mente do bebê. Segundo as especialistas,Linda Acredolo e Susan Goodwyn, todos os bebês têm potencial para aprender Sinais Infantis simples e fáceis de lembrar. Com isso, os pais não precisam mais ficar ansiosos, esperando o dia em que seu bebê possa lhes dizer o que sente, precisa e pensa.

Como Educar Crianças de Temperamento Forte

ISBN: 85-89384-17-9
280 páginas

Um verdadeiro passo a passo, este livro de Rex Forehand e Nicholas Long é destinado a ajudar pais que têm dificuldade em lidar com os problemas de teimosia, desobediência, irritação e hiperatividade dos filhos que estão sempre exigindo atenção.

O livro inclui, ainda, um capítulo sobre TDAH – Transtorno de Déficit de Atenção / Hiperatividade, conhecido também como DDA – Distúrbio do Déficit de Atenção.

8 Regras Simples para Marcar um Encontro com Sua Filha Adolescente
ISBN: 85-89384-21-7
236 páginas
Este livro vai ensinar aos pais de filhas adolescentes, de maneira leve e engraçada, como conversar com sua filha – quando isto parece impossível – mesmo que seja através da porta do quarto dela, como impor uma certa autoridade – mesmo que às vezes não funcione e, ainda, como ter acesso ao banheiro, ao chuveiro e, principalmente, ao telefone de sua casa. Aprenda a sair de frases como "Todo mundo vai, menos eu", "Um minuto depois de fazer 18 anos, vou embora desta casa!"

Criando Filhos Seguros e Confiantes
ISBN: 85-89384-39-X
336 páginas
Dois terapeutas renomados, Robert Brooks e Sam Goldstein, sintetizam um grande volume de informações científicas sobre o conceito da segurança e da confiança neste livro, tornando-o de fácil entendimento. Explicam como muitos pais, apesar das melhores intenções, minam a capacidade de segurança e confiança de seus filhos, e oferecem estratégias efetivas para identificar e eliminar esses problemas.

Filhas são Filhas – Criando filhas confiantes e corajosas
ISBN: 85-98384-25-x
292 páginas
Em um texto importante e abrangente, a autora JoAnn Deak identifica e mostra os caminhos para grande parte dos problemas que envolvem a criação e a educação das meninas. *Filhas são Filhas* apresenta um guia compreensível dos vários desafios emocionais e físicos que as garotas de 6 a 16 anos enfrentam no mundo conturbado e mutante de hoje.

Conversando sobre Divórcio
ISBN: 85-89384-20-9
202 páginas
Este livro, de Vicki Lansky, não é um livro de conselhos, mas um guia cheio de situações, exemplos, e idéias, com o objetivo de tornar o processo de separação menos doloroso. Dividido em sete capítulos, aborda a decisão de separar-se, questões de dinheiro, problemas legais, guarda dos filhos, como os filhos vão encarar a situação, até quando você se casa de novo.

Eliminando Provocações – Fortalecendo e ajudando seu filho a resolver problemas de provocações, gozações e apelidos ridículos
ISBN: 85-89384-28-4
292 páginas
Este livro, de Judy Freedman, foi elaborado com o substrato fornecido por dezessete anos de experiência como coordenadora educacional. Seu programa ensina crianças e pais a efetivamente lidar com o problema da provocação e a desenvolver técnicas de defesa que duram a vida toda.

Cuidando do Bebê até que sua Mulher Chegue em Casa
ISBN: 85-89384-23-3
152 páginas
Walter Roark garante que, sempre que a mãe não está em casa, os bebês reagem de maneira estranha, choram, esperneiam, fazem cocô, mudam de cor e espremem-se. Inspirado em sua filha, Meghan, escreveu este livro para ajudar os pais a cuidar adequadamente de seu filho e mantê-lo a salvo até que sua mulher chegue em casa.

Conversando com Meninos
ISBN: 85-89384-26-8
266 páginas
O livro, de Mary Polce-Lynch, fornece dados e instruções objetivas de como criar meninos emocionalmente expressivos, competentes, fortes e ao mesmo tempo sensíveis, em uma cultura maluca que teima em transformá-los em pessoas desprovidas de sentimentos.

O Livro da Valorização da Família
ISBN: 85-89384-32-2
190 páginas
Este livro, de Linda e Richard Eyre, contém nove "leis naturais" simples, porém poderosas, sobre o cuidado; leis que podem proteger e melhorar as famílias e dar aos filhos sentimentos de valor e de estima. Elas são os princípios fundamentais por meio dos quais podemos efetivamente cuidar de nossos filhos e transformar nossas casas em lares.

Diários da Anorexia

ISBN: 85-89384-33-0

234 páginas

Este livro, de Tara Rio, Linda Rio, com conselhos de Craig Johnson, leva você para dentro do mundo intrigante de transtornos alimentares entre adolescentes. Testemunhe a história real nos diários íntimos que revelam os momentos mais sombrios da família Rio – e as maiores vitórias.

Como Estabelecer Limites

ISBN: 85-89384-30-6

278 páginas

Em *Como Estabelecer Limites*, de Elizabeth C. Vinton, os pais podem examinar como devem guiar e dirigir o comportamento de suas crianças e ainda deixar espaço para que elas façam as próprias escolhas e tomem suas decisões. Todos os pais sabem que não são perfeitos, errar é humano. Muitos erros serão cometidos, mas é necessário se ajustar e ser humilde o suficiente para mudar rumos e promover acertos.

Guia Prático da Mamãe de Primeira Vez

ISBN: 85-89384-40-3

298 páginas

Debra Gilbert Rosenberg e Mary Susan Miller apresentam neste livro soluções para facilitar a transição para a maternidade, abordando o nascimento e os vínculos afetivos, a volta ao trabalho, a dor na amamentação, o relacionamento com o marido. Você terá respostas para essas dúvidas e muito mais neste excelente guia para a mamãe de primeira viagem.

As Regras da Amizade – Como Ajudar seu Filho a Fazer Amigos

ISBN: 85-89384-43-8

300 páginas

"Ninguém quer brincar comigo" e "Ninguém gosta de mim" são frases que doem quando os filhos dizem ao chegar da escola ou de algum outro lugar. Neste livro, as autoras Natalie Madorsky Elman, Ph.D e Eileen Kennedy-Moore, Ph.D, se baseiam em pesquisas e estudos clínicos para descrever nove protótipos de crianças com problemas de amizade: a Criança Tímida, a Alma Sensível, Vulnerável, Sonhadora, Pequena Adulta, Líder e assim por diante.

Pais de Crianças Especiais

ISBN: 85-89384-49-7

212 páginas

Este livro, editado por Donald J. Meyer, é uma corajosa coleção de textos de pais que foram convidados a falar sobre a experiência de ter um filho especial e quanto isso mudou a vida deles. Dezenove pais olharam com introspecção e honestidade para este assunto profundamente emotivo, e ofereceram uma perspectiva raramente ouvida sobre a criação de filhos com necessidades especiais.

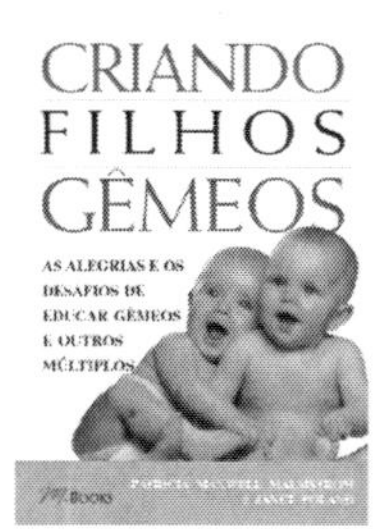

Criando Filhos Gêmeos
ISBN: 85-89384-53-5
330 páginas
Este livro, de Patricia Malmstrom e Janet Poland, traz as alegrias e os desafios de educar gêmeos e outros múltiplos. Este desafio emocionante requer estratégias especiais. Desde comprar equipamentos acessíveis até lidar com horários agitados de refeições e as demandas do dia-a-dia escolar, os pais precisam estar munidos com o máximo possível de informações práticas.

TDA/TDAH – Transtorno de Déficit de Atenção e Hiperatividade
ISBN: 85-89384-48-9
260 páginas
Este guia do Dr. Thomas W. Phelan oferece a pais, professores, médicos e profissionais de saúde mental as mais recentes informações sobre o TDA/TDAH. Numa linguagem direta e fácil de entender, este livro descreve: os sintomas básicos do TDA/TDAH e seus efeitos na escola, trabalho, casa e relacionamentos pessoais; as diferenças entre o Tipo Combinado (TDAH) e o Tipo Desatento (TDA); nove indicadores que ajudam a predizer o futuro; as diferenças entre garotos e garotas com TDA/TDAH; por que a TDA/TDAH muitas vezes não é diagnosticada por profissionais qualificados; co-morbidade com TDA/TDAH; os tratamentos mais recentes; aconselhamento, intervenções escolares, gerenciamento de comportamento e treinamento de habilidades sociais.

Adolescentes e Pais
ISBN: 85-89384-55-1
250 páginas
Este livro, de Roger McIntire, aborda as relações entre os adolescentes e os adultos e suas respectivas dificuldades de comunicação e interação em várias circunstâncias e condições educacionais. É recomendado tanto para educadores e profissionais da área de psicologia quanto para estudantes de cursos universitários e pais comprometidos com o aprendizado e a utilização de técnicas educacionais na busca da melhoria da relaçãocomjovens adolescentes.

Criando e Educando Filhos
ISBN: 85-89384-64-0
292 páginas
Este livro é a seqüência do revolucionário *best seller* de Robert Brooks e Sam Goldstein, Criando Filhos Seguros e Confiantes. Aqui eles expandem sua teoria da resiliência com respostas detalhadas às muitas perguntas que receberam de pais como você.

Visite Nosso Site
www.mbooks.com.br

CADASTRO DO LEITOR

- Vamos informar-lhe sobre nossos lançamentos e atividades
- Favor preencher todos os campos

Nome Completo (não abreviar):

Endereço para Correspondência:

Bairro: Cidade: UF: Cep: –

Telefone: Celular: E-mail: Sexo: F ☐ M ☐

Escolaridade:
☐ Ensino Fundamental ☐ Ensino Médio ☐ Superior ☐ Pós-Graduação
☐ MBA ☐ Mestrado ☐ Doutorado ☐ Outros (especificar): ____

Obra: **Criando Filho Homem, sem a Presença do Pai**
Richard Bromfield, Ph.D. e Cheryl Erwin, M.A.

Classificação: **Pais e Filhos, Parenting**

Outras áreas de interesse: ____

Quantos livros compra por mês?: ____ por ano? ____

Profissão: ____

Cargo: ____

Enviar para os faxes: **(11) 3079-8067/(11) 3079-3147**

ou e-mail: **vendas@mbooks.com.br**

Como teve conhecimento do livro?

☐ Jornal / Revista. Qual? ____
☐ Indicação. Quem? ____
☐ Internet (especificar *site*): ____
☐ Mala-Direta: ____
☐ Visitando livraria. Qual? ____
☐ Outros (especificar): ____

M. BOOKS

M. Books do Brasil Editora Ltda.

Av. Brigadeiro Faria Lima, 1993 - 5º andar - Cj 51
01452-001 - São Paulo - SP Telefones: (11) 3168-8242/(11) 3168-9420
Fax: (11) 3079-3147 - e-mail: vendas@mbooks.com.br

DOBRE AQUI E COLE

CARTA – RESPOSTA

NÃO É NECESSÁRIO SELAR

O selo será pago por

M. BOOKS DO BRASIL EDITORA LTDA

AC Itaim Bibi
04533-970 - São Paulo - SP